KB042284

희망의 지평

: 에른스트 블로흐와
위르겐 몰트만의 희망사상

이종인

박영사

추천의 글

  이종인 박사의 수작(秀作) 『희망의 두 지평: 에른스트 블로흐와 위르겐 몰트만의 희망사상』의 출판을 축하드린다. 이 저서는 2016년 백석대학교 기독교전문대학원 신학박사학위 청구논문을 일반인에게 공개하기 위하여 간행한 것이다. 이박사는 기독교신학을 전공하여 목사직에 봉사하면서, 울산지역의 자생적인 독서 모임인 '망원경'(울산인문학협동조합)의 주역으로 활동하고 있다. 또한 필자의 지도 아래서 에른스트 블로흐와 빅토르 프랑클을 연구해왔으며, 현재 철학전공 박사논문을 준비하고 있다.

  '희망'(spes, hope, Hoffnung)은 고대 그리스 신화에서 '제우스'와 '프로메테우스'의 갈등의 귀결로 등장한 아름다운 여인 '판도라'와 관련이 있다. 판도라의 '상자' 속에는 근본적으로 인간을 재앙에 빠뜨릴 온갖 것들이 가득 차 있었다. 판도라가 상자를 열었을 때 온갖 재앙들이 쏟아져 나왔고, 이에 놀란 여인이 급하게 뚜껑을 닫아서 유일하게 나오지 못한 것이 바로 '희망'이다. 그래서 희망은 인간 실존의 생존과 인류의 미래 기획에 매우 중요한 주제가 되었다. 그러나 판도라의 희망은 신의 저주가 담긴 부정적인 색채를 띠고 있다.

임마누엘 칸트(Immanuel Kant)는 『순수이성비판』에서 철학의 주요 관심사를 "나는 무엇을 알 수 있는가? 나는 무엇을 해야 하는가? 나는 무엇을 희망해도 좋은가?"라는 세 가지 물음들과 "인간이란 무엇인가?"라는 하나의 통합적인 물음으로 제시함으로써, 희망의 문제를 철학의 핵심 문제로 부각시켰다. 칸트는 인간의 본질과 위상을 이성의 능력에 대한 비판적 성찰을 통하여 규명하고자 했다. 그가 앞에서 제시한 세 개의 물음은 이론적 지식, 도덕적 실천, 종교적 신앙의 가능성 조건에 대한 것이고, 그 작업을 3대 비판서와 『이성의 오롯한 한계 안에서 종교』에서 수행하였다. 칸트는 특히 희망의 문제를 도덕과 신앙의 연결고리로 활용하고 있는데, 여기에서 희망은 도덕적으로 노력한 사람들에게 비례적으로 보장할 수 있는 행복을 겨냥하고 있다. 그러므로 칸트에서 희망이란 최고선의 실현을 위해 부단하게 노력하는 도덕적 주체와 신의 존재 요청을 전제해야만 달성할 수 있는 영역이다. 이로써 그리스적 희망 개념은 칸트를 거치면서 도덕적 인간이 긍정적으로 실천할 수 있는 지평을 획득하게 된다.

『희망의 원리』의 저자로 유명한 에른스트 블로흐(Ernst Bloch)는 칸트의 희망 개념에서 전제하는 유일신교적 전제주의와 관념론적 추상성을 비판하면서, 이를 보완하기 위해 페르시아 이원론과 마르크스주의를 채택함으로써 인류가 구체적으로 실현할 수 있는 이상사회를 지향한다. 블로흐는 칸트의 윤리학을 '권총을 들이 댄 정언명령'으로 규정하는 한편, 기독교의 유일신 야훼를 '피를 좋아하시는 하느님'으로 규정하였다. 그는 기독교적 세계관을 전제하고 있는 칸트의 최고선이 인간을 억압할 수도 있는 문제를 해결하기 위하여, 악한 세계와 단절하고 선한 신의 승리를 관철하는 페르시아의 이신론(二神論)을 도입하고, '하느님이 없는 하느님의 나라' 또는 '자유의 나라'라는 궁극적인 최고선을 지향하였다. 그리하여 블로흐에서 희망 개념은 '과거적 본성' (Gewesenheit) 안에 갇혀 있는 사유를 '아직 이루어지지 않은 것'(Noch -Nicht-Gewordenes)의 '아직 아님'(Noch-Nicht)이라는 미래지평으로 확장할 수 있게 하였다.

위르겐 몰트만(Jürgen Moltmann)은 블로흐가 지양한 기독교적 신 개념을 복원하여 이 세상을 창조하신 하느님과 이 세상의 마지막에 다시 오실 하느님의 완전한 일치를 약속하는 새로운 복음을 선포한다. 그리하여 몰트만이 새롭게 선포하는 『희망의 신학』은 '창조의 하느님'과 그분의 아들이신 '예수 그리스도'와 '하느님의 영'이 결국 '한 분이신 하느님'이라는 사실과, 그리스도의 '십자가 죽음'과 '부활'을 통하여 모든 죄인들을 구원하시는 '사랑'과 '은총', '약속'과 '화해'의 복음을 종말론적 지평 위에서 다시 확인할 수 있게 해 준다. 이와 같은 몰트만의 작업은 칸트의 희망이론을 이원론과 마르크스주의로 변형한 블로흐의 시도를 다시금 기독교 신학에 맞게 재변형한 것이다.

이러한 사상사적 배경에 근거하여 이종인 박사는 에른스트 블로흐와 위르겐 몰트만의 희망사상이 전제하는 세계관적 사유로부터 펼쳐지는 변증론의 전개, 그리고 그 속에서 필연적으로 출현하는 모순들을 살펴보면서, '두 지평'에서 각각 펼쳐지는 최고선 수행의 문제점들을 해소할 수 있는 새로운 가능성 조건을 숙고하고 있다. 칸트에서 도덕신학의 정초 근거로 소환된 희망, 블로흐에서 칸트의 형식주의를 보완하려는 구체적인 유토피아의 희망, 그리고 몰트만에서 다시 처음과 끝, 창조와 종말을 한 분이신 하느님의 수난과 부활의 신학으로 새롭게 약속한 희망은 현대를 살고 있는 우리들에게 어떤 메시지를 던지는 것일까? 어떤 사람 또는 어떤 사상가가 특정한 세계관적 지평에서 삶을 살아간다고 할 때, 그 자신이 의도하고 추구하는 가치가 다른 세계관을 바탕으로 그에 맞는 삶을 살아가는 사람들의 가치와 충돌할 경우에, 우리는 무엇을 할 수 있고 어떻게 해야 하는 것일까? 세계관적 전제의 차이는 저마다 다른 삶과 다른 사유를 불러내고, 결국 서로 다른 최고선과 가치 실현을 위한 무한 투쟁으로 치닫게 하는 것일까?

칸트에서 출발한 희망의 '두 지평', 즉 블로흐의 희망철학과 몰트만의 희망신학이 가지고 있는 공통분모는 도덕성이다. 어떤 세계관적 전제를 가지고 살아간다 하더라도 그들 각자가 도덕성의 기반 위에서 최고선을 추구하고 실현하고자 한다면, 그들 모두의 희망은 분명히 보편적이고 상호소통적일 수 있을 것이다. 이종인 박사의 저서는 '두 지평'의 어느 편에 서 있는 독자들에게도 저마다 의미 있는 삶의 가치 준거를 발견할 수 있도록 안내할 것이다.

2017년 11월
울산대학교 철학교수, 독일루어대학 철학박사
김 진 拜上

추천의 글

　이종인 박사님이 쓴 박사학위논문이 책으로 출간되고, 이에 대한 추천의 글을 쓸 수 있어 기쁘고 감사하다. 한 사람의 사상은 그의 생애와 매우 깊은 관계가 있다. 신학에 있어서 자서전적인 요소를 배제할 수 없다는 것이다. 어려운 환경에서 신학수련과 목회의 긴 여정을 성실하게 통과해 온 거제도 출신의 한 시골 사람인 이 책의 저자에게도 그렇거니와 위르겐 몰트만(Jürgen Moltmann)에게도 마찬가지다. 제2차 세계대전의 포화 한 가운데서 자신의 친구의 몸이 찢기는 사건을 목도하고, 몰트만은 시와 이론수학을 좋아하던 순수한 소년의 감성을 벗고, 무너진 세계 한 가운데서 신을 향한 궁극적인 질문을 품게 된다. "하나님이여, 어찌하여 나/우리/세계를 이토록 처참하게 버리시나이까?"

　세계와 인생을 품고 제기된 이 질문은 그가 전쟁의 와중에 머물게 된 포로수용소(concentration camp)에서 읽게 된 작은 책 한 권을 통하여 다시 새롭게 노정된다. 신약성경과 시편이 합본되어 제공된 책을 손에 들고, 시를 사랑했던 그는 시편을 읽기 시작한다. 제22편에서 함부르크 공항에서 친구의 죽음을 목도하면서 제기된 동일한 질문을 제기하는 시편 기자의 외침에 눈길을 빼앗긴다. 그리고 복음서를 읽어가면서 시편 기자의 질문을 역사의 부조리 앞에서 외치는 한 "히스토리컬 피규어"(historical figure)를 보게 되고, 그에게 마음을 내주었다. 나사렛 예수였다.

종전과 함께 괴팅겐대학교(Göttingen Universität) 신학부에 입학한 몰트만은 오토 베버(Otto Weber) 아래서 바르트의 신학을 접하면서 개혁신학에 눈을 뜨게 된다. 16세기 한 신학자의 예정론과 성도의 견인론으로 박사학위논문을 작성하고, 브레멘 지역의 한 작은 마을에 소재한 교회를 목회하게 되었다. 시골교회를 섬기는 와중에 교수자격논문을 베버 아래서 작성하면서 동시에 목회자 컨퍼런스에 참석하기도 하는 패나 열정을 가졌던 몰트만은 당시 일종의 "신학적 절벽"을 경험하고 있었다. "바르트의 신학을 단 한걸음도 넘을 수 없겠구나, 이제는 바르트의 신학을 지속적으로 해석하는 작업만 있을 뿐이다."

이런 자조적인 상태에서 신학을 전개하던 그의 인식을 바꿔놓은 한 계기는 네덜란드 위트레히트대학교(Utrecht Universiteit) 신학부 교수였던 아놀드 환 룰러(A. A. van Ruler)와의 만남이었다. 목회자 컨퍼런스가 끝난 후 우연히 몰트만과 환 룰러 사이의 대화가 있었고, 환 룰러가 들려준 "이 담장 울타리 나무 한 그루에도 하나님의 통치가 임합니다."라는 말이 그의 신학적 상상력을 자극하게 되었다. 기독론중심성에 근거한 교회중심적 신학에서 한 걸음 더 나갈 수 있는 동기를 제공받았기 때문이다. 신학적으로 눈을 더 크게 뜨는 계기였던 셈이다. 히틀러의 나치즘(Nazism)과 이에 응전한 바르트의 바르멘 선언(Barmen Declaration) 이후로 거의 금기시 되었던 창조세계의 지평을 향한 하나님의 통치를 보고 말할 수 있는 안목과 용기를 갖게 된 것이다.

　신학의 새로운 영역을 본 몰트만의 고민에 빛을 제공한 작품은 에른스트 블로흐(Ernst Bloch)의 『희망의 원리』였다. 박사학위를 취득하고 교수활동을 하던 몰트만은 아놀트 환 륄러의 영향 아래 바르트뿐만 아니라 칼빈을 연구하였고, 칼빈연구논문을 모아 편집하고 출간하는 일을 한동안 수행하던 중 에른스트 블로흐의 책을 손에 넣게 되고, 휴가 기간 중에 탐독을 하게 된다. 블로흐의 소망의 철학을 기독교적인 희망의 신학으로 재해석하는 작업이 필요하고, 또한 가능하다는 생각을 하게 된 것이다. 블로흐의 소망의 철학에서 내보이는 소망은 역사의 오메가 포인트에서 소망으로 끝날지 절망으로 끝날지 결정되어 있지 않다. 소망하게 한다는 점에서 훌륭한 도전을 제공하지만 소망 가운데 형성한 역사의 마지막이 선한 모습을 가질지 악한 모습을 가질지는 모호하게 열려 있기 때문이다. 역동성을 준다는 점에서 매력적이었지만 복불복 같은 의심을 지울 수 없었던, 그러나 파괴된 전후 세계 한가운데서도 소망하는 일을 포기할 수 없었던 몰트만은 소망의 근간(根幹)을 새롭게 노정하였다.

　몰트만은 그리스도의 부활에서 개인과 역사의 소망의 근거를 찾았다. 부활하신 그리스도로부터 부활의 힘이 무너진, 절망하는, 암울한 이 세대 한 가운데로 뚫고 들어온다고 본 것이다. 부활로 약속된 미래가 절망에 내던져진 이 세계에 진정한 희망을 가져온다고 보았다. 환언하여, 기독교는 부활의 빛에서부터 절망에 이르지 않은 소망을 말할 수 있다고 생각한 것이다. 이런 신학적 착상을 담아 출간한 책이 『희망의 신학』이다. 기독교인만이 무신론적인 절망의 시대, 희망하지만 절망을 동시에 예견할 수밖에 없는 세대 한가운데서 진정으로 소망할 수 있다고 몰트만은 선언하였고, 이 소망이 절망의 한 가운데 있었던 그 시대 교회의 의식을 자극하였다.

　몰트만의 이런 착상이 교회의 현실참여를 독려하였고, 이런 신학적 기저로부터 해방신학, 흑인신학, 민중신학, 여성신학과 같은 프락시스 지향성을 가진 신학들이 봇물 터지듯 등장하게 된다. 사실 몰트만 그 자신은 스스로도 언급했듯이 해방신학이나 민중신학과 같은 기조의 신학을 기획하지 않았고, 실제로 그런 자식을 직접 낳은 일도 없다. 자신의 이름에 기대어 일어나는 극단적인 프락시스 지향성을 표방하는 신학에 대한 위험성을 보면서 쓰게 되는 책이 바로 『십자가에 달린 하나님』이기 때문이다. 지나친 낙관주의에 빠질지도 모르는 프락시스 지향적인 신학을 향하여 궁극적인 희망, 세계 변혁적인 부활의 힘은 십자가에 기반할 때만 진정성 있는 기독교적 정체성을 내포할 수 있다고 주의를 환기시켰다. 부활의 빛에서 소망하되 기독교적인 정체성의 또 다른 중심인 십자가를 명확히 인식할 필요가 있다고 본 것이다. 조금 더 세밀한 묵상과 관찰이 선행되어야 한다고 판단했던 것이다. 그렇지 않을 경우 블로흐의 소망에로 다시 전락할 수 있는 위험성을 본 것이다.

그리곤 소망의 한 가운데 선 십자가와 부활의 공동체인 교회의 역할을 성령론적으로 해명하는 작업을 『성령의 능력 아래 있는 교회』에서 뒤이어 전개한다. 교회와 그 교회에 소속된 그리스도인이 어떻게 무너진, 절망 가운데 있는 세상에 소망을 일구어낼 수 있는가에 대한 대답의 한 형식으로 십자가와 부활의 사건 둘 다를 견인하면서 그 가치를 실존적으로 구현하는 성령의 사역을 묵상하게 된 것이다. 성령의 능력 아래서 교회는 내적으로 자유와 해방과 치유를 경험하면서 동시에 외적으로 자유와 해방과 치유를 전파할 뿐만 아니라 그런 세계인 교회로 외인들을 초대할 수 있다고 생각했던 것이다. 이런 기대의 지평에서 교회의 역할은 십자가와 부활의 증인인 성령을 통해서만 가능하다는 신학적인 인식을 드러낸 것이다.

『소망의 신학』, 『십자가에 달린 하나님』, 『성령의 능력 아래 있는 교회』, 소위 몰트만의 "삼부작"(Trilogy)을 함께 취해야만 몰트만의 진정한 신학적 의도를 파악할 수 있고, 이로써 한국의 보수적인 교회가 일반적으로 오해하는 것과는 대조적으로, 물론 그의 신학에는 수용할수 없는 많은 문제들이 있다는 사실을 마음에 새겨야 하지만, 그의 신학이 단순하고 단조로운 프락시스지향성에 함몰되지 않았다는 사실을 붙잡게 될 것이다. 몰트만은 "기독교의 전통"과 "오늘의 상황" 그 사이에서 "해석학적 작업"을 전개한 신학자라고 할 수 있다. 오늘을 살아가는 교회가 어떻게 기독교적 정통에서 떠나지 않으면서도 오늘날 새롭게 제기되는 질문에 능동적으로 답변할 수 있을까를 고민하면서 가능한 답을 모색하려 했던 신학자였기 때문이다.

위르겐 몰트만이 모색한 답이 딱 정답은 아닐 수 있지만, 그런 고민에 공감하면서 이종인 박사님도 박사학위논문을 진행하였다. 이종인 박사님은 백석대학교 대학원에서 신학석사학위(Th.M)를 마치고, 울산대학교 철학부에서 블로흐 전문가인 김진 박사님 아래서 에른스트 블로흐의 철학을 연구하였다. 그리곤 다시 백석대학교 대학원에서 나와함께 위르겐 몰트만을 공부하고, 울산과 방배의 시간을 모아 블로흐와 몰트만의 소망 개념을 비교하는 박사학위논문을 작성하고, 자신의 논지를 성공적으로 방어하여 박사학위(Ph.D)를 취득하였다. 이러한 과정을 통과하면서 위르겐 몰트만과 에른스트 블로흐와 비판적인 대화를 통하여 경험했던 그런 고민의 일환을 독자들과 함께 나누려는 일에 박수를 보내고, 아울러 생산적인 대화를 이끌어내는 좋은 소재가 되기를 소망한다.

백석대학교 전문대학원, 조직신학

유태화

머리말

　사람은 희망 없이 살 수 없다. 달리 말해 모든 사람은 희망을 가지고 살아간다. 절망이라는 절규조차 실상은 희망의 반어법이라 할 수 있다. 온통 희망에 대한 이야기가 주변으로 가득하다. 그만큼 희망적이지 않다는 반증이기도 하다. 희망에 대한 논구는 인류 역사와 함께 진행되어 왔고, 지금도 살아 숨 쉬는 이상 계속될 식지 않을 논의다. 희망에 대한 탐색은 오래전부터 있어 왔다. 에른스트 블로흐(Ernst Bloch)는 희망이라는 시선에서 철학, 종교, 정치, 역사, 문학, 예술 등을 비롯한 모든 영역을 관통하는 대작 『희망의 원리』를 저술했다. 이 저작을 통해 많은 이들에게 영감을 불러일으켰고, 영향을 주었다.

　『희망의 원리』는 알프스에서 아내와 함께 달콤한 휴가를 즐기던 위르겐 몰트만(Jürgen Moltmann)의 마음과 시선을 강탈해 간 작품이다. 블로흐가 전개해 나간 뜨거운 희망에 대한 불붙는 담론은 몰트만에게 기독교 희망에 대한 깊은 탐색의 길을 걷도록 자극했다. 궁극적인 '최고선'을 향하여 '아직−아님'(Noch−Nicht)이라는 불확실성의 희망담론과

달리 처음과 나중 되는 하나님과 신실한 언약 안에 확언되는 기독교희
망의 탁월성을 몰트만은 그의 저서 『희망의 신학』에서 전개했다. 죽음
이라는 절멸과 절망의 십자가를 넘어 부활을 통해서 참된 미래를 소망
할 수 있다고 보았기 때문이다.

　본서는 희망의 철학자 에른스트 블로흐와 희망의 신학자 위르겐 몰
트만의 희망을 비교한 논문이다. 두 희망학자가 전개한 희망을 정돈하
고 비교함을 통해서 일반 철학적 희망과 기독교희망의 공통점을 발굴
하고 대화의 여지를 마련하고자 했다. 더불어 서로 습합되지 않은 차이
를 구별해 냄으로 서로를 이해할 수 있기 위한 각자의 자리를 정돈하고
자 했다. 희망에 대한 담론은 차고 넘칠 만큼 많겠으나, 희망의 추상성
을 걷어내고 구체적인 유토피아적 희망을 탐색해 낸 블로흐야 말로 기
독교 희망과 비교할 수 있는 적절한 파트너로 여겼고, 논의를 전개하면
서 누린 유익은 말로 할 수 없을 만큼 크다.

　교의학을 공부해가는 중에 철학에 대한 갈증들에 목말랐고, 교수실
을 노크한 곳이 울산대학교 김진 교수님의 교수실이었다. 따뜻한 환대
와 지도 가운데 철학 일반과 종교철학을 깊이 공부할 수 있는 기회를
누렸고, 칸트철학과 에른스트 블로흐와 빅토르 프랑클의 사유들을 집
중해서 배움을 얻었다. 지금도 매 주 진행되는 김 교수님과 함께하는
독서모임은 학문의 열망을 지속적으로 자극한다. 개혁신학과 더불어
몰트만에 대한 사상을 체계적으로 정돈할 수 있는 기회를 백석대학교
에서 석사과정과 박사과정을 지도해 주신 유태화 교수님을 통해 풍요
롭게 얻었다. 두 분을 통해, 몰트만과 블로흐의 희망사상을 자연스레
접하고 비교할 수 있는 혜택을 부요하게 누린 셈이다.

　모쪼록 부족한 본서를 통해 절망의 더미 위에 희망을 탐색해 나가고
자 하는 이들에게 희망사유를 안내하는 작은 안내서가 될 수 있기를
소망해 본다. 출판되기까지 깊은 애정과 안내로 수고해 주신 나영균

과장님께 감사드리고, 자신의 일처럼 꼼꼼하게 교정해주신 김효선 선생님께 고마운 마음과 출판을 허락해주신 안종만 대표님께 감사드린다.

2017년 11월
저　자

차례

서론

위르겐 몰트만

JÜRGEN MOLTMANN

ERNST BLOCH
에른스트 블로흐

Chapter 1

희망의 두 지평

서론

문제제기

관심을 갖고 찾아보면, 희망과 유토피아[1]에 대한 이야기는 오래전부

....

1 '유토피아(utopia)'라는 단어는 헨리 8세(Henry Ⅷ)의 군주정 아래에서 영국의 상황을 우회
적으로 비판하기 위해 『유토피아』라는 소설을 쓴 토마스 모어(Thomas More)로부터 비롯
된 용어다. '없다'와 '좋다'라는 의미를 모두 포함하고 있는 세상으로 '존재하지 않는 세상(no
place)'과 '좋은 세상(good place)' 의미를 모두 함축하고 있는 낙원을 뜻한다. Thomas
More Utopia: The Yale Edition of the Complete Works of st. Thomas More, vol.
4. ed. by E. Surtg, (New Haven, 1965), 253. 김영한, 『르네상스의 유토피아 사상』(서
울: 탐구당, 1981), 13에서 재인용. 토마스 모어의 책 『유토피아』, 류경희 역(서울: 팽귄북
스, 2008)은 두 부분으로 구성되어 있다. 1부에서 당시 영국의 부패한 현실에 대한 날카로운
비판을 담았고, 2부에서는 부패한 현실에 대한 대안을 제시한다. 조화롭게 안정된 유토피아
를 위해서는 화폐, 사유재산, 착취와 자본 축적을 배제해야 한다고 주장한다. 사유재산을
근본적인 악이 제거되어야 평등한 사회가 구현될 수 있다고 본 것이다. 블로흐는 토마스
모어의 『유토피아』를 '추상적 유토피아'로 분류해서 비판했다. 유토피아에 대한 담론은 오랜
역사를 가지고 있다. 가장 시원적인 책은 플라톤의 『국가』라고 할 수 있다. 플라톤은 이상국
가로 공산주의 공동체를 제시했다. 문학과 시, 정치와 경제, 과학과 더불어 성경을 달리하는
무릉도원적이고 노자적인 유토피아들도 등장했다. 주강현, 『유토피아의 탄생』(파주: 돌베게,
2012)은 '섬'을 주제로 한 유토피아의 역사에 주목해서, 토마스 모어의 『유토피아』와 쥘

터 끊임없이 반복되어 인간의 화두가 되어왔었다는 사실을 발견하게

....

베른의 『해저 2만리』, 『새로운 아틀란티스』와 더불어 한국민들에게 있는 이어도에 대한 유
토피아적 환상을 차근하게 풀어내고 있다. 유토피아에 대한 기본적인 안내서로는 루이스 멈
퍼드, 『유토피아 이야기』, 박홍규 역(서울: 텍스트, 2010)이 있는데, 플라톤의 『국가론』에서
부터 시작해서 토마스 모어와 안드레의 『기독교도시』 등 1차 세계대전 이후에 재건을 꿈꾸
는 마음으로 1922년에 출판한 유명한 작품이다. 우리나라에서 만들어진 좋은 안내서로는
이인식의 『유토피아이야기』(파주: 갤리온, 2007)가 있는데, 이 역시도 플라톤의 『국가론』을
시작으로 토마스 모어의 『유토피아』와 프랜시스 베이컨의 『새로운 아틀란티스』, 조너선 스
위프트의 『걸리버여행기』, 에드워드 벨라미의 『뒤를 돌아보며』와 22세기의 사회주의 낙원
에 대한 소설로 『유토피아에서 온 소식』을 소개하고 있다. 더불어서 이인식은 유토피아가
주는 낭만적인 꿈과 함께 반대되는 개념인 디스토피아적 나라에 대한 이야기로 예프게니
쟈먀틴의 『우리들』과 올더스 헉슬리의 『멋진 신세계』 그리고 사상을 통제하는 전체주의 국
가에 대한 모습으로 『1984』를 소개함으로, 희망과 절망에 대한 균형 잡힌 작업을 시도하여
소개하고 있다. 러셀 자코비, 『유토피아의 종말』, 강주헌 역(서울: 모색, 2000), 21-29.
자코비는 프랜시스 후쿠야마의 『역사의 종말』에서 이데올로기의 종식을 넘어 역사의 종말까
지 언급한 후쿠야마를 비평한다. 역사의 종식에 대해서는 인정하지 못하지만, 진정한 의미에
서의 이데올로기는 종식되었다데 공감하고 있다. 급진주의자들이나 좌익 모두가 기껏해야
수정된 사회를 꿈꾸고 있을 뿐이라는 것이다. 실제로 마르크스가 주장했던 많은 내용들이
복지적 의미로 자본주의 안으로 들어왔고, 공산혁명 당시처럼 진정한 의미의 프롤레타리아
계급은 상실되었다는 자코비의 평가는 옳다 여겨진다. 프랜시스 후쿠야마, 『역사의 종말』,
이상훈 역(서울: 한마음사, 2003), 293-302. 후쿠야마는 블로흐, 헤겔과 포이어바흐의 방
식으로 기독교에서 말하는 하나님의 왕국을 비판한다. "기독교의 문제점은, 그것 역시 단순
한 일종의 노예의 이데올로기에 머물고 있다는 것, 즉 어떤 결정적인 측면에 있어서는 진실이
아니라는 점이다. 기독교에 있어서 인간의 자유는 이 지상에서가 아니고 신의 왕국에서만
실현된다. 바꿔 말하면 기독교는 자유에 대한 올바른 '개념'은 가지고 있지만, 결국은 현실의
노예들에게 이 세상에서는 해방을 기대하지 말라고, 즉 그들에게 자유가 결핍된 상태를 감수
하도록 요구하고 있다. 헤겔에 의하면 기독교도는, 신이 인간을 만든 것이 아니라 인간이
신을 만들었다고 하는 점을 깨닫지 못하고 있다. 인간은 자유라는 이념의 하나의 투영으로서
신을 만들기 시작한 것이다. 왜냐하면 기독교의 신을 통해 자기 자신과 자연계의 완전한
지배자인 어떤 하나의 존재가 보여 지기 때문이다. 그렇지만 기독교는 더 나아가서 자신이
만들어 낸 신에게 자신을 예속시켜 버렸다.(301)" 박호강, 『유토피아 사상과 사회변동』(경
산: 대구대학교출판부, 1998). 박호강은 유토피아사상을 통해서 세상의 구조가 어떻게 변동
되어왔는가를 사회학적 시각에서 다루고 있다. 유토피아가 사회의 변화에 미치는 영향에 대
한 부분으로 참고할 수 있는 연구물이다.

된다. 그런 면에서 희망에 대한 담론은 해묵은 소재다.[2] 그럼에도 불구

....

2 '희망'에 대한 이야기는 성경에서는 창세기 3장 15절의 '원시복음'으로 일컬어지는 하나님의
약속으로부터 시작된다. 약속의 내용인 '여자의 후손'은 곧 '예수 그리스도'이다. 타락으로
파괴되고 무너진 세상과 인류의 회복은 오직 약속된 메시아에서 찾는다. 성경과 다른 문서로
는 고대의 그리스·로마신화에서도 찾아볼 수 있다. 헤시오도스의 신화에서 판도라는 최초의
여자이다. 제우스의 명령으로 헤파이스토스와 아테나가 모든 신들의 도움으로 만든 작품이
판도라다. 신들을 각기 자신들의 선물을 판도라에게 주었다. 아름다움과 우아함, 손재주와
설득력 등 많은 선물들을 가지게 되었다. 하지만 헤르메스는 판도라의 마음 속에 거짓과
속임수를 심었다. 헤파이스토스는 판도라를 불멸의 신들의 모습으로 만들었고, 제우스는 판
도라를 통해 인류를 징벌하려고 했다. 제우스가 에피메테우스에게 파놓은 덫, 판도라의 아름
다움에 반해 결혼했다. 한 단지(상자)가 있었는데, 내용물이 달아나지 못하게 뚜껑으로 닫혀
있었다. 판도라는 지상에 오자마자 호기심에 못 이겨 단지를 열었고, 이로 인해 모든 불행이
인류에게 퍼졌다. 오직 희망만이 상자 안에서 도망가지 못하고 남아 있었다. 이후로 온갖
불행에 인류는 시달리게 되었고, 오직 남은 희망만이 작은 위로로 남아 있을 뿐이라고 전한
다. 피에르 그리말, 『그리스로마 신화사전』, 백영숙·이성엽·이창실 역(서울: 열린책들, 2003),
559-60. 판도라의 이야기는 신과 인간의 경쟁에서 나온 전설이다. 프로메테우스, 에피메테
우스와 제우스간의 경쟁이야기로 인간들에게 불을 선물한 프로메테우스에 대해 제우스는
분노했고, 프로메테우스와 인류를 벌하기 위해 고안한 작품이 '판도라'였다. 형 프로메테우
스의 권고에도 불구하고 판도라의 미모에 마음을 빼앗겨 여자를 선물로 받아 인류에 재앙이
덮친 것으로 기술하고 있다. 오직 상자에 남은 것은 '희망(Elpis)'뿐이었다. 카를 케레니,
『그리스신화』, 장영란·강훈 역(서울: 궁리, 2002), 379-83. 아폴로도로스에서는 프로메테
우스의 형벌에 집중하고 있고, 판도라에 대한 언급은 있지만 상자이야기는 없다. 아폴로도로
스, 『원전으로 읽는 그리스신화』, 천병희 역(고양: 도서출판 숲, 2004), 47-49. 판도라의
상자이야기는 헤시오도스의 『신통기』와 휘기누스의 『이야기 모음집』에 담겨있다. 희망에
대한 사유는 철학사상과 종교, 건축과 예술, 문학과 정치에 이르기까지 방대한 영역에서
희망을 채굴하고 발굴한 에른스트 블로흐 이전에도 지속된 사유이다. 블로흐의 동시대의
인물로 문학가이자 행동사상가인 앙드레 말로의 『희망』, 이가형 역(서울: 범우사, 1991)에
서 희망의 변화를 읽을 수 있다. 『희망』을 쓸 무렵에는 레지스탕스로서 가장 공산주의자에
가까웠고, 전쟁 후에 드골장군의 각료로 있을 때에는 공산주의와 가장 멀어져 좌파가 지정한
우익암살자 명단에 포함되기도 했다. 사상적 전회가 오가는 격변의 시기에 희망의 끈을 드골
장군을 중심한 민족주의에서 발견하고 희망을 걸었던 인물이다. 아담 스미스의 『국부론』,
김수행 역(서울: 비봉출판사, 2007) Adam Smith, *Wealth of Nations*, edited by C.
J. Bullock(New York: P.F. Collier & Son Corporation, 1937)에서 이상적인 미래상으
로 거론되었던 '자본주의'는 이제 어떻게 멈추어야 할지 잘 파악되지 않고 질주하는 녹슨

하고 왜 우리는 다시금 희망에 대해서 생각해야 하는가? 아직 아물지 않고 구조화 되지 않은 많은 변화 속에 살고 있는 이상 더 나은 구조형성에 대한 희망을 갖는 것은 너무도 당연하다. 시대가 어둡고 절망적인

....

열차와도 같다. 사회주의의 전형이었던 공산주의는 몰락했고, 확대된 자본주의에 대한 폐해들이 계속해서 드러나고 있는 중이다. 과거에 희망에 대한 담론이 수없이 다루어졌듯이 현대에도 '자본주의'를 대체할 만한 대안과 희망미래를 위한 논의들이 활발하다. 밀턴 프리드먼(Milton Friedman)의 『자본주의와 자유 Capitalism and Freedom)』, 로버트 노직(Robert Nozick)의 『무정부, 국가, 그리고 이상향 Anarchy, State and Utopia』, 사무엘 브리턴(Samuel Brittan)의 『경제적 자유주의의 재천명 A Restatement of Economic Liberalism』등이 자본주의 경제체제를 옹호하고 지지해 왔지만, 현대 상황에서 드러나는 자본주의의 부작용은 만만치 않다. 이에 대한 대안으로 다양한 논의들과 실험들이 전개되고 있다. 우리나라에서 논의되는 일부만을 간략히 언급하자면, 복거일, 『정의로운 체제로서의 자본주의』(서울: 삼성경제연구소, 2005)에서 자본주의가 품고 있는 내재적 위험에 대해서 적시한 후에 대안적 체제에 대해서 논하고 있다. 전병길·고영, 『새로운 자본주의에 도전하라!!』(서울: 꿈꾸는 터, 2009)에서는 공정무역과 사회적 기업을 제시하고, 실제로 새로운 자본주의의 길을 열어온 인물과 사건을 열거한 후에 착한 자본주의에 도전할 것을 격려하고 있다. 허의도, 『따뜻한 자본주의』(서울: 프리스마, 2012)는 따뜻한 자본주의로의 리모델링과 더불어 사는 세상을 제안하고 있다. 자본주의의 개조를 외치는 사람들과 달리 자본주의를 버리고 새로운 체제로의 진입을 희망, 제시하는 이들도 있다. 이해준, 『자본의 시대에서 인간의 시대로』(서울: 한울, 1999)는 자본주의의 제국주의적인 실체를 구체적으로 비판하면서 자본 중심이 아닌 인간중심의 시대를 요청하고 있다. 이수훈, 『세계체제의 인간학』(서울: 사회비평신서, 1996)은 자본주의 체제의 모순에 대해서 논증하면서 역시 인간중심의 세계체제로의 전환을 제시하고 있다. 우리나라에 배출한 걸출한 경제학자인 장하준의 도서들도 신자유주의의 맹점과 모순을 잘 드러내고 있다. 신자유주의 체제의 실상과 쓰고 있는 가면을 적나라게 드러낸다. 장하준, 『그들이 말하지 않는 23가지』, 김희정·안세민 역(서울: 부키, 2010)에서 만신창이로 변한 세계경제의 실상을 고발한다. 이제는 비정규직 노동자로 전락한 청년들의 대명사가 된 '88만원 세대' 우석훈·박권일, 『88만원 세대』(서울: 레디앙, 2007)의 문제제기에 이어 우석훈, 『이제 무엇으로 희망을 말할 것인가』(서울: 시대의 창, 2008)에서 무서운 현실과 천천히 죽어가는 절망적 상황에 대한 인식을 분명히 하면서 대안적 희망으로 가난한 이들과 함께하는 사회, 소통과 공론의 장을 통해 구조를 바꾸어가는 방식의 대안을 제시하고 있다. 토머스 게이건의 『미국에서 태어난 게 잘못이야』, 한상연 역(서울: 부키, 2011)은 미국에서 쉴 틈 없이 노동하는 한 변호사가 유럽의 복지시스템을 경험하고 난 후 쓴 소감문이다. 미국식 자본주의 한복판에 놓여있는 한국사회의 고단함을 우회적으로 읽어낼 수 있다.

현실을 접할수록 희망에 대한 갈망과 열의는 더욱 달아오르기 마련이다. 깜깜한 어둠이 머무는 동안에는 여명이 밝아오기를, 햇발 가득한 광명을 기다린다. 차갑고 시린 겨울이면 꽃이 피어나는 봄을 바라듯 불의와 악이 편만한 때에는 굽은 것을 펴고, 악과 대립의 현실을 선과 평화로 바꾸고자 하는 희망을 꿈꾸게 된다.

블로흐(Ernst Bloch)와 몰트만(Jürgen Moltmann)이 다루고 있는 '희망'은 막연한 희망이 아니다. 블로흐의 경우 고대로부터 지속되어온 희망에 대한 치밀한 연구로 구체적 희망에 대해 제시한다. 몰트만 역시, 양차대전 이후 절망 속에서 기독교가 가진 가장 강력한 힘인 '희망'에 대한 담론을 재구성해야 할 필요를 느꼈다. 기독교가 품고 있는 가장 본질적 힘인 '희망'에 대해 재고하고자 했다. 기독교 신학에서 주변부로 밀려 나 있던 종말론을 중심으로 복귀시켰다. 더불어 구체적인 미래상과 현실 참여적 방법들을 길어내고자 고민했다.

우리 시대에 구체적인 희망에 대한 논의는 왜 필요할까? 희망은 언제나 절망의 환경에서 피어나는 꽃이다. 희망에 대한 담론이 활발해진다는 것은 그만큼 상황과 현실이 절망적이기 때문이다. 우리 시대 희망에 대한 논의는 더욱 필요해 보인다. 이원론적 피안의 세계를 꿈꾸는 거짓 종말론이 한국교회에 여전히 영향을 주고 있는 까닭에 바른 희망에 대한 논의는 절실하다.3 더불어 한국은 여전히 남과 북으로 갈라진

----

3 김영재, 『기독교교리사』(수원: 합신대학원출판부, 2009), 411-16. 한국교회의 종말론은 무디의 신앙과 세대주의 종말론의 영향을 받은 선교사들의 가르침을 시작으로, 부흥사들을 통해 세대주의적 전천년주의는 전국으로 유포되었다. 평양신학교 조직신학 교수였던 이눌서(W. D. Reynolds)가 전천년주의를 가르쳤고, 박형룡박사가 개혁주의 전통의 무천년주의를 가르친 루이스 벌코프의 책에 깊은 영향을 받았으나 종말론에서는 역사적 전천년주의를 따랐고, 주경신학자였던 박윤선박사도 개혁주의신학을 추구했음에도 종말론에서는 전천년설을 견지했다. 많은 이들이 전천년주의를 견지하고 있으나 현재의 개혁주의노선의 신학교에서는 대부분 무천년의 입장으로 전회했다. 하지만 지금도 왜곡된 종말론으로 인한 혼란과

분단의 상황이다. 한국사회 안에서도 좌파와 우파의 분열현상이 뚜렷하다.4 미래에 대한 불투명함은 염려와 걱정을 생산해 낸다. 보다 구체적인 희망에 대한 담론이 활발하게 논의되어야 할 이유는 충분하다. 특별히 그리스도의 몸 된 교회가 소유하고 있고, 고백하고 있는 희망에 대한 재고는 화해를 거절하고 분열과 반목을 그치지 않는 우리 시대에 가장 중요하게 다루어져야 할 내용이다. 희망을 논하지 않고서 더 나은 미래를 기대할 수 없기 때문이다.

희망과 기대는 미래를 바라보는 것으로 그치지 않는다. 현실을 바꾸는 힘이기 때문이다.5 세상의 희망은 수많은 현실을 변혁시켜왔다. 희망하던 미래는 곧 현실이 되었고, 불완전한 현실은 언제나 또 다른 미

....

고통은 아직까지 한국교회를 괴롭히는 큰 요소 중 하나로 똬리를 틀고 있다.
4 대한민국은 분열의 역사 속에 여전히 놓여 있다. 일본제국주의가 뿌려놓은 친일과 반일의 씨앗은 무성하게 열매를 맺어 지금도 분열과 반목의 쓴 열매를 수확하고 있다. 골 깊은 공산주의와 자본주의의 사상냉전의 희생양이 되어 영토적 분단과 함께 사상적 절편으로 좌편과 우편의 편 가르기 싸움은 아직도 진행형이다. 통일과 평화에 대한 꿈을 꾸고 미래를 희망하지만, 내딛는 연합과 평화를 향한 잰걸음은 더디기만 하다. 분단의 영향력은 한국교회에서도 고착되어가는 지경이다. 예를 들어, 한국교회사를 이야기할 때, 만주와 북간도에서 활동했던 교회사는 망실되고 없다. 평양 이남의 교회사만이 주를 이루고 있다. 선교이후 독립투쟁의 역사 한복판에 머물러 있던 한국교회사의 큰 흐름은 분단이후 공산주의라는 이유로 상실되어버렸다. 늦은 감이 있지만 독립운동사, 만주와 간도, 북한을 포함한 한국교회사의 통전적 관점으로 교회사 작업의 재구성이 필요하다 여겨진다. 분단의 뿌리는 아픈 식민지의 역사에서 시작되었다. 한국교회의 친일파전통에 대한 논의는 최덕성, 『한국교회 친일파 전통』(서울: 본문과 현장사이, 2000)을 참고하라.
5 빅토르 프랑클, 『죽음의 수용소에서』, 이시형 역(서울: 청아출판사, 2005)에서 저자는 그로 하여금 고통과 죽음을 극복하도록 한 동력으로 '희망'을 말하고 있다. 고통당하던 수용소의 정말적인 현실에서 사람들은 여전히 여유와 유머를 가지고 있었다고 말한다. 수용소의 절망적 상황을 견디지 못한 근본적 원인은 환경자체라기 보다는 희망에 대한 중지로부터 시작된다고 저자는 파악한다. 그의 원고뭉치의 상실과 글쓰기에 대한 희망과 열망이 살아남게 한 힘으로 고백하고 있다. 프랑클의 '로고테라피', 즉 '의미치료'는 의미의 상실로 좌절하는 이들에게 삶의 의미의 발견을 돕는 심리학적 치료에 대해 활발하게 연구, 논의, 적용되고 있다. 삶의 의미는 곧 '희망'에 대한 논의라고 할 수 있다.

래에 대한 희망의 내용을 스케치했다. 미래에 대한 희망의 그림은 변화를 불러왔다. 삶을 바꾸고 미래를 바꾸는 가장 강력한 도구가 '희망'이다. 희망은 현실을 재고하고 바꾸는 동력이다. 희망은 더 나은 내일을 향한 실제적 설계다.

희망이 현실을 바꾸는 힘이고, 어두운 미래를 밝히고 고통과 아픔의 현실을 새롭게 재구성할 수 있는 동력이라면, 그리스도인들은 이토록 강력한 희망을 어떻게 대하여 왔는가? 성도들은 철학과 세상의 희망과는 비교할 수 없는 영광스럽고도 견고한 희망을 가지고 있다. 기독교는 왜 희망에 대한 논의에 이토록 게으른가? 소망으로 살지 않는 것은 곧 절망이며 불신앙이 아니던가? 성도의 희망은 오늘날의 교회와 우리의 삶을 어떻게 변혁시키고 있는가? 기독교는 과연 어떤 내일을 소망하는가? 교회는 어떤 구체적인 미래를 희망하고 봉사하고 있는가? 교회는 충분하게 성도의 희망을 강조해 왔는가를 생각할 필요가 있다.

성경에서 말하는 희망이란 근본적으로 무엇을 뜻하는가? 세상의 희망, 철학적 희망과 다른 기독교의 희망이란 무엇이라 말할 수 있는가? 필자는 본 논문을 통해 세상의 희망과 구별되는 기독교 희망의 탁월함을 분명하게 드러내고자 싶었다. 먼저는 세상의 희망과 어떻게 다른지를 구분할 필요가 있다. 비교를 위해 택한 철학자가 에른스트 블로흐다. 그는 희망의 철학자로 불린다. 그의 학문의 모든 체계의 핵심에는 희망이 흐르고 있다. 기독교 희망과 비교하기에 최적의 상대라고 말할 수 있다. 더불어 희망의 신학자로 불리는 몰트만을 비교의 파트너로 삼았다. 세상의 희망의 전형을 보여주는 블로흐와 성경에서 말하는 희망을 잘 전개한 몰트만을 비교하는 방법을 통해 기독교의 희망을 보다 분명하게 드러낼 수 있을 것이라 기대한다.

두 사상가의 희망개념의 비교를 통해서 신학적 희망이 철학적 희망과는 다른 지평 속에 속한다는 것을 파악할 필요가 있다. 두 희망사상의 비교를 통해 보다 선명한 기독교 희망의 본질과 차이를 정리할 수 있을 것이다. 세상의 희망이 산출해 내는 구체적 유토피아와 구분되는 기독교 희망이 생성시키는 실천적 하나님 나라의 현실을 구분해 낼 수 있기를 기대해 본다. 철학적 희망과 신학적 희망개념의 비교를 통해 기독교의 정체성의 핵인 희망을 보다 깊이 이해하고, 더 깊은 연구의 필요성이 제기될 수 있기를 바라본다. 우선 블로흐와 몰트만의 희망에 대한 논의가 한국에서 어떻게 진행되어 왔는지 살펴보자.

사실 블로흐철학에 대한 신학적 논의는 거의 미진한 상태이다. 그의 대작 『희망의 원리』가 번역 출간되었음에도 활발하게 논의되지 못하는 것은 안타까운 일이다. 위르겐 몰트만의 신학에 대한 활발한 논의들에 비해 그에게 중대한 영향을 끼쳤던 에른스트 블로흐에 대한 연구가 미진한 것은 아쉬움이다. 다행히도 한국의 몇몇 학자들을 통해서 블로흐에 대한 논의가 꾸준하게 다루어지고 있다. 울산대학교 철학교수인 김진은 에른스트 블로흐의 희망철학에 대해 꾸준한 논의를 해오고 있다.6 "에른스트 블로흐에 있어서의 헤겔철학의 유산과 개방성의 문제"『헤겔연구(1986)』를 시작으로 "에른스트 블로흐와 동양사상"『새한철학회 학술대회 발표논문집(2006)』, "에른스트 블로흐와 중국철학"『동서철학연구(2007)』, "에른스트 블로흐와 불교철학"『철학연구(2008)』, "에른스트 블로흐와 그리스도교철학"『철학논단(2010)』, "에른스트 블로흐와 유대교철학"『철학논단(2011)』, "에른스트 블로흐와 페르시아사상"『철학(2013)』등 지속적으로 블로흐의 철학 연구물을 내고 있다. 한신

----

6 김진은 박설호와 에른스트 블로흐 철학을 국내에 소개한 주목해야 할 학자다. 그의 블로흐 사랑은 특별하다. 80여권에 이르는 엄청난 생산력을 가졌다. 거의 대부분에 저서에서 블로흐의 사상을 개진하였고 지속적으로 블로흐에 대한 논문들을 발표하고 있다. 본인은 백석대학교 기독교전문대학원에서 조직신학으로 석사학위(Th. M.)을 취득한 후, 철학에 대한 갈증으로 김진교수를 만났고 그에게서 칸트와 함께 에른스트 블로흐의 철학을 소개받았다.

대학교에서 철학을 교수하는 박설호도 블로흐 저작의 번역7과 저작8에 힘을 기울이고 있어 다행으로 여긴다.

한국인으로 에른스트 블로흐를 연구하여 박사학위를 받은 사람은 지극히 드물다. 시카고에 있는 루터신학교에서 홍근수가 "*A Promethean Christology of Ernst Bloch*"라는 제목으로 박사학위를 받았고, 국내에서는 2014년에 곽영근이 "블로흐 희망철학의 도덕교육적 함의"라는 제목으로 한국교원대학교에서 박사학위를 받은 것이 전부다. 장광일도 "기독교 유토피아의 가능성"이라는 주제로 2002년에 한남대학교에서 박사학위를 받았지만, 에른스트 블로흐에 대한 본격적인 논의라고 보기는 어렵다.

희망적인 것은 점차 에른스트 블로흐에 대한 연구물이 축적되어 간다는 점과 함께 미진하기는 하지만 연구인구가 점차 늘어갈 것이라는 기대 때문이다. 석사학위 논문으로는 박충구의 "Ernst Bloch 종말론 연구(1981)", 이승은의 "에른스트 블로흐의 예술철학에 관한 연구(1988)", 이찬훈의 "Ernst Bloch의 존재론 연구(1987)", 최동규의 "에른스트 블로흐의 인간론 연구(1990)", 하동윤의 "에른스트 블로흐의 「희망의 원리」에 나타난 구체적 유토피아에 관한 연구(2008)", 이재광의 "에른스트 블로흐의 '희망'에 관한 연구(2010)"가 있다.

우리나라에서 아직까지는 낯선 블로흐에 비해 몰트만에 대한 연구는 활발한 편에 속한다. 몰트만 신학의 수용은 1964년 『희망의 신학』이 발표되며 세계 신학계에서 큰 반향을 불러일으키기 시작하는 시점

....

7 1993년에 솔 출판사에서 『희망의 원리』가 낱권으로 출간되었으나, 2004년 박설호에 의하여 『희망의 원리』가 열린책들에서 완역 출판되었다. 이어서 2008년 『서양 중세, 르네상스 철학 강의』, 2009년에는 『저항과 반역의 기독교』, 2011년에는 『자연법과 인간의 존엄성』을 번역했다.

8 에른스트 블로흐 읽기라는 주제로 3부작을 집필했다. 『꿈과 저항을 위하여』(2011), 『마르크스 뮌처, 혹은 악마의 궁둥이』(2012), 그리고 『자연법과 유토피아』(2014)가 있다.

과 일치한다. 초기 몰트만 신학의 수용은 한국의 민중 신학자들에 의해 주도되었다. 1980년대를 지나면서 대한예수교장로회(통합)의 교단신학 교인 장로회신학대학교와 기독교대한성결교회의 서울신학대학에서도 몰트만은 비중 있게 다루어지기 시작했다. 최근에 이르러서는 교단과 상관없이 초교파적으로 몰트만이 전 방위적으로 광범위하게 다루어지고 있는 추세이다.9

몰트만은 진보적 신학자들에 의해서 한국에 활발하게 소개된 까닭으로10 개혁파와 보수적인 신학교에서는 몰트만의 신학을 활발하게 다루기를 꺼려한 측면이 있다. 발생하는 시대적 질문과 소통하며 문제해결과 대안을 신학적으로 해결하려는 노력은 고통 받는 현실 속에 놓인 한국의 현실에도 호소력이 컸다. 교회를 중심한 신학을 넘어 공적영역에로까지 확대된 그의 관심은 사회문제들에 대한 신학적 관점에 목말라하던 많은 이들의 환영을 받았다.11

....

9 신옥수, "한국에서 몰트만의 수용과 이해" 『조직신학논총』제35집(2013), 190.
10 한 예로, 한 잡지에서는 몰트만을 "해방신학의 세계적 지도자"로 표현하고 있다. 위르겐 몰트만, "민중의 투쟁에 있어서의 희망", 『새 가정』vol. 236. No;(1975), 97-99. 몰트만 박사의 내한 강의의 초록을 담아놓았는데, 민중신학의 입장에서 내용을 편집해 놓고 있다. "대단히 적은 자, 즉 오늘의 빈민, 고통 받는 사람들이 예수의 메시아의 향연에 참여할 사람들이다. 이 향연 속에 희망이 있다. 예수가 불을 붙인 이 운동은 민중이 역사의 주체임을 증명한다. 어떤 사람은 복음 가지고 민중을 정복하는 것이라고 하나 반대로 교회가 다시 민중에 의해 정복당해야 한다. 역설적이긴 하나 가난을 나누어 갖는 것은 우리를 부유하게 하지만 부(富)를 나누어 갖는다고 해서 우리를 부유하게 하지는 못할 것이다. 민중의 투쟁에 있어서의 희망은 민중이 자기 역사의 주체가 된다는데 있다. 이제 교회는 민중을 위한 교회로부터 민중의 교회로 되어야 한다." 이 강연물의 전문은 위르겐 몰트만, "민중의 투쟁 속에 있는 희망"이라는 제목으로 『기독교사상』vol. 19. No. 4.(1975), 122-35에 실렸다. 이 논문에서 몰트만은 민중의 투쟁이 이데올로기적인 투쟁의 구호들과 다르며, 이런 사상들을 주의 깊게 확인할 것을 주문하고 있는 모습을 볼 수 있다. 고통 받는 이들과 함께하는 교회의 사명을 설득하고 있지만, 특정 사상에 경도되어가는 것에 경고하고 있다.
11 몰트만 신학이 진보적인 학자들에 의해서 독점되어 알려지고 출판되어져 온 면이 크다. 이로

몰트만은 개혁파 교회의 목사였다. 회심초기에 네덜란드 개혁신학에서 큰 영향을 받았다. 그의 신학의 중심토대에 언약신학과 삼위일체신학의 굵직한 개혁신학이 놓여있다. 교회 안에 갇히지 않는 그의 신학의 방법론과 지평은 많은 열린 대화를 불러왔다. 공교회성에 대한 교회의 나아갈 길을 보여준다는 측면에서 얻을 유익이 적지 않다. 교회와 함께 하나님 나라에 대한 강조로 사회와 문화, 현실문제에 접근하는 방향을 선구적으로 작업했다.

한국의 개혁신학과 보수신학계에서는 몰트만을 소홀히 다루었다. 여러 이유가 있겠지만 그 중에 하나는, 한국신학대학과 감리교신학대학, 연세대학교신학대학원 등과 같은 진보신학에서 먼저 선점하고 몰트만을 적극적으로 수용함으로 인해 발생한 막연한 오해가 있음을 부인키 어렵다. 개혁파와 보수신학에서 몰트만 신학의 풍부한 내용들을 접하기 전에 국내에 진보신학자들이 주축이 된 번역과 출판, 선점한 것이 개혁파 내에서 몰트만을 활발하게 풀어내지 못하게 한 원인이 아닌가 싶다.

....

인한 오해와 편견들도 많다. 그의 가장 큰 공헌이 있다면 '삼위일체론의 신학적 실천성'이다. 삼위일체론은 형이상학적이고 사변적인 계시내용으로만 존재하지 않고 성도들의 신앙고백이며, 실천적 삶의 교리라는 점을 구체적으로 제시한 학자이다. 우주적 파멸의 종말론이 아니라 이 땅에 세워질 하나님 나라의 희망을 제시한다. 몰트만은 다작가다. 한국에 번역된 책만 해도 32권에 이른다. 단순한 다작가가 아니다. 그의 연구는 교회신학에 머물지 않고 정치신학과 생태신학, 경제와 문화, 교육과 선교, 윤리와 과학을 포괄하는 전 영역에 대한 실천적 과제를 다루어내고 있다. 몰트만의 지도하에 박사학위를 받은 제자들을 주축으로 활발하게 번역되어 왔고, 최근에서 출간된 해에 혹은 이듬해에 곧잘 한국으로 번역되는 추세이다. 강영안, 『신을 모르는 시대의 하나님』(서울: IVP, 2013), 7-8. 강영안은 서문에서 자신의 신학적 관심을 밝히면서, "사도신경에서 찾아볼 수 있는 삼위일체론적 고백을 어떻게 우리 삶에 관련지어 볼 수 있는가?" 이런 물음에 자신이 사로잡혔음을 이야기하고 있다. 사실, 몰트만은 이런 작업들을 선구적으로 광범위하게 작업했고, 이미 방대한 분량으로 정돈해 놓았다고 평가할 수 있다.

몰트만의 신학은 방법론에서 칼 바르트(Karl Barth)와 같은 신학자들과 구별된다. 그럼에도 몰트만의 기본적인 신학체계는 전통적인 신앙고백과 삼위일체론의 굳은 체계에 바탕하고 있다. 뒤에서 다루겠지만, 그의 가장 큰 공헌은 삼위일체론 중심의 신학전개와 종말론을 주변부가 아닌 신학의 중심으로 삼아 진행한 신학전개이다. 현실적인 문제에 대한 해답을 찾아가는 그의 신학방법론은 시간이 지날수록 신학의 변화를 가져온 것이 사실이다. 진지한 열린 대화와 현실문제에 대한 깊은 개입으로 토론이 만들어 낸 불가피한 결과물일지도 모른다.

몰트만에 대한 박사학위 논문은 세계적으로는 200편이 넘지만 한국사람이 쓴 논문은 그리 많지 않다. 그럼에도 최근에 몰트만 신학에 대한 연구는 활발하게 진행되고 있으며 340여 편에 이르는 연구물들이 생산되었다.[12] 몰트만 신학을 다룬 주제 중 가장 많은 부분은 '교회론'이다. 다음으로 '종말론'과 '성령론' 그리고 '삼위일체론'으로 이어진다. 보수신학계에서 우려하고 염려하는 것과 달리 몰트만 신학에서 풍부하게 다루는 주제는 '교회', '종말', '성령'과 '삼위일체' 등 중요한 신학적 주제들이다. 몰트만 신학에 대한 관심과 연구는 한국에서 여전

....

12 신옥수, "한국에서 몰트만의 수용과 이해", 193-94. 한국에서 다루어진 몰트만 신학의 주제들은 2012년을 기준으로 할 때, 교회론(57편), 종말론(48편), 성령론(43편), 삼위일체론(38편), 생태신학(21편), 희망의 신학(12편), 십자가신학(12편)의 순으로 생산되었다. 이형기의 『알기쉽게 간추린 몰트만 신학』(서울: 대한기독교서회, 2001)이 몰트만 신학의 전반을 소개하는 입문서 역할을 해 왔다. 이형기는 믹스(M. Douglas Meeks)를 인용하여 몰트만의 희망신학의 핵심인, '화해의 변증법(dialectic of reconciliation)'의 출처를 칼 바르트와 에른스트 블로흐에게서 왔다고 말하고, 종말론의 신학적 비전은 오토 베버와 이반트(Hans Joachim Iwand)와 볼프(Ernst Wolf)에게서 왔다고 말한다. 19-29. 최근에 출판된 신옥수, 『몰트만신학 새롭게 읽기』(서울: 새물결플러스, 2015)가 몰트만 신학 전반을 새롭게 읽어낸 연구물이라고 할 수 있다. 신옥수는 몰트만 신학의 구조와 성격을 '만유재신론적 비전(panentheistic vision)'으로 규정하고 새로운 읽기를 시도했다. 몰트만의 신학핵심과 전체적 흐름 파악에 유익하다.

서
론

히 진행형이고, 보다 활발하게 전개될 것으로 내다볼 수 있다.

블로흐가 "희망은 어디로 진행하는가?"에 관심을 가졌다면, 기독교 신학자인 몰트만은 "희망은 어디서 오는가?"에 시선을 둔다. 기독교신학은 기독교적 '희망'에 대한 선명한 이해를 요구한다. 믿음과 소망은 나뉠 수 없는 까닭이다. 성경적 '희망'에 대한 구체적인 이해 없이는 성도다운 삶에 심각한 결함이 나타날 수밖에 없다. 피안적 미래와 이원론적인 사고 속에서는 현실 패배주의에 빠지기 싶다. 성도들이 희망하는 것은 믿음의 내용이며, 희망의 결과로 우리는 사랑할 수 있다. 세상에도 구체적 희망이 존재한다. 하지만 성도들이 지닌 구체적 희망과는 차이를 지녔다. 본인은 블로흐와 몰트만이 말하는 두 희망개념의 비교를 통해 기독교적 희망을 보다 분명하게 드러내기를 시도하고자 한다.

'희망'은 개혁주의 진영 안에서 소홀히 다루어지고 있는 것이 현실이다. 제임스 패커(James I. Packer)가 『소망』13이라는 소책자를 통해서 기독교 희망에 대한 담론을 서술했지만, 간략하고 피상적 서술에 머물러 아쉽다. 자크 엘룰의 『잊혀진 소망』14은 기독교 희망에 대한 본질적인 의미를 캐물어가고 있는 수작(秀作)으로, 기독교 희망에 대해 무심할 뿐 아니라 희망을 상실한 기독교의 현실에 대해서 반성하고 재고할 것을 촉구하고 있다.

....

13 제임스 패커·캐롤린 나이스트롬, 『소망』, 김기호 역(서울: IVP, 2007). 7명의 성경인물의 이야기에 비추어 희망 이야기를 전개해 나가고 있다. 삼손, 야곱, 마노아의 부인, 요나, 마르다, 도마, 베드로, 느헤미야 순이다. 진지한 희망에 대한 담론은 서론 부분에 한정되어 있다. 패커는 영국 국교회 표준교리 39개 신조를 인용하여 말한다. "기록된 하나님의 말씀인 성경은 창세기부터 계시록까지 소망에 대한 책입니다. … 소망은 성도들이 기쁨으로 미래를 바랄 수 있게 해주는 보증된 기대입니다. 소망은 진실로 기독교의 위대한 주제이며, 하나님이 주신 최고의 선물입니다."(18-19.)
14 자크 엘룰, 『잊혀진 소망』, 이상민 역(대전: 대장간, 2009), 자크 엘룰은 철학이나 일반에서 말하는 '희망'이라는 단어와 기독교에서 가지는 희망을 '소망'이라는 용어를 구별하고 있다.

부활을 통해 보증된 미래를 가졌고, 미래와 종말에 대한 확증된 희망을 소유한 개혁신학에서 희망에 관심을 기울이는 일은 지극히 당연한 일이다. 현실과 삶의 태도를 바꾸고, 어둠을 이기는 능력으로 작동하는 희망의 신학에 대해서 활발한 관심을 가져야 마땅하지만 현실은 그렇지 않은 듯하다. 철학적 희망과는 비교할 수 없는 그리스도 안에서의 탁월한 희망을 소유한 교회가 기독교 희망의 깊은 능력을 충분히 아는 것일까? 성도의 소망에 대해서 정당하게 사유고 있는 것일까? 세상일반과 철학에서 말하는 희망과 기독교 희망 사이에는 어떤 근본적 차이가 놓여 있는가?

연구목적

몰트만 이전에도 희망에 대한 담론과 논의들은 많았다. 전후(戰後) 절망의 질곡 속에서 벗어나고자 희망에 대한 이야기가 뜨겁게 진행되었다. 하지만 큰 변화나 관심이 없었다. 하지만 1964년 10월에 출판된 『희망의 신학』은 큰 반향을 불러왔다. 기독교적 희망에 대한 갈망에 대한 답변이자, 사회변화를 꿈꾸고 열망하는 이들에게 기독교의 구체적 사회 참여적 길과 희망을 제시한 까닭이다. 1963년에 미국의 인권운동가 마틴 루터 킹은 "나에게는 꿈이 있습니다."[15]라는 연설로 뜨거운

----

15 클레이본 카슨 엮음, 『나에게는 꿈이 있습니다: 마틴 루터 킹 자서전』, 이순희 역(서울: 바다출판사, 2000) "나에게는 꿈이 있습니다"라는 연설은 너무도 잘 알려진 희망의 선언문이다. 킹 목사가 선언하고 있는 꿈은 정확하게 에른스트 블로흐가 이야기하는 '낮 꿈'과 일치하는 꿈으로 지금은 많은 부분 실현된 낮 꿈이다. 일부를 소개하면, "나에게는 꿈이 있습니다. 조지아 주의 붉은 언덕에서 노예의 후손들과 노예 주인의 후손들이 형제처럼 손을 맞잡고 나란히 앉게 되는 꿈입니다. 나에게는 꿈이 있습니다. 이글거리는 불의와 억압이 존재하는

반향을 불러일으켰다. 하나님 나라의 현실적 도래에 대한 꿈이 가열
차게 영글어 갈 때였다.『희망의 신학』에 대한 반향은 어쩌면 당연한
일이다.

그렇다면 우리 시대 한국교회 가운데 희망에 대한 논의와 담론은
왜 필요할까? 먼저는 기독교 희망에 대한 보다 구체적인 이해의 필요이
다. 부활의 복음에서 비롯되는 성도들의 희망은 강력한 힘이다. 희뿌연
안개마냥 가능성으로 개방된 희망과 달리 성도의 소망은 신실한 약속
에 근거한 능력에 다름 아니다. 기독교의 희망은 미래에만 머무는 희망
이 아니라 현실을 바꾸고, 선취하여 누리게 하는 위로다. 복음이 곧
희망이다. 삶에 변혁을 가져오고 세상의 영을 따르던 삶을 거절하고,

미시시피 주가 자유와 정의의 오아시스가 되는 꿈입니다. 나에게는 꿈이 있습니다. 내 아이
들이 피부색을 기준으로 사람을 평가하지 않고 인격을 기준으로 사람을 평가하는 나라에게
살게 되는 꿈입니다. 지금 나에게는 꿈이 있습니다! 나에게는 꿈이 있습니다. 지독한 인종차
별주의자들과 주지사가 간섭이니 무효니 하는 말을 떠벌리고 있는 앨라배마 주에서, 흑인어
린이들이 백인어린이들과 형제자매처럼 손을 마주잡을 수 있는 날이 올 것이라는 꿈입니다.
지금 나에게는 꿈이 있습니다! 골짜기마다 돋우어지고 산마다, 작은 산마다 낮아지며 고르지
않은 곳이 평탄케 되며 험한 곳이 평지가 될 것이요. 주님의 영광이 나타나고 모든 육체가
그것을 함께 보게 될 날이 있을 것이라는 꿈입니다." 킹 목사는 노벨평화상을 수상하면서
수락하면서 어둡게 드리워진 절망적 현실을 거절하고, 거대한 낮 꿈에 대한 희망을 피력한
다. 클레이본 카슨 엮음,『나에게는 꿈이 있습니다: 마틴 루터 킹 자서전』, 331-32. "저는
미국에 대한 변함없는 사랑과 인류의 장래에 대한 강한 믿음을 가지고 이 상을 받아들입니
다. 인간은 본성적으로 '즉자'로 인해서 자신을 영원히 구속하는 영원한 '당위'에 도달할
수 없다는 생각에 찬동하지 않습니다. 저는 인간이란 인생이라는 바다에 떠다니는 잡동사니
에 불과하다는 생각에도 찬동하지 않습니다. 저는 인류는 인종주의와 전쟁이라는 암흑 속에
갇혀 있기 때문에 평화와 인류애의 새벽을 맞이할 수 없다는 생각에도 찬동할 수 없습니다.
지금 지구상에는 박격포가 터지고 총탄이 날아다니지만 밝은 미래에 대한 희망이 있습니다.
우리나라의 거리에서 부상당한 채 뒹굴고 있는 정의는 언젠가는 더러운 치욕의 먼지를 털고
일어나 최고의 자리에 오를 것입니다. 언젠가는 전 세계 민족들이 신체를 위하여 세 끼 식사
를 하고 정신을 위하여 교육과 문화를 향유하며 영혼을 위하여 인간적 존엄과 평등, 자유를
누릴 수 있는 날이 올 것입니다."

성령으로 살게 한다. 뜨거운 소망으로 인해 냉혹한 지상의 여정가운데서도 세상을 녹이며 하나님의 나라를 살게 만든다.

희망의 선취의 토대는 하나님의 언약에 있다. 하나님은 어제나 오늘이나 동일하기 때문이다. 언약의 복음은 내일의 현실에 대한 선언이다. 미래에 전개될 희망의 선취를 가장 선명하게 보여주는 그림이 주의 만찬이다. 성찬에서 미리 맛보며 누리는 복음은 현실적인 변혁의 희망이다. 우리는 먹고 마심으로 미래를 지금 누린다. 종말론적 희망에 대한 재고를 통해 희망의 내용을 현실에서 누리고, 왜곡되고 비뚤어진 현실을 바로세우는 동력이 되는 까닭이다.

60년이 넘도록 분열된 남·북은 여전히 냉담한 상태로 진전 없는 분리 상태에 놓여 있다. 한국 안에서도 이데올로기적 분열의 양상은 식지 않고 주기적으로 들끓고 있다. 위험과 불안의 요소들이 머물수록, 칠흑같은 어둠 속일수록 더 나은 미래를 갈망한다. 끌어안고 연합하는 평화로운 희망의 미래를 기대한다. 연대와 통일의 미래는 먼 구상으로 머물러서는 안 된다. 분열의 아픔을 깊이 인식하고 현실에 나누어진 이들과 하나되는 구체적인 실천이 현재로부터 시작될 필요가 있다.

희망은 교회에 주어진 강력한 복음의 내용이다. 우리가 믿는 구체적인 내용이 약속된 미래이다. 희망에 대한 바른 이해와 각성이 교회로 하여금 종말론적인 공동체로 세상의 실존적 공허의 문제들을 뚫고 돌파해 나갈 수 있는 힘을 지니게 한다. 희망의 미래를 약속으로 주신 선명한 복음이 있음에도 희망에 대한 논의를 무관심하게 방치해서는 안 된다. 애석하게도 교회는 보다 구체적으로 희망을 연구하고, 적용하는 일에 소홀한 것이 사실이다. 본 논문은 블로흐와 몰트만의 희망개념의 비교를 통해서 기독교 복음이 지닌 희망의 탁월성을 논하고자 한다.

가능성에 근거한 세상의 희망철학으로도 더 나은 사회변혁을 위한 기여뿐 아니라 실존적 문제에 시달리는 현대인들에게도 도움을 주고 있다.[16] 하물며 선명한 희망의 미래를 소유한 교회라면 어떠하겠는가? 교회는 어두운 현실에서 도피하지 않고 구체적인 삶에서 죽음과 소외, 무의미를 직면하고서도 무너지지 않는 초월지평의 희망을 지녔다. 그럼에도 신앙의 핵심인 희망의 복음에 무관심해서야 되겠는가?

칼 바르트(Karl Barth)는 몰트만이 에른스트 블로흐의 희망철학에 세례를 베풀었다고 몰트만의 신학을 평가했다.[17] 비판적인 이야기다. 정

----

16 우리 사회에서 사용되는 '희망'이라는 용어가 얼마나 광범위하게 사용되는지 살펴보면 놀라게 될 것이다. 정치와 경제, 인간실존의 좌절에 대한 심리학적 치료에 이르기까지 '희망'에 대한 이야기는 사람들의 좌절과 주저앉음을 깨우는 주요한 방법으로 기능하고 있다. 작게는 개인적인 성공 스토리로부터 시작해서, 국가적으로는 더 나은 미래에 대한 희망의 비전제시로 동력원을 얻고자 애쓰고 있다.

17 Karl Barth, "Karl Barth: Letters 1961-1968", *Letter* #172. http://wordspirit.tistory. com/689에서 재인용. 칼 바르트가 나이 들어 병상에 누워있을 때에 신학스승인 칼 바르트에게 *Theologie der Hoffnung*(München: Chr. Kaiser, 1964)이 출판 되자마자 한 권을 보냈다. 존경하는 스승에게서 인정을 얻으려는 마음이 컸을 것이다. 하지만 칼 바르트는 자신의 신학을 비판적으로 승계하려 한 것을 이미 알고 있었고, 여지없이 비판적인 평가를 내린다. 바르트의 평가는 냉혹했는데, 그 중에 하나가 에른스트 블로흐의 희망의 원리와 다른 점이 없다는 비판이었다. 지나치게 종말론에 천착하고 있다는 점과 삼위일체론 그리고 하나님을 빈곤하고 무능력한 하나님으로 만들고 있다고 혹독하게 비판했다. 칭찬과 격려를 기대한 몰트만에게 날아든 비수와도 같은 답신이었다. 이후에 바르트에 대해 철저하게 비판적인 입장으로 신학을 전개해 나가는 이유의 일부를 여기서도 발견할 수 있다. Richard Bauckham, *The Theology of J. Moltmann*(Wiltshire: T&T Clark, 1996), 44. 버캠은 바르트와는 달리 몰트만이 블로흐의 '희망'의 개념에 상당한 빚을 지고 있다는 사실을 인정하면서도 몰트만이 블로흐가 말하는 무신론적 희망철학에 머물지 않고 성경에서 말하고 있는 희망의 하나님을 비평적으로 잘 길어내고 있다고 평가한다. "Bloch's great work, *The Principle of Hope*, was not only a powerful atheistic philosophy of hope, but one which aimed to *inherit* biblical eschatology in a non-religious form, taking the biblical God of hope to be a symbol of hope, a projection of the immanent power of history transcend itself in a hopeful movement into the future." 이정배, "몰트만의 '희망의 신학'의 빛에서 본 창조론, 그 의미와 한계", 「기독교사상」vol.48. No.7 (2004), 74-75. 이정배는 몰트만이 블로흐의 영향을 받았다는 사실을 인정하지만, 블로흐의 희망철학에 세례를 준 것 뿐이라는 비판에 대해 몰트만의 희망신학이 하나님의 약속과

말 그런 것일까? 바르트의 진술이 옳다면 몰트만은 블로흐의 사상에서 무시할 수 없는 영향을 받았을 것이다. 영향을 받았다면 구체적으로 어떤 면에서 영향을 받은 것인지 살펴보고자 한다. 두 사람 모두 희망에 대해서 말한다. 전자는 '희망의 철학자'로 불리고, 후자는 '희망의 신학자'로 호칭된다. 두 사람이 말하는 희망의 내용을 비교함으로써 바르트가 말한 진술이 옳은지 아니면 단지 비판을 위한 비판일 뿐인지도 살펴보려 한다.

울산대학교에서 블로흐를 가장 활발하게 연구한 김진에게서 블로흐의 철학을 수년에 걸쳐 흥미롭게 학습할 수 있었다. 칸트(I. Kant)와 블로흐를 알아가는 시간은 새로운 경험이었고, 새로운 여정을 열어주는 즐거움이었다. 더불어 백석대학교에서 조직신학을 교수하는 유태화에게서 여러 학기에 걸쳐 몰트만에 대해서 알아갈 수 있는 기회를 가지게 되었다. 광범위한 백과사전적 지식으로 난해한 블로흐 사상과 다작가인 몰트만 신학의 전체 중에서 희망에 대한 의미를 비교함으로 보다 선명한 기독교 희망의 의미를 재고해 보고자 한다.

....

부활, 십자가에 달리신 하나님의 개념에서 온 것으로 블로흐와 구분된다는 점을 분명히 한다. 김균진, 『헤겔철학과 현대신학』(서울: 대한기독교출판사, 1990), 239-40. 김균진은 몰트만과 블로흐의 희망개념을 7면의 짧은 지면으로 비교하여 소개하고 있는데, 어떤 사람들이 말하는 몰트만의 희망신학을 블로흐의 희망철학 원리와 같다고 주장하는 이들의 의견을 반박하고 있다. 종말론적이고 미래지향적인 사고방식에서 동일성을 지니는데, 이는 구약의 메시아니즘의 동일한 영향에서 비롯된 것으로 설명한다. 희망의 근거에 있어서 근본적인 차이를 지니고 있음을 잘 설명하고 있다. 배경식, "『희망의 신학』과 우주적 종말"『조직신학논총』vol. 38. No,-(2014), 85-86. 배경식 또한 몰트만의 『희망의 신학』이 블로흐의 『희망의 원리』에서 착상을 받아 성경의 계시를 약속과 성취의 개념으로 이해하여 출애굽에서 예수 그리스도의 십자가와 부활로 이어지는 침묵치 않고 능동적으로 일하시는 하나님의 약속과 활동을 희망의 근거로 제시하고 있다고 말한다. 블로흐에 의해서 크게 고무되고 자극받은 것을 적시하지만, 더불어 인간중심의 낙관적 사고가 낳은 유토피아를 추구하는 블로흐의 희망의 가능성과 하나님 안에서 희망의 근거를 찾는 몰트만을 구분하고 있다.

　본 연구자는 블로흐와 몰트만의 희망사상의 지층을 우선적으로 분석하고, 블로흐가 몰트만의 희망연구에 있어 어떤 자극을 주었는지, 또 어떻게 그의 희망개념에 영향을 끼쳤는지 역사적 배경을 통해 살피고자 한다. 두 사상가에서 분석한 희망사상의 차이를 바탕으로 희망지평의 구분을 시도하고, 두 지평의 공헌과 한계를 적시하고자 한다. 더불어 희망의 두 지평에 대한 비교와 더불어 평가를 통해, 성경에 담지된 하나님의 약속의 토대 위에 서 있는 기독교적 희망을 보다 명료하게 드러내는 것을 본 논문의 목적으로 삼는다.

연구범위

　블로흐는 『희망의 원리』에서 막대한 내용들을 다루고 있다. 철학과 정치경제학, 문학과 역사, 사회와 정치, 예술과 신학에 이르기까지 방대한 내용들을 관통하고 있다. 비록 블로흐의 함축적이고 난해한 용어 사용으로 인해서 외면당해왔지만[18] 그가 치열하게 탐구한 논의들은 인간희망에 대한 풍성한 보고(寶庫)다. 그는 인간의 내적 충동과 미래 지향성에 대해서 탁월하게 펼쳐놓고 있다. 블로흐는 플라톤 이후에 많은 철학들이 지향하는 과거지향의 특성을 거절하고, '미래'를 철학의 대상으로 삼고 있다.[19] 블로흐의 여타 저작들이 있지만, 그의 사상의 핵을 담고 있는 『희망의 원리』와 『저항과 반역의 기독교』를 중심으로 다루고자 한다.

　블로흐와 몰트만이 말하는 희망의 의미를 살핀 후에, 두 사상가 말

---

18 박설호, 『꿈과 저항을 위하여』(서울: 울력, 2011), 306.
19 박설호, 『꿈과 저항을 위하여』307.

하는 희망의 의미를 비교함으로 희망의 공통점과 차이점을 드러내는 것에 중점을 두고자 한다. 블로흐는『희망의 원리』를 중심으로 희망의 의미를 분석하되 여타의 저작과 이후의 연구자들의 문헌들도 함께 살펴 비평과 함께 보다 분명한 희망의 핵심을 파악하고자 한다.

몰트만의『희망의 신학』을 중심으로 희망개념들을 분석하되 그의 희망의 의미에서 빠질 수 없는 십자가와 부활, 하나님 나라와 종말에 관한 책들과 논문들을 살펴서 정리하고자 한다. 더불어 블로흐의 여타 저작들과 함께 몰트만의 다수 저서에서 드러난 표현들의 도움을 얻어 보다 구체적으로 개념을 분석하고 비교하는데 사용코자 한다. 두 사상가 모두 다작가인 관계로 저작의 수가 많아 필요한 부분들만을 인용하고, 희망개념을 보다 명확히 하는 데에 한하여 사용할 것이다.

연구방법

몰트만의『희망의 신학』은 세상과 현실에서 도피하지 않는 희망의 미래를 논한다. 믿음은 한계를 넘어서는 일이고, 희망하는 일은 현실의 어둠에 굴복하지 않고 초월한다는 의미를 지닌다. 고통과 죽음을 넘어서는 기독교의 희망에 대해서, 희망의 근거인 하나님의 신실하심과 약속, 그리고 부활에 대하여 논한다. 십자가의 죽음과 부활 모두 그리스도가 중심이다. 가장 근본적 절망인 죽음을 넘어선 사건, 그리스도의 부활에서 성도들의 희망이 개방되어 있다. 가능성으로 머물지 않고, 죽음을 넘어선 참된 희망을 다루는『희망의 신학』을 중심으로 하여 블로흐의 희망개념과 비교해 나가고자 한다.

먼저는 2장에서 블로흐의 희망철학의 뿌리를 탐색하고자 한다. 블로흐의 희망개념에 대한 이해의 사상적 근거들을 추적한다. 페르시아 이원론에 근거한 전복적 성경해석과 좌파적 아리스토텔레스 물질철학 그리고 마르크스주의적 유토피아론을 논하고자 한다. 이신론(二神論), 즉 선신(善神)과 악신(惡神)의 투쟁을 통한 전복적 성경해석이 그의 희망개념의 토대이다. 저항과 반역이 있는 곳에 희망이 있다. 물질철학에서는 가능성과 미래로 열린 개방성, 즉 아직―아님의 존재론을 길어낸다. 공중에 떠 있는 형이상학이 아니라 보다 구체적인 유토피아 사상을 마르크스주의를 통해서 관철하고자 했음을 논할 것이다.

3장에서는 몰트만의 희망신학을 살핀다. 몰트만의 희망개념을 생성시킨 신학적 토대를 살필 것이다. 블로흐와 달리 삼위일체 하나님의 언약에 근거한 확고하고 불변하는 희망을 분석한다. 변증법적으로 완성과 절멸을 오가는 불확실한 신관에 토대한 블로흐와 달리 몰트만은 영원하신 삼위일체 하나님의 약속 안에 머무는 명확한 희망에 대해 논한다. 십자가와 부활의 변증법 속에서 언약과 더불어 죽음을 넘어선 그리스도의 부활에서 선취된 미래적 종말을 파악한다. 오시는 하나님을 통해서 저 멀리 미래에만 머물지 않고 현실에 대한 소망의 미래를 살아냄에 대해서 논하고, 구체적인 하나님의 나라를 이루어가는 저항의 근거가 약속된 미래, 부활하신 그리스도에게 있음을 다룰 것이다.

4장에서는 인물과 시대적 배경을 간략하게 살피고 주고받은 영향이 있는지 살핀다. 블로흐가 몰트만에게 영향을 주었다면 어떤 면에서 영향을 주었는지 살펴보고자 한다. 두 사람 사이에는 40년의 간격이 존재한다. 그럼에도 두 사람이 겪었던 시대적 현실은 유사하다. 전후의 후유증으로 신음하던 때에 한 사람은 유대인으로서 겪어야 했던 질고를, 또 한 사람은 독일인으로 전쟁의 한복판에서 경험한 실존의 문제와 마주했다. 블로흐가 몰트만에게 영향을 끼친 것은 실제적으로 만나기 전부터 시작된다. 몰트만은 실제로 서로 조우했지만, 만남을 통해 형성된 영향보다는 저작들을 통해서 더 큰 영향을 미친 까닭이다. 몰트만의 블로흐 인용이나, 블로흐의 몰트만에 대한 이야기들을 찾아 상호간의 영향이 있는지 살펴보고자 한다.

5장에서는 두 사상가 사이의 희망개념의 핵심적 차이와 쟁점을 다룬다. 크게는 세 가지의 비교쟁점이 있다.

첫째는 신론의 비교이다. 신론과 기독론에 대한 이해의 차이를 첫번째 쟁점으로 살핀다. 신론은 결국 희망의 토대이고 출발이기 때문이다. 블로흐나 몰트만 모두 하나님과 예수에 대한 이해로 희망의 방향과 성질이 갈린다. 신론의 비교에서 두 가지의 차이, 즉 하나님에 대한 이해와 예수에 대한 이해를 다룬다.

둘째는 미래와 종말론에 대한 비교다. 블로흐는 물질철학에서 길어내는 미래를, 몰트만은 종말론에서 미래와 종말의 논의를 가져온다. '미래'와 '종말'의 차이의 중심에는 시간에 대한 근본적인 차이가 놓여있다. 블로흐의 물질철학과 몰트만의 종말론 비교를 통해 두 사람의 '미래'와 '종말'의 의미의 차이를 파악해 보고자 한다.

마지막으로 유토피아와 하나님 나라의 비교이다. 희망의 현실인 '하나님 나라'에 대해서 논한다. 블로흐의 마르크스적 유토피아와 몰트만의 하나님 나라에 대한 현실적 희망에 대한 비교를 통해 유토피아와 하나님 나라의 차이를 파악하고 설명하고자 한다.

6장에서 블로흐와 몰트만의 희망사상의 지평적 차이를 정리한다. 블로흐와 몰트만의 희망지평을 살핀 이후 희망의 두 지평의 유사점과 차이점을 추출해 내고 이를 통해, 블로흐와 몰트만이 주고받은 사상적 영향이 있는지도 함께 살핀다. 블로흐의 희망개념과 몰트만의 희망개념을 통해 분석된 두 지평의 차이를 정리하고, 블로흐의 희망철학과 몰트만의 희망신학이 가지고 있는 한계를 정돈한다.

7장에서는 블로흐와 몰트만의 두 희망사상의 지평을 평가해 본다. 더불어 블로흐와 몰트만이 가진 한계를 극복하는 대안으로 개혁주의

희망신학을 모색해 보고, 보다 나은 개혁주의 희망신학을 위한 제언하
고자 한다.

8장 결론에서는 앞서 논의한 7장의 논의를 요약하고, 블로흐와 몰트
만이 말하는 희망의 두 지평의 비교를 통해 도출된 기독교 희망의 탁월
성을 교회가 세 방향, 즉 복음의 본질인 희망을 강단에서 복원하고,
이웃과의 관계 속에서 기독교 희망의 윤리를 실천하며, 사회 속에서
하나님 나라를 현시하는 구체적인 실천을 제안함으로 논문을 마무리하
고자 한다.

에른스트 블로흐의 희망철학

위르겐 몰트만

JÜRGEN MOLTMANN

ERNST BLOCH

에른스트 블로흐

Chapter 2

희망의 두 지평

에른스트 블로흐의 희망철학

블로흐의 희망철학의 출발은 근본적인 질문 3가지로부터 출발한다. 첫째, 나는 무엇을 알 수 있는가? 둘째, 나는 무엇을 해야 하는가? 셋째, 나는 무엇을 희망해도 좋은가?이다.1 이 질문은 칸트의 질문을 차용한 것인데, 첫 번째 질문은 이론적 지식 가능성의 문제를 논하는 것으로 『순수이성비판』에서 다루는 주제이다. 둘째는 도덕적 실천의 문제로써 도덕형이상학에 대한 것으로 『실천이성비판』에서 다룬다. 마지막으로 희망에 대한 물음은 『이성의 한계 안에서의 종교』에서 다루고 있다.

위의 세 가지의 질문은 하나의 질문으로 통합될 수 있다. 곧, "인간이란 무엇인가?"이다. 칸트의 근본물음은 바로 인간에 대한 물음이다.

---

1 에른스트 블로흐, 『희망의 원리』, 박설호 역(서울: 열린책들, 2004), 15. 그는 서문 첫머리에서 3가지 질문을 하면서 시작한다. "우리는 누구인가? 어디에서 와서, 어디로 향해 가는가? 우리는 무엇을 기대하며, 무엇이 우리를 맞이할 것인가?"

하이데거(Martin Heidegger)가 인간 존재 자체에 대한 총체적 분석을 시도했다면,[2] 칸트는 인간의 주요한 능력에 대한 분석적 고찰을 시도했다. 『순수이성비판』은 인간의 지식적 능력에 대한 고찰이다. 칼 포퍼(Karl Raimund Popper)[3]가 "객관적 지식"이라 불렸던 것을 이곳에서 다루었다. 칸트는 학문은 자연 과학 안에서만 성립된다고 보았다. 다른 것들을 이론적 학문이 아니라고 본 것이다.

『실천이성비판』[4]에서는 객관적 지식에 대한 문제가 아니라, '최고선'에 대한 도덕적 문제를 다룬다. '최고선'에 접근 가능성을 타진한 것이다. '도덕성'을 어떻게 수행할 수 있을 것인가의 문제에 대한 고찰이다. 과학적 인식론과는 범주가 다른 영역이다. 칸트는 "무엇을 희망해도 좋은가?"에 대한 문제는 "객관적 지식"의 문제도, "최고선"에 대한 문제도 아니라, 그에게 이것은 바로 종교의 문제다. 칸트 이전에는

....

2 마르틴 하이데거, 『존재와 시간』, 이기상 역(서울: 까치, 2009). 하이데거는 철학사에 기술된 철학자들의 사상을 현상학적으로 해체하고, 철학자들의 존재론을 실존론적으로 새롭게 정초한 인물이다. 스승이었던 훗설의 현상학과 해석학을 현존재 분석을 위한 방법론으로 완성했다. 일반존재론 또는 변증법적 존재론과 구별되는 현존재의 실존적 분석을 『존재와 시간』에서 다루고 있다. 존재는 오직 시간의 기반 위에서 파악되어야 하는 존재이기에 시간의 지평위에서 현존재를 해석할 수 있다 말한다. 하이데거의 〈존재와 시간〉에 대한 강의집들이 여럿이나, 기본적인 안내서로는 소광희, 『하이데거 존재와 시간 강의』(서울: 문예출판사, 2004)를 추천할 수 있다. 프라이브르크 대학에서 신학과 철학을 함께 공부했던 하이데거는 기독교가 형이상학적 개념의 체계화로 인해 초대기독교의 생동적 체험을 상실했다고 보고, 복원해야 할 필요를 강조했다. 하이데거는 대표적으로 불트만에게 많은 영향을 미쳤다. 하이데거의 기독교와의 관계에 대한 연구는 존 맥쿼리, 『하이데거와 기독교』, 강학순 역(서울: 한들출판사, 2006)을 참고하라.
3 칼 포퍼는 20세기 가장 영향력 있는 과학철학자로 불린다. 고전적인 관찰, 즉 귀납적인 방법론을 거절하고 경험을 통해서 반증하는 연역적 방법론을 주장하여, '반증주의'라는 해법을 제시한다. 과학철학분 아니라 사회와 정치철학에도 저술을 남겼는데, 대표적인 작품에 『열린 사회와 그 적들』이 있다.
4 임마누엘 칸트, 『실천이성비판』, 백종현 역(파주: 이카넷, 2015).

지식, 실천, 종교를 구분하지 않고 통합적으로 사용했다. 신 존재 증명 또한 지식의 문제로 다루었다. 하지만 칸트 이후로는 범주의 구분을 통해서 신 존재에 대한 부분은 객관적 지식의 문제와 분리된 종교의 문제로 파악한다.

칸트에게 있어서 '신 존재 증명'은 학문을 넘어선 논변이다. 신은 지식의 대상이 아닌 셈이다. 신 개념은 사람의 지식과 인식에 포착될 수 없다고 본 것이다. 여기에서 칸트의 철학은 전통적 철학의 전회를 가져왔다. 그는 철학적 영역들을 구획하고 구분했다. 분석철학의 선구적 역할을 정초한 셈이다. 비트겐슈타인이 "말할 수 없는 것에 대해서는 침묵하라"는 사고의 선구에 칸트철학이 놓여 있다. 블로흐 역시도 칸트의 영향 밖에 머물지 않는다. 도덕적 이상사회실현을 위한 신의 존재요청과 희망할 수 있기 위한 가능성의 조건을 위한 요청철학의 영향 안에 머물러 있기 때문이다.[5]

블로흐의 희망개념을 출현시킨 사상적 배경에는 크게 세 가지의 중요한 사상이 자리한다. 첫째는 페르시아 이원론이다. 블로흐의 구체적

---

5 에른스트 블로흐, 『희망의 원리』, 26. 김진은 『칸트』(파주: 21세기북스, 2015), 47-57.
인간지식의 가능성의 조건을 탐구했던 칸트가 구사한 철학적 사유방법론에는 두 가지가 있다. 하나는 '선험주의(Transzendentalismus)'고, 다른 하나는 '요청주의(Postulatismus)'다. 선험철학은 '초월철학'으로 번역해서는 안 된다. 왜냐하면 초월적 대상개념들을 철학으로 선명하게 드러내기 위해 인식능력과 관련해서 사용할 때에 '선험적'이라고 쓰기 때문이다. 플라톤의 이데아와 같은 초월적 대상과는 구분해서 사용해야 한다. 칸트가 사용하는 사유방식인 '선험'을 증명되지 않는 존재를 전제하고 출발하는 '독단'과 구별해야 한다. 선험은 존재하는지 알지 못하고, 이론적으로 증명할 수도 없지만, 존재하지 않는다고 주장할 수 없는 독특한 성격을 가진다. 직면할 수 없는 이론적 지식, 즉 이념(Idee)에 해당된다. 선험주의가 이성비판에 사용되는 것과 다르게, '요청주의'는 실천의미의 영역에서만 사용된다. 칸트는 실천적 행위를 가능하게 하기 위한 최소한의 필요조건으로 '자아 존재와 자유', 최고선을 향해 무한 접근할 수 있는 '영혼불멸'과 판단할 수 있는 존재인 '하나님의 존재와 은총'을 요청하고 있다.

유토피아는 유일신론으로 체계화 되어버린 현실 기독교를 비판하고 기독교의 원상의 모습을 회복하고자 했다. 그 방법론의 중심에 페르시아 이원론 신학이 자리하고 있다. 선한 신과 악한 신의 투쟁의 과정을 통해서 더 나은 세상을 조망하기를 원했다. 포이어바흐(Ludwig Andreas Feuerbach)의 신에 대한 논의6처럼 모든 신은 시대의 요청에 따라 구해지는 신이며, 권력의 시녀로 전락한 곳에서 벗어난 참된 무신론의 상태에 이르기를 바랐다. 둘째는 아리스토텔레스(Aristotle)의 물질철학이다. 좌파 아리스토텔레스사상7의 질료개념에서 '가능물질'의 내용을 길어낸다. 여기에서 블로흐는 '아직─아님'이라는 미래로 개방된 변증법적 구조를 발굴해 낸다. 아직─아닌─존재의 존재론을 통해서 열려있는 가능성으로 구체적인 희망을 논한다. 마지막으로는 구체적 유토피아를 열어 낸 마르크스주의이다. 이상 세 가지의 블로흐의 사상적 배경들을

....

6 포이어바흐는 독일의 철학자이자 인류학자이다. 『기독교의 본질(*Das Wesen des Christentums*)』에서 그는 신이란, 인간의 내적 본성을 외부로 투사한 것에 불과하다고 보았다. 신은 단지 인간의 내부에 투사된 갈망이자 환상에 불과하다고 보고 있다. 루드비히 포이에르바하, 『기독교의 본질』, 박순경 역(서울: 종로서적, 1989), 48. "인간은 인간이기 때문에 신에 관해서 바로 인간적인 표상 이외의 어떤 표상도 만들 수 없을 것이다. 이들 규정이 물론 신에 대한 관계에 있어서는 의의가 없지만 그러나 나에게 있어서 신이 나를 위해 존재하는 한 그리고 나를 위해 존재해야 하는 것이라면 신의 모습은 나에게 보이는 모습대로, 즉 인간의 본질(속성)과 비슷한 본질을 지닌 존재 이상의 다른 존재가 될 수 없다. … 나를 위해 존재하는 신이 나에게는 신의 전부이다. 나에게 있어서 신이 나를 위해 존재할 때의 규정 속에 그 자신의 존재에 신의 본성이 있는 것이다. 신은 나를 위해 존재할 수 있는 것과 같은 모습으로 나를 위해 존재하는 것이다."
7 블로흐는 아리스토텔레스 사상 가운데 '형상'과 '질료' 가운데 형상에 우위를 두는 우파 대신에 질료에 우선성을 두는 아리스토텔레스 좌파에서 아직-아닌-존재론의 '가능물질'을 길어낸다. 블로흐의 구체적인 유토피아는 인간과 자연의 만남의 추구다. 세계 역사과정 가운데 이를 매개해 주는 개념이 바로 '물질'이다. 블로흐의 '물질'개념은 아리스토텔레스 철학에 기반 하여 기계적인 물질개념을 넘어서 '가능적 물질개념'을 정초해낸다. 이것이 그의 "아직-아닌 존재의 존재론"의 기반이 된다. 존재론에 대한 보다 깊은 이해를 원하면, 김진, 『퓌지스와 존재사유』(서울: 문예출판사, 2003)를 참고해도 좋을 것이다.

차례대로 살펴보자.

페르시아 이원론: 전복적 성경해석

블로흐의 저서 『기독교 안에서의 무신론』은 포이어바흐가 말한 바와 같은 인간중심의 신론을 전개하고 있다. 전통적 기독교신학에서 말하는 신론과는 다른 하나님에 대해 말한다. 아우구스티누스가 한 때 빠져있던 마니교, 즉 페르시아 이원론(二元論)을 상정하고 있다. 블로흐는 페르시아 이원론에 영향을 깊이 받았다. 선신(善神)와 악신(惡神)의 투쟁을 핵심으로 하는 신앙에서 악신적인 요소들은 제거되어야 한다고 보았다. 세계역사 또한 선신과 악신의 변증법적 투쟁의 역사로 설명한다.

기독교의 전통적 신학이 유일신론을 주장하지만, 기독교가 체계화되기 이전에는 이원론이었다고 본다. B.C. 1800년 전의 아브라함의 유일신 신앙은 니케아 종교회의 이후의 유일신론과 다르다고 보았다. 아브라함이 믿었던 유일신론과 우리 시대 기독교가 신앙하는 유일신관은 다르다고 보는데, 각 시대의 요청에 따라서 신의 모습과 내용도 달라진다고 본다. 신앙하는 신관이란 언제나 시대적 요청에 따른다는 것이라고 파악했다.

상황에 따라 신에 대한 이해와 해석은 변할 수 있다. 블로흐는 현재 기독교가 신앙하는 내용이 사실 많은 부분 왜곡되었다고 보았다. 악한 하나님의 통치 아래 노예가 된 상태에서 벗어나야 하는데, 그가 제시하는 유일한 방법론이 무신론이다. 즉, 인간 스스로가 하나님이 되는 것이다. 인간 스스로가 신이 되는 가장 대표적인 전형이 예수 그리스도라고 파악했다. 아버지의 보좌를 찬탈함으로써 스스로 신이 되는 것

35
에른스트 블로흐의 희망철학

이다.8 블로흐의 희망철학은 유대인들의 고유 신앙의 바탕인 구약성경에 대한 전복적인 해석을 시도함으로써 유대 메시아주의를 페르시아이원론으로 재구성하고자 했다.

빛의 신과 어둠의 신의 대립적 이원론은 페르시아 신학의 핵심이자 특징이다. 차라투스트라는 B.C. 6세기에 생존한 인물인데, 그에 관한 전설들이 800년 전부터 새롭게 발굴되어 전파되었다.9 마니의 견해에 의하면 페르시아 사람들에게는 차라투스트라로 알려지고, 인도인들에게는 석가모니로, 서구 사회에는 예수로 등장했다고 말한다. 성령은 그들의 표현으로는 〈보후 마노〉, 즉 진리의 정신과 다르지 않다.10 마니교의 목표는 아리만11에 저항하는 일이고, 아리만이 장악하고 있는 세상을 전복하는 일이다. 블로흐는 마니교의 전승이 아우구스티누스에게로 이어졌다고 파악한다. 30살의 아우구스티누스의 스승은 다름 아닌 마니였다. 신과 악마와의 투쟁은 빛과 어둠, 지상나라*civitas terrena*와

---

8 프로이트(Sigmund Freud)의 저서 『종교의 기원』, 이윤기 역(파주: 열린책들, 2007)에 나오는 오이디푸스신화에서 길어낸 '부친살해가설'을 기독교에 대입하여 예수가 아버지의 권좌를 찬탈하는 것으로 기독교를 해석하고 있다. 이를 블로흐가 적극적으로 차용하고 있는 것으로 보인다. Hans Küng, 『프로이트와 신(神)의 문제』, 손진욱 역(서울: 하나의학사, 2003)에서 한스 큉은 심리학과 신학의 경계에 놓여 있는 프로이트에 대해서 예일대학 테리 강좌(*Terry Lectures*)에서 열린 내용을 묶어 놓았다. 프로이트를 단순히 유물론적 무신론자로 보는 신학자들의 견해를 비평하고, 프로이트를 심리학자이자, 정신분석가로만 파악하는 심리학자들의 오해 또한 반박하고 있다. 이경재, 『프로이트와 종교를 말한다』(파주: 집문당, 2007). 감신대학에서 종교철학을 강의하는 이경재도 프로이트와 종교의 관계에 대해서 심도 있게 다루고 있다. 프로이트가 비록 종교를 환상으로 파악하면서 부정적으로 취급하면서 도예술과 미학적 차원에서의 발전에 크게 기여하고 있음을 이야기하고 있다.

9 에른스트 블로흐, 『희망의 원리』, 2669.

10 에른스트 블로흐, 『희망의 원리』, 2684.

11 '아리만'은 고대 조로아스트교의 선신(善神), 아프라 마즈다와 반대되는 악신(惡神)의 이름이다. 세계역사는 선과 악의 투쟁의 역사로 본다. 불과 같은 정화의 시기가 끝이 나고 종말에 이르면 아프라 마즈다가 승리해서 정의롭고 행복한 왕국이 도래한다고 믿었다.

신의 나라civitas Dei에서 첨예화 되었다고 파악한다.12

블로흐는 구약성경에 등장하는 하나님을 악한 하나님이라고 주장한다. 이토록 악과 절망이 가득한 세상을 창조하고서 "보시기에 좋았다"라고 선언하는 신은 악한 신일 수밖에 없다는 것이다. 성경에 등장하는 신은 악한 신으로, 그 신으로부터 탈출하고 해방되어야 한다고 본 것이다. 블로흐는 낙원의 뱀이 사탄으로 성경에서 규정하고 있지만, 실상은 전통적 유일신으로 알려진 악신에 대항하는 또 다른 신적 존재로 파악되어야 한다고 본다.13 블로흐는 낙원의 뱀을 구약의 하나님에 대항하는 예수의 모습으로 파악한다.14 낙원에서의 뱀의 유혹, 인간의 추방, 가인과 아벨, 아브라함의 제사, 야곱의 투쟁, 바벨탑 건설의 반역의 노선은 이 세상을 압제하려는 악한 하나님을 벗어나고자 하는 무신론적 운동이며, 하나님 없는 인간의 왕국을 세우려는 노력으로 해석한다.15

---

12 에른스트 블로흐, 『희망의 원리』, 2686.
13 에른스트 블로흐, 『저항과 반역의 기독교』, 328-32.
14 에른스트 블로흐, 『희망의 원리』, 2744-46.
15 블로흐는 에덴동산의 뱀을 프로메테우스적 존재로 설명한다. 광야에서의 들린 놋 뱀과 예수 그리스도를 연결하여 분노의 신에 대항하는 존재로 설명해 나간다. 에른스트 블로흐, 『희망의 원리』, 2602-04. 프로메테우스를 통해 신을 불신할 수 있고 신들의 오만함을 감지할 수 있다 말한다. 김진, "에른스트 블로흐와 유대교 철학", 『철학논총』 제66집 제4권 별쇄(새한 철학회, 2011), 252-53. 블로흐는 낙원에 등장하는 뱀과 광야에서 들린 '놋 뱀'과 더불어 『요한복음』 3장 14절의 모세가 광야에서 뱀을 든 것 같이 예수 자신도 들려야 한다는 것을 연결한다. 낙원에서 등장하는 뱀은 사탄이 아니라, 프로메테우스적인 저항과 반역의 아이콘(eicon)인 셈이다. 뱀은 사람에게 하나님과 같이 되는 자율과 구원을 가져다주는 메시아적 존재로 인식된다. 페르시아 전통의 해석과 함께 오피스종파(배사교)로 어떻게 이어지고 발전해 갔는지에 대한 보다 구체적인 내용과 '뱀'에 대한 블로흐의 연구내용을 보려면, 에른스트 블로흐, 『저항과 반역의 기독교』, 328-37를 참고하라. 오비디우스, 『변신이야기 1』, 이윤기 역(서울: 민음사, 2016), 59-78. 아버지 아폴론(헬리오스)이 머무는 동쪽을 향해 에티오피아를 지나고 힌두의 땅을 지나 태양이 솟아오르는 동쪽으로 가 태양마차를 운행할 수 있게 해 달라는 요구와 이로 인한 끔찍한 결말로 이어지는 파에톤의 이야기는, 아버지의 권좌를 탐하는 욕망을 다루고 있다. 인간이 하나님이 되고자 하는 열망, 하나님의 권좌를

블로흐는 유대인들의 신관이 처음부터 유일신론이 아니라고 보았으며, 오히려 점진적으로 진화된 것의 결과물로서, 원래의 입장은 일원론이 아닌 페르시아의 이원론이라는 점에서 새로운 성경해석을 시도했다. 예로 들어, 낙원의 뱀은 세상을 만든 악한 하나님에 대항하는 보다 나은 세상의 주인인 구주의 상징으로 보았다. 낙원의 뱀은 가인과 모세, 욥,16 결정적으로는 예수 그리스도를 통해서 출현한다. '사람의 아들' 예수 그리스도가 '이 세상'을 창조한 악한 하나님의 권좌를 찬탈함으로써 모든 인간들이 갈망하는 유토피아의 세상으로 진입할 수 있다고 본 것이다.17

이렇게 볼 때, 블로흐가 주장하는 유토피아는 "하나님 없는 하나님 나라"이다. 인간이 지향하는 "자유의 왕국"을 이루는 것이다. 인간이 신이 되는 나라다. 우리를 압제하고 규제하는 파시즘적 신 개념에서 벗어나는 일이다. 블로흐가 경험했던 독일의 파시즘적 신앙의 시대배경에서 읽어야 이해할 수 있는 대목이다. 파시즘에 동조하고 압제하고 규제하는 하나님으로부터 벗어나는 일이 무엇보다 시급하게 요구되었

....

탐하는 모습을 그리스 신화 중 아폴론과 파에톤의 이야기에서도 잘 담고 있다.

16 에른스트 블로흐, 『저항과 반역의 기독교』, 206-22. 블로흐는 욥을 제우스에 저항한 프로메테우스(Prometheus)적 저항정신을 가진 인물로 묘사하고 있다. 심지어 욥은 여호와보다 더 위대한 인간으로 묘사하는데, 불의하고 분노와 질투의 편견을 가진 신보다 정의의 신을 갈망하기 때문이다. 그는 여호와를 정의로운 여호와와 분노와 권위의 여호와를 대립적으로 전개해 나간다. 김진, "욥의 모반과 신정론의 문제: 에른스트 블로흐의 『욥기』해석", 『철학연구』 별쇄본 제99집(철학연구회, 2012년 겨울), 58-62. 성경은 욥을 인내의 인물이요, 하나님께 온전하게 복종한 인물로 해석되고 있지만, 블로흐는 이러한 해석을 거절한다. 블로흐는 욥이 끝까지 악한 하나님에 대항했다고 해석하고 있다. 블로흐가 보기에 『욥기』는 희망철학을 완벽하게 기술하고 있지는 못하지만, 악한 하나님에 대하여 저항하고 도전하는 무신론을 예비하고 있고, 창조신의 허구를 부정하는 동시에 인간왕국의 유토피아를 정초하고 있다고 파악한다.

17 김진, "에른스트 블로흐와 유대교 철학", 253-54.

던 시대다. 블로흐는 기독교의 핵심 사유로써 "자유의 왕국"을 기획했고, 이는 칸트와 더불어 마르크시즘과 연결되었다.

블로흐에 따르면, 교회적 차원에서의 예수 그리스도는 민주적이지 않다. 권력의 용어 그 자체이다. 교회의 권력도 정상적인 민주화과정이 생략된 파시즘적 힘이 작용한다고 보았다. 교황선거나 교회선거에 권력과 힘이 개입한다. 독일제국은 교황청을 대변하는 국가였다. 신성로마제국은 교황권의 이익을 위한 시녀였다. 칸트 시대, 즉 프로이센제국은 종교의 자유가 허용된 국가였고, 이로 인해 급성장했다. 독일제국은 신성로마제국의 피를 이어받아, 정치와 종교를 용해시켰다. 바이마르 공화국(Weimar Republik)[18]의 국가부도 사태 때 혜성처럼 등장한 인물이 히틀러다. 당시의 금융계, 즉 은행을 틀어쥐고 있는 사람들이 유대인들이었다. 더불어 철학계, 즉 사상적 권력도 유대인들이 지녔다. 여기에서 홀로코스트는 필수적으로 요구되는 항목이 되었다. 블로흐의 무신론적 발언은 이러한 정치 신학적 배경에서 읽어야 한다.

언급했듯이, 블로흐의 성경과 기독교에 대한 해석은 전복적이다. 성경해석의 원리를 위해서 페르시아 이원론을 도입한다. 악한 하나님과 선한 하나님의 투쟁 속에서 과거의 낡은 세상과 다가올 새로운 세상을 대조한다. 예수는 아버지 신에 저항한 존재로, 실상 예수로 불리는 주님이 아니라 인간의 아들이다.[19] 이 세상을 악한 세상으로 규정하고, 이 악한 세상을 만든 하나님은 악한 하나님으로 파악한다. 악한 세상을

------

18 1차 세계대전 말에 수병들의 11월 혁명으로 빌헬름 2세의 폐위로 사회민주당(SPD)을 중심으로 1919년 8월 11일에 형성된 정부다. 1차 세계대전의 패전으로 베르샤유조약으로 막대한 배상금을 지불해야 했고, 알자스와 로렌지방을 프랑스에 넘겨주고 실업과 파업으로 바람 잘 날이 없는 시절을 보내야 했다. 가장 민주적인 정부이면서도 패전의 무거운 그림자를 지워내지 못함으로 인기가 하락했고, 이어지는 히틀러의 정권에 자리를 내주게 되고 만다.
19 에른스트 블로흐, 『저항과 반역의 기독교』, 295.

만든 하나님이 "보시기에 좋았더라"라고 반복적으로 말한 것은 악한 하나님이 아니고서는 표현할 수 없다고 보았다. 그러므로 도덕적 사람은 악한 하나님으로부터 탈출해야 한다. 악한 하나님을 부정하지 않고서는 참된 신자가 될 수 없다. 이런 의미에서 블로흐는 참된 기독교인은 무신론자라고 보았다. 오직 무신론자만이 참된 기독교인이라는 것이다.

> 블로흐의 낙관적 전투주의는 그가 페르시아의 이원론 사상에 의한 성서 해석을 시도하면서, 이른바 낡은 세계와 새로운 세계를 대치시키는 급진적 이원론으로 전개되고 있다. 급진적 이원론에 의한 세계 해석의 출발점은 사악한 '이 세상'에 대한 인식이다. 다시 말하면 이 세상을 창조한 것은 하느님이고, 이 하느님은 이 악한 세상을 창조하고 나서 보기에 아름답다고 했으므로 결국 악한 하느님이라는 것이다. 따라서 도덕적 실천에 요구되는 힘의 실행은 악한 하느님과 악한 이 세상으로부터 탈출(Exodus)하여 우리의 인간 영혼이 명증적으로 본 유토피아적 꿈의 내용, 곧 유토피아적인 본질적 실재를 실현하는 것이다. 이와 같은 과제를 실현하기 위해서 종교는 악한 신에 대한 속죄의 은총을 기원하는 우상적인 제사 행위를 혁명적으로 타파하고 무신론을 실천이념으로 채택하게 된다. 그리하여 도덕적 실천의 가능성은 이 악한 하느님에 대한 신앙에서 비롯되는 것이 아니고, 오히려 그와 반대로 이 악한 하느님으로부터 탈출하는, 이른바 무신론 안에서 열려지게 되는 것이다. 따라서 블로흐에 있어서 가장 진실한 종교는 무신론이 된다.[20]

악한 하나님으로부터의 탈출은 악한 하나님의 나라가 아니라 "하나

20 김진, 『칸트와 불교』(서울: 철학과 현실사, 2004), 219-20.

님 없는 하나님 나라"를 추구하게 된다. 악한 하나님으로부터 자유롭게 살 수 있는 나라, 이것이 블로흐에게 있어서의 유토피아의 본질적 실제 세계다. 유토피아, 즉 하나님 없는 하나님 나라에서의 영생에 대해서 수평적 영생과 수직적 영생을 말한다. 수평적 영생이란, 동지들의 가슴 속에 살아가는 의미로써의 영생이다. 혁명의 와중에 죽어간 사람들은 동지들의 가슴 속에 살아서 영생한다는 것이다. 수직적 영생이란, 자녀들을 통하여 계승되어 가면서 영원히 살아갈 수 있다고 보았다.

인간이 죽음을 맞이하는 것은 피할 수 없지만, 에피쿠로스가 말했듯이 몸은 죽지만 죽음이 들어설 수 없는 실존적 원핵이 인간에 있다고 보았다. 우리가 살아있는 동안에는 죽음이 들어설 자리가 없고, 죽은 후에는 죽음을 감지할 수 없기 때문이다. 그러므로 영생의 유토피아에 거주할 수 있는 희망을 가질 수 있다고 파악했다. 이런 이해의 기저에서 악한 신으로부터 벗어나 하나님 없는 하나님 나라, 즉 자유의 나라를 스스로 구축해 나갈 것을 권한다.

최상의 선은 그 자체가 아직 형성되지 않은 무엇이다. 과정의 경향성을 통해서 단호한 의미를 드러내고 있으며, 과정의 잠재성 속에서 현실적으로 가능한 목표가 바로 최상의 선인 것이다. 어떠한 유토피아의 우주적인 특성을 지닌 전망이 모습을 드러내는 공간은 주체의 실질적이고도 가장 강렬한 삶의 문제 한가운데이다. 과거 사람들은 신의 존재를 최상의 선이라고 상정하였다. 그러나 최상의 선은 하늘나라 내지 신의 나라이며, 자유의 나라이다.[21]

블로흐는 예수에게서 참된 인간의 모습을 발견한다. 아버지의 보좌

---

21 에른스트 블로흐, 『희망의 원리』, 2884.

를 찬탈하고 스스로 하나님이 됨으로써 하나님 없는 하나님 나라를 몸소 이룩한 참 인간의 전형이기 때문이다. 사람이 하나님과 같이 되는 것은 죄가 아니라 궁극적으로 추구해야 할 최고선으로 보았다. 블로흐의 신학은 하나님으로부터의 탈출신학인 셈이다. 기존의 성서해석과는 대립하는 성경해석을 시도하고 있고, 전복적 해석방법론을 채택하고 있다.

성직자들에 의해 공식적으로 해석되는 전통 교의와 신학방법론은 왜곡되고 날조된 것으로 파악한다. 본래 유대교적 신앙은 낡은 세계와 낡은 창조의 근원인 하나님을 버리고 새로운 것에 대한 희망, 메시아에 대한 갈망으로 가득 차 있다고 본다.[22] 새것에 대한 희망은 이집트로부터의 탈출로 멈추어서는 안 되고, 지금까지 아성처럼 만들어져 온 하나님에 대한 모든 표상으로부터도 탈출해야 한다고 보았다. 하늘에서 하나님이 통치한다는 왜곡된 표상을 걷어내고, 인간들 속에 이미 존재하고 있고, 역사의 전방에 놓여있는 유토피아적 표상을 찾아야 한다고 보았다.

인류역사를 선신(善神)과 악신(惡神)의 투쟁의 역사로 파악한다. 기독교에서 말하는 종말론적 승리와 하나님 나라의 완성을 거절한다. 선신과 악신의 투쟁은 결말을 유보한다. 어느 쪽이든 승리할 수 있는 가능성을 열어둔다. 영원한 선의 나라가 이루어질 수도 있지만 반대로 절멸의 상태가 될 수도 있다. 고대 페르시아 이원론 신앙은 마니교로 전승되어졌는데, 초대기독교 이단이었던 말시온(Marcion)의 가르침을

---

22 김진, 『하느님의 길』(서울: 철학과현실사, 2005), 171. 전형적인 예로서 이사야 65장 17절과 요한계시록 21장 1절의 예를 들고 있다. 공식적인 성서해석에 의하면 잘못된 세계의 시작과 창조된 세계의 끝이 하나님에 의해서 매개되고 화해되는 것으로 설명한다. 블로흐는 기존의 성경해석과는 대립되는 이원론적 대립원리를 제시한다. 창조와 묵시, 창조론과 종말론은 대립적인 원리라는 입장을 취한다.

받은 일부 유대인들에게 전승되었다.[23] 블로흐는 기독교의 삼위일체론
대신 페르시아 이원론에 토대하고 있다.

물질철학: 가능성과 미래개방성

블로흐는 아리스토텔레스를 통해서 새로운 질료개념과 세계 기체적
역동성을 발굴하려 했다. 아리스토텔레스의 질료개념은 플라톤에서처
럼 비존재의 무 규정이 아니고, 형상들을 가능하게 하는 가능성, 가능
적인 힘이며 모든 존재의 운동 속에 전제되어 있는 기체로 보았다.[24]
이런 방식으로 아리스토텔레스의 물질철학에서 존재를 산출하고 창조하
는 개방성을 읽어내려고 했다. 블로흐는 제1질료[25]를 '가능성을 가진 존
재자'로 규정하고 모든 존재자에로 열려있는 개방적 무제약적인 가능성
으로, 모든 존재자가 그 존재 근거를 가지게 되는 '출생의 모태'로 보고,
'모든 것에 근거하고 있는 세계-내 형상 규정의 일반의 기초'로 파악했
다. 블로흐는 유토피아가 물질과 깊은 연관을 가진다고 말한다. 다음에
서 확인하듯이 블로흐의 존재론의 기반은 물질이해에 기초되어 있다.[26]

....

23 J. Van Bruggen, *The Church Says Amen: an exposition of the Belgic Confession*
(Neerlandia: Inheritance Publications, 2003), 77.

24 에른스트 블로흐, 『저항과 반역의 기독교』, 436. "질료는 단순한 물화된 덩어리일 뿐 아니라
현상을 떠맡고 있는 실제로서의 〈역동성〉, 즉 〈가능성의 존재〉"라고 보았다.

25 김진, 『에른스트 블로흐와 희망의 원리』(울산: UUP, 2006), 41. 아리스토텔레스의 제 1질
료는 플라톤의 비존재 개념이 가지고 있는 무 규정성의 측면을 적극적으로 수용한 것이고,
아무것도 각인되지 않은 밀랍(Wachs)이나 완전한 처녀성과 같은 무 규정적 비제약성을
가지고 있는데, 블로흐는 이 개념을 아리스토텔레스 형이상학의 기저를 이루는 가능성 일반
으로 이해했다.

26 에른스트 블로흐, 『희망의 원리』, 1832-33. 김진, 『에른스트 블로흐와 희망의 원리』,
20-21. "블로흐는 그의 구체적인 유토피아론(konkrete Utopia)을 통하여 인간과 자연의

블로흐는 고대의 유물론자인 아낙시만드로스가 확정되지 않은 원초적 소재 속에 '잠재성', 즉 지금은 실존하지 않지만 아직 존재하지 않는 가능물질에 대한 갈망이 질료를 선구적으로 파악했다고 말한다. 이 탁월한 사상을 아리스토텔레스가 동일하게 반복하고 있다는 것이다.[27]

블로흐는 아리스토텔레스의 물질개념, 즉 '가능물질'[28]에서 '아직―아님'이라는 미래지향적이고 개방되어진 변증법적 구조를 발굴한다. 기존의 존재론들은 과거에 존재했던 것이면서도, 현재 존재하고 있는 것들을 다루지만, 블로흐는 아직 존재하지 않는 존재의 미래적 차원을 문제 삼았다.[29] 블로흐가 말하는 물질은 변증법적 과정의 가능성의 기체로서 존재한다.

블로흐에 의하면, 물질은 기계적 부속품이 아니고 아리스토텔레스적인 질료 정의의 함축적인 의미에서의 '가능성에 의한 존재자', 그러므로 항상역사적으로 현상 가능한 것을 제약하고 역사적-물질적으로 규정하는 것일 뿐만 아니라, 가능성을 가진 존재자(또는 존재), 그러므로 객관적-실재

....

만남을 추구하고 있는데, 세계 역사과정에서 이것을 매개해 주는 개념이 바로 물질 (Materie)이다.

27 에른스트 블로흐, 『희망의 원리』, 1833. 김진, 『에른스트 블로흐와 희망의 원리』, 21-22. 블로흐가 물질개념을 기계론적으로 이해하지 않고, 객관적 환상에 잇대어 있는 물자체적인 개방적 가능성으로 규정하고 있음이 이미 드러나 있다. 블로흐의 물질개념은 그가 아리스토텔레스 철학에서 발견할 수 있었던 가능성(dynamics) 개념으로 보완되어, 결국 아직-아닌-존재의 존재론(Ontologie des Noch-Nicht-Seins)이라는 새로운 존재론을 정초하기에 이른다. 그의 물질개념과 아직-아닌-존재의 존재론은 『희망의 원리』(Das Prinzip der Hoffnung)를 실질적으로 뒷받침하고 있다.

28 아리스토텔레스의 질료개념은 가능적인 힘, 그러니까 가능성을 가리키는 것으로, 블로흐는 여기에서 존재를 배태하고 산출하는 창조적 개방성을 읽어내려고 애쓰고 있다.

29 김진, 『에른스트 블로흐와 희망의 원리』, 24.

적으로 가능한 것의 상관개념이거나 또는 순수한 존재적인 것, 즉 변증법
적 과정의 가능성 기체이다.30

아리스토텔레스의 질료가능성은 블로흐의 아직－아닌 존재의 존재
론과 유토피아적인 희망철학의 원핵이 된다. 세계 역사 속에서 유토피
아적 희망을 향해서 나아가는 운동은 과정질료, 즉 아직－아님(Noch－
Nicht)31을 실현해 간다. 아직 이루어지지 않는 가능성 안에서 미래의
희망이 자리할 수 있는 역사차원이 개방된다.

아직-아님의 전초 속에서 새것이 터져 나온다. 새것 안에는 활동적 희망
이 자리할 수 있는 모든 역사차원이 열려지고 개방된다. 새것이 지향하는
세계는 어떤 것으로의 성향 또는 경향성이며, 이 세계 근거의 과정적-진행
적 해결에의 잠현성이다. 따라서 참된 객관적-실재적 가능성은 지금까지
완성되어 있는 존재자에 있는 것이 아니고 과정적 물질의 전초에서 새것
으로 떠오르는 아직-아닌 존재자 속에 있다. … 블로흐는 아리스토텔레스
의 질료가능성 및 운동개념(아직 다 이루지 못한 현실 활동)을 창조적으로
발전시켜 유토피아적 전체의 변증법적 기체를 형성하고 있는 과정 질료의
개념을 발굴하고 되고, 이것을 바탕으로 하여 아직-아닌 존재의 존재론
과 유토피아적 희망의 철학을 확립하게 된다. 아리스토텔레스의 물질개념
은 블로흐에 이르러서 구체적 유토피아론의 원핵이 된 것이다.32

30 김진, 『에른스트 블로흐와 희망의 원리』, 56.
31 "아직-아님(Noch-Nicht)"은 "없음"과는 전혀 다른 개념이다. 없음이 절멸이라면, 아직-아
님은 부정의 부정을 통해 세계 현실 속에 열려 있는 결핍의 과정적 성격을 가진 가능성이며,
희망의 단초다.
32 김진, 『에른스트 블로흐와 희망의 원리』, 60-61.

아리스토텔레스의 질료개념을 발전시키고 계승한 인물로 블로흐는 아비체나 아베로에즈와 브루노와 같은 사상가들로부터 찾고 있다. 토마스 아퀴나스의 형상 위주의 설명에 집착하는 우파체계33와 구별해서 '아리스토텔레스 좌파'(Aristotlelische Linke)로 호칭한다. 아리스토텔레스 좌파에서는 물질 또한 질료가 제1원리가 된다. 이곳에서는 형상의 작동원리에 따라 물질의 형태가 규정되지 않고, 물질 스스로의 원리에 따라 형상화되고 현실화된다.34

아리스토텔레스 철학을 형상 우위로 해석하는 토마스 아퀴나스의 우파적 전통과 구별해서, 물질 우위적으로 해석하는 철학전통을 아리스토텔레스 좌파라고 부른다. 아리스토텔레스는 분명, 형상 우위적 입장을 지녔지만 질료 개념의 무제약적 가능성이 실재적인 생성과 운동을 가능하게 하는 기체이기에 물질개념에 대한 논쟁의 여지가 남았다. 좌파적 전통 속에서는 형상개념보다는 질료개념에 우선성을 부여한다. 아비체나-아비체브론-아베로에즈에 이르는 좌파적 전통 속에서는 형상과 질료의 관계가 전복된다. 순수 형상이나 신 개념의 자리에 물질 개념이 대체한다. 물질개념은 브루노에 이르러서는 세계창조의 근본 동인으로까지 설명되기에 이른다.35 물질은 세계 힘, 세계 영혼, 보편적 형상과 같은 의미로 사용되어진다.

구체적인 유토피아는 블로흐 희망철학에서 가장 결정적인 개념이다. '구체적 유토피아'개념을 통해서 이전의 유토피아 사상가들과 자신을 구분했다. 과학적 몽상이나 공상(空想)이 아니라 역사진행의 최전방

---

33 에른스트 블로흐, 『저항과 반역의 기독교』, 431.
34 김진, 『에른스트 블로흐와 희망의 원리』, 127.
35 에른스트 블로흐, 『저항과 반역의 기독교』, 440-41. 블로흐의 이러한 입장이 모든 철학자들의 동의를 얻고 있는 것은 아니다. 전복적 성경해석에서 보여주듯 철학에 대해서도 창발적인 관점을 다수 가지고 있다.

에서 끊임없이 추구하는 새로움, 새것을 향한 물질의 유토피아, 유토피아의 구체적 물질을 그려내고자 했다. '구체적 유토피아'는 살고 있는 순간의 어두움과 유토피아적인 종국상태 사이에서 주제가 된다. 블로흐에 의하면 순간의 어두움 속에서 유토피아의 근접 목표들이 형성되고 있다. 왜냐하면 세계의 본질이란 과거 사실 속에 있지 않고, 맨 앞의 전초, 즉 유토피아를 향하여 운동하고 있는 열린 물질의 전초적(前哨的) 존재의 단면이기 때문이다.36

유토피아가 구체적인 모습을 가지려면 물질 자체 안에 구체적인 유토피아의 가능성이 포함되어 있어야 한다. 근대의 자연과학에서 말하는 물질개념과 달리 블로흐는 '변증법적 물질'이라 부른다. 자연과학에서의 물질개념은 어떤 과정이나 변증법이 존재하지 않는다. 단지 자연의 소산적인 것에 불과하다. 블로흐가 말하는 가능물질은 변증법으로 구체적인 유토피아의 출현할 수 있는 근거가 되고, 유토피아와 희망철학의 토대가 된다.

블로흐의 마르크스주의는 그의 열린 개방성에 따라 정체된 변증법으로 머물지 않는다. 블로흐는 유물론과 정 반대의 입장에 서 있는 신학을 가져와서 종말론적 메시아니즘을 통해 유토피아사상에 열정을 불어넣었다. 칸트나 마르크스가 주장하는 유토피아인 '자유의 왕국'을 '하나님의 나라'와 연결시켜, '하나님 없는 하나님의 나라'를 창조적으로 묶어낸다. 블로흐에게는 신앙과 무신론이라는 정 반대의 개념이 서로 얽힌다. '무신론자가 참된 신자'라고 주장한다. 서로 모순으로 머물러 있는 것을 변증법으로 한데 묶고, 가능성과 물질을 결합하여 가능물질을 길어내고, 이를 바탕으로 가능성의 희망을 열어낸다. 그에게 세계는 과정으로 열려져 있다. 미래로 항상 열려져 있다. 양자택일의 궁극

---

36 김진, 『에른스트 블로흐와 희망의 원리』, 124.

적 상태에 이르지 않았으므로 끊임없이 개방되어 있다.

블로흐에 의하면 이 세상의 마지막 결정적인 상태에는 모든 것이 아니면, 아무것도 아닌 무(無) 사이에서의 결정적인 양자택일(兩者擇一)이라고 보았다. 세상의 종국은 완전한 화해의 상태, 평화로운 유토피아적인 상태의 통일, 인간과 자연이 서로 소외되지 않고 통일된 이상적인 상태에 이르거나, 아니면 모두가 함께 무참하게 전몰되는 폐허인 무(無)의 상태가 되던지 양자택일이다. 블로흐의 미래의 종국은 완전히 유토피아의 실현이거나 아니면 절멸이다. 그가 바라본 미래의 종국은 양자택일이며, 그런 의미에서 확증성 보다는 개방적인 가능성이다. 블로흐의 특징은 개방성, 즉 아직−아닌−존재의 존재론, 즉 아직−아님으로 특징지워진다. 블로흐의 한계는 그가 기반 했던 칸트철학의 한계와 동일한 한계를 지닌다. 칸트철학 체계에서 가지는 최고선이 실현될수 없다는 한계를 똑같이 지니고, 성취될 수 없는 가능성으로만 남는다.

블로흐 철학의 중심은 아직−아님의 존재론에 있다.[37] 희망의 존재론의 출발은 굶주림(Hunger)과 어두움(Dunkel)이다. 아직−아님의 존재론은 블로흐 희망의 기반이 된다. 배고픔의 근본적 욕망과 세상의 어두운 현실은 아직 열려있는 미래의 가능성을 바라보게 한다. 블로흐적 희망은 인간의 의식 속에 있는 유토피아적 의식과 함께 이를 객관화하고 실체화시키려는 이중성을 지녔다. 유토피아적 상상력은 유물론적 실제 유토피아를 지향하고 있고, 이 희망의 출발은 우리가 속한 현실의 어두움에서의 탈주로부터 시작된다. 살고 있는 지금의 어두움은 아직−이뤄지지 않은 예견적인 개방성을 가지고 있다.

....

37 에른스트 블로흐, 『저항과 반역의 기독교』, 112. 블로흐는 그리스의 정태적 사고가 플라톤에서 헤겔으로 이어지는 단순한 '재 기억'과 달리 '아직 아닌 존재(Das Noch-Nicht-Sein)'라는 종말론적 구조를 기독교가 가지고 있다고 보았고, 그 뿌리를 메시아사상으로 파악한다.

아직-아님은 어둠과 다르다.[38] 가장 가까이 있는 현실은 완전히 어둠 속에 있는데, 내재적인 까닭이다. 가장 가까이에 있는 여기와 지금은 어둠 속에 용해되어 있지만, 이 어둠 속에 살고 있음은 아직-아님이다. 여기에서 아님은 거기에 있지 않음(das Nicht-Da)이다. 아님은 '없음'(無)이 아니고 사실, 존재의 근원이다. 아님은 어떤 것에 대한 결핍이고, 비어있음이지만, 이로 인해서 결핍으로부터의 탈출과 극복을 추동한다. 아니-가짐과 아직-아님은 없음과는 전혀 다르다. 없음은 부정으로 절멸이지만, 아직-아님은 부정의 부정을 통하여 세계 현실성 속에 열려있는 결핍의 과정적 성격을 지녔기에, 가능성과 개방성을 지녔다고 보았다.[39]

아직-아님으로서의 아님은 지금을 가로질러 미래의 희망으로 나아간다. 굶주림은 아직 완성되지 않은 세계에 대한 전초요 전방(前房)이다. 굶주림[40]과 어둠의 현실은 아직-아님이라는 희망적 개방을 통해

....

38 블로흐는 '아님(not)'을 넘어서는 희망을 '아직-아님(not yet)'으로 바꾸어 부정성을 부정함으로써 희망을 발굴해 내고 있다. 몰트만이 말하는 '하나님에 대한 희망', 즉 초월로부터 들어오는 희망과 대치되는 블로흐의 '초월성 없는 초월(transcending without trans-cendence)'이다. 두 사상가의 희망개념의 근본적 지평차이의 드러나는 지점이다. Ernst Bloch, *The Principle of Hope*(tr. N. Plaice, S. Plaice and P. Knight: Oxford: Blackwell, 1986), 210.

39 에른스트 블로흐, 『희망의 원리』, 629-30. "없음이란 어떤 무엇이 결핍되어 있다는 말 아니면, 어떤 무엇이 어디론가 도피하여 그곳에는 결여되어 있다는 말이다. … 없음은 무엇에로 향한 모든 움직임의 출발이며, 없는 것 자체라고 말할 수 없기 때문이다."

40 블로흐는 프로이트와 달리 인간갈망의 근본원인을 굶주림으로 보고 있다. 비엔나의 중류층의 먹고 살만한 이들에게서는 성애(性愛)나 리비도에서 나타나는 신경증의 원인들을 발굴했지만, 블로흐는 가장 큰 문제를 빈곤, 즉 굶주림의 문제로 보았다. 굶주림에 대한 해결은 실제로 아직도 요원해 보인다. 장 지글러(Jean Ziegler)는 굶주리는 세상의 문제를 『왜 세계의 절반은 굶주리는가?』, 유영미 역(서울: 갈라파고스, 2010)에서 인간의 악한 본성과 이로 인한 사회구조의 문제로 진단하고 있다. 생산되는 식량은 지구사람들 전체를 먹일 수 있는 두 배를 생산하지만 많은 이들이 굶주림과 기아 속에 죽어가는 심각한 현상은 신자유주의,

유토피아의 상(像)을 형성한다. 지금 순간에 깃들어 있는 아님은 세계 과정에서의 시작이다. 블로흐의 세계과정은 몰트만(J. Moltmann)의 무로부터의 창조가 아니라 아직―아님으로 시작하는 과정이다. 아직―아님의 존재론으로써의 물질운동은 종국의 유토피아적 실제 상태에 도달할 때까지 지속된다.

〈아직 없음das Noch-Nicht〉은 물질적 과정 속의 경향을 특징짓는데, 스스로 과정으로 화하여 그 내용을 겉으로 드러내도록 노력하는 근원이다. 이에 반해 〈없는 것das Nicht〉과 〈모든 것das Alles〉은 이러한 경향의 내부에 도사린 〈잠재성〉으로 규정될 수 있는데, 제각기 부정적·긍정적 요소로서 물질적 과정의 가장 앞의 영역에 속한다. 그러나 이러한 잠재성은 다시금 오직 강렬한 근원의 내용과 관련을 맺는다.[41]

〈아직―아님〉은 이미 이루어진 무엇을 지나치고, 뛰어 넘는다. 충족을 위한 굶주림은 항상 다시 출발하고, 이루어지지 않은 세계 전선의

....

수요와 공급의 원칙에 의해 냉엄하게 집행되는 처리에 있다고 보고 있다. 장의 다른 책 『굶주리는 세계, 어떻게 구할 것인가?』, 양영란 역(서울: 갈라파고스, 2013)에서 구조의 개혁, 국가의 식량자급, 이를 위한 의식교육을 대안으로 제시하고 있다. 지글러는 블로흐의 길과 같은 미래를 제시한다. 살아있는 한 희망은 있으며, 인간의 본성의 죄성을 직시하면서도 인간성에 희망을 걸고 있다. 더불어 블로흐처럼 적극적인 구조개혁을 통한 미래를 기대하고 있다. 우리나라에서도 구조적 굶주림의 문제를 2009년 7차 교과를 개정한 2014년부터는 다루고 있다. 주식인 쌀이 104%로 자급이 가능한 상태이기에 국제농업기업에 휘둘리지 않지만, 필리핀, 미얀마와 같은 3모작이 가능한 나라도 국내농업몰락으로 식량전량 수입 상태로 전락하여 위험에 처해있다. 우리나라도 FTA가 본격발의 되어서 공업용으로 쌀을 사용 중에 있지만, 앞으로는 마트와 시장에 저렴한 식량이 풀려 국내 농민의 몰락과 어려움을 예고하고 있다. 굶주림과 식량에 대한 바른 의식교육과 자국식량을 보호하는 것이 미래세대에 굶주림을 피하게 하는 좋은 구조를 물려주는 길이 될 수 있다.

41 에른스트 블로흐, 『희망의 원리』, 631.

거대한 생산력으로 작동한다. 〈과정의 아직 아님〉으로의 〈아님〉은 유토
피아를 모든 객체 속의 미완성의 현실적 대상을 보게 한다. 그래서 과
정으로서의 세계는 만족으로 가득한 나라에 관한 거대한 실험이라 할
수 있다.[42] 아직─아님의 미래 개방성은 유토피아라는 실재 물질운동
은 마지막 종국까지 쉬지 않고 전진한다. 물질운동이 역사의 종국에
이르게 될 때, 블로흐는 양자택일적 결론에 이르게 될 것으로 보았다.
유토피아적 고향상태(Heimat)에 이르거나 절대적인 폐허상태(Umsonst)
인 양자택일의 극한상태에 이르게 될 것으로 파악한다. 아직 절멸상태
에 이른 것이 아닌 까닭으로 모든 것(Alles)을 이루는 유토피아에 대한
희망에 대한 가능성의 조건을 여기에서 확보된다.[43] 마지막으로 그의
희망철학의 배경으로 마르크스주의(Marxism)를 살펴보자.

마르크스주의적 유토피아

　블로흐에게 있어서 가능성은 그의 유토피아적 사상의 원리이다. 구
체적인 유토피아를 세우고자 하는 근본적인 지층인 셈이다. 확정된 무
엇은 이미 희망이 될 수가 없다. 꿈꾸었던 꿈이 성취되는 순간의 현실
은 이미 희망으로 명명될 수 없기 때문이다. 희망은 미래를 향해 열려
있어야만 한다. '가능성'이라는 의미 속에는 불안한 현실과 유토피아적
이지 못한 실존을 전제하고 있다. '아직 이루어지지 않은 무엇'에 대한
열린 가능성이 블로흐에게 있어서 희망이다. 블로흐의 희망은 '유토피
아'와 깊은 관련을 맺고 있다.

....

42 에른스트 블로흐, 『희망의 원리』, 634.
43 김진, 『철학과 요청』, 145-46.

블로흐가 말한 '유토피아'는 오랜 기간 비판받아온 추상적 형태의 유토피아가 아니다. 구체적이고 물질적인 현실영역을 피하지 않는 변혁과 저항으로 생성되는 미래이다. '가능성'은 막연한 미래에 대한 기투가 아니라 다가올 미래현실에 대한 갈망의 상(象)44이다. 아직ㅡ아님은 과정을 통해서 앞으로 실현될 강렬한 실현의 가능성과 결합한다. 블로흐는 시대의 변화와 미래의 가능성을 추적한다. 그가 말하는 희망의 개념은 동어 반복적이지 않다. 고정되어 있지 않은 유연함을 지니고 있다. 블로흐의 희망은 확신이나 확증이 아니다. 그의 희망 주변은 언제나 위험이 도사리고 있다. 희망은 바로 그 위험에 대한 의식으로부터 드러난다.

블로흐의 희망은 배고픔과 갈망에서 비롯된다. 어두운 현실과 굶주림이라는 근본적 결핍의 상태에서 희망은 요청된다. 그에게 있어서의 '결핍'과 '없음'은 단순한 없음이 아니라 근원적인 필요에 대한 요청과 갈망을 의미한다. 살고 있는 순간의 공허와 질퍽한 어둠 속에서 더 나은 미래는 갈망되어지고 요청될 수밖에 없다. 프로이트가 말하는 중산계급의 '성애적 충동', 즉 '리비도'가 근본적인 문제가 아니라고 보았다. 인간의 가장 근본적인 충동은 '굶주림'이다. 여타의 심리학자들이 말하는 몽상적이고 정신적인 문제의 영역이 아니라 실제적이고 구체적인 현실 변화에 대한 갈망을 인간의 근본적인 굶주림으로 이해했다.

....

44 블로흐는 그의 저서 『희망의 원리』 5부에서 유토피아에 대한 갈망의 '상(象)'에 대한 담론을 예술 영역을 통해서 광범위하게 풀어내고 있다. 파우스트의 문학소설이나 회화 같은 그림 역시, 그러한 공간에서 태어나고자 하는 갈망의 '상'으로 본다. 음악의 '음표' 역시 완성되지 않은 미지의 유토피아를 갈망의 예술로 독해해낸다. 과거, 그러니까 토마스 모어로부터 꿈꾸어온 유토피아적 신세계에 대한 갈망의 상은, 지리적인 유토피아를 그려내었고, 콜럼버스를 통해서 성취되는 현실을 맞이하게 되었다. 유토피아에 대한 갈망은 갈망으로 멈추지 않고 구체적인 현실을 향해 실제적으로 변화하고 전진하는 개방성을 지녔다고 보았다.

희망에 대한 논의는 신앙의 덕목으로서의 희망과 이에 대립하는 고대 희랍의 판도라 신화에서 시작하는 인간적 고뇌와 열정으로서의 희망으로 충돌과 대립되어 오다가 칸트의 요청이론을 통해서 결합되고 화해되기에 이른다. 칸트가 말하는 희망은 도덕적 기초를 위한 하나의 요청이다. 칸트의 요청적 희망은 도덕적 세계질서를 위한 세계와 하나님의 실존의 근거로서 모색되었다.45 칸트에게 있어서 요청적인 희망으로서만 이론이성적인 관심과 실천이성의 관심을 한 데 묶을 수 있고, 조화케 할 수 있다.46 요청하는 희망이야말로 인간의 행복과 열정이 신적인 덕과 일치하도록 묶어낸다. 도덕적 세계질서를 위해서는 하나님의 존재를 요청되어야 하며, 더불어 희망 역시 요청적이다.

칸트의 요청적 희망을 블로흐는 요청적 무신론(postulatorischer Atheismus)으로 전환시킨다. 이와 같은 문맥에서 쉐플러(R. Shæffler)47에게서

----

45 임마누엘 칸트, 『칸트의 역사철학』, 이한구 편역(파주: 서광사, 2009), 23-45. 칸트는 세계시민적 관점에서 보편역사를 파악하고 있는데, 이는 미래의 세계 정부에 대한 이상을 상정하여 이론을 개진하고 있다. 그는 자연이 인간으로 하여금 그 해결을 강요하는 인류의 가장 큰 과제를 보편적으로 법이 지배하는 시민사회의 건설로 보고 있다. 이것이 과제인 이유는 불가능한 현실이기 때문인데, 반사회적 경향으로 인해서 보편시민사회의 건설이 어려우며, 이루어진다고 해도 통치자가 이런 사회를 원치 않기 때문이다. 그래서 칸트는 시민사회건설을 가장 어려운 문제이자 인류에 의해 가장 나중에 해결될 문제로 간주하고 있다. 완전한 성취의 불가능을 현실적으로 인지하면서도 지향적인 인류의 과제로 무한한 접근의 의무를 부여하는 희망이다.
46 칸트의 요청이론은 인간인식의 경험적인 제약이나 인식능력의 한계를 실천적으로 해결하기 위해 설정된 원리이다. 칸트는 요청이론을 통해서 『순수이성비판』과 『실천이성비판』을 연결하고, 순수자연과학과 형이상학이나 종교철학을 연결했다. 칸트는 인간의 행복과 도덕의 이율배반적인 갈등을 해소하고 최고선 실현의 가능성을 위해서는 3가지가 필연적으로 요청되어야 한다고 보았다. 첫째가 영혼 불멸이고, 다음으로는 신의 존재요청, 마지막이 자유에 대한 요청이다. 사실 모든 철학의 기반은 칸트가 문제해결을 위해 사용하는 '요청', 달리 표현하면, '전제' 없이는 성립되지 않는다.
47 리챠드 쉐플러, 『역사철학』, 김진 역(서울: 철학과현실사, 1997), 295-99. 쉐플러는 블로흐가 현존하는 희망의 변질상태를 밝히고 비판하면서, 오직 무신론적 이해 속에서 희망의

보듯이 블로흐의 요청적 무신론은 칸트적인 요청이론의 영향 아래에 있다고 할 수 있다. 쉐플러는 블로흐의 희망철학과 기독교 신학의 접목은 칸트의 요청이론을 통해서만 가능하다고 주장한다.[48] 블로흐는 칸트의 요청 내용가운데, 하나님의 존재를 삭제하고 '하나님 없는 하나님의 나라'나 '하나님으로부터의 엑소더스'와 같은 무신론적 표현을 통해, 이 땅의 참된 윤리를 위해서는 신으로부터 벗어나 인간 스스로가 하나님이 되어야 한다고 주장한다. 칸트가 최고선 실현을 위해 신을 요청한 것과는 정반대의 방식으로 요청적 무신론을 주장한 셈이다. 칸트의 요청주의를 전환시킬 뿐 아니라 전복적으로 변화시킨다. 이런 맥락을 따라서 김진은 블로흐의 요청적 무신론의 변화에 대해서 말하면서, 요청적 무신론에서 하나님 없는 하나님의 나라에로의 변이(變移)를 언급한다.

블로흐는 칸트의 요청적 전제 내용을 무신론적, 이원론적, 물질론적 그리고 마르크스주의적인 전제들로 대체함으로써 구체적이고 현실적인 요청내용들을 도덕적 실천을 위한 가능성 조건으로 제시하였다. 블로흐는 칸트의 자유와 불멸성의 요청을 비판적으로 수용하고 있는데, 그의 초기 저작인 『유토피아의 정신』에서는 영혼의 불멸성을 요청하고 있으나, 그의 주저인 『희망의 원리』에 이르게 되면, '인간의 집단적 연대의식' 또는 '죽음이 들어설 자리가 없는 실존의 원핵'과 같은 개념으로 대체하고 있다. 또한 블로흐의 희망철학에서 칸트의 신 존재 요청은 '하느님 없는 하느님의 왕국'(Reich Gottes ohne Gott)이라는 요청내용으로 대체되어 버린다.[49]

근거가 자리 잡을 수 있음을 피력했다고 정리한다. 이어서 그는 블로흐가 주장하는 바른 희망을 규정하기 위한 3요소를 요약하고 있는데, 첫째가 물질론이고 둘째가 무신론, 마지막이 칸트가 말한 요청이론이다.

48 김진, 『에른스트 블로흐와 희망의 원리』, 114.

49 김진, 『칸트와 불교』, 217-18.

칸트의 신 존재 요청50이 블로흐에 와서는 '하나님 없는 하나님의 나라'라는 요청의 내용으로 전환되어 버린다. 칸트의 요청내용이 하나님의 존재를 근거, 즉 유신론을 기반으로 하는 것에 반해서 블로흐는 하나님의 존재부정, 즉 무신론적 마르크스주의를 전제하고 있다. 블로흐는 칸트의 요청주의를 비판적이면서도 창의적으로 차용하고 있다. 칸트가 도덕적 세상의 실현을 위해서 신의 존재를 요청하였다면, 블로흐는 악하고 부도덕한 하나님으로부터의 탈출을 통해서 도덕실천의 세상이 열린다고 본다. 그러므로 무신론이야말로 참된 종교라는 결론에 이른다.51

칸트가 자신의 철학에서 도덕실천을 가능하게 하는 조건을 확보하기 위해 하나님의 존재를 요청내용으로 설정한 것과 달리 블로흐는 마르크스주의적 변증법적 유물론 철학을 기초하여 물질에 대한 확신을 도덕적 사회를 위한 요청의 내용으로 상정한다.52 블로흐는 유토피아적 실재를 확보함에 있어서 아리스토텔레스 좌파적 가능물질개념을 주제로 다루었고, 이것이 '아직-아닌-존재의 존재론'이다. 아직-아님은 미래 개방적 가능성을 지니며, 블로흐 희망개념의 핵심으로 자리잡고 있다.

블로흐는 칸트와 마르크스를 통합한 사상가53다. 그는 마르크스주

50 김진, "칸트와 종교대화의 문제", 『인문학연구 제44호 별책본』(조선대학교 인문학연구원, 2012), 43-47. 칸트가 말하는 신 존재의 요청은 두 유형으로 나뉜다. 하나는 이론 이성론적 측면에서 규정한 '초월적 이념' 혹은 '초월적 이상'으로서의 신 개념이 있고, 다른 하나는 실천 이성적 측면에서 규정한 '요청'으로서의 신 개념이다. 전자가 종교의 자리가 가능하도록 이성 사용의 범위를 제한한 조치라면, 후자는 종교가 현실적으로 가능할 수 있는 가능성의 조건으로 다시 요구된 의미의 신 존재 요청이다.
51 에른스트 블로흐, 『희망의 원리』, 2562. 블로흐는 고유한 신을 믿는 것은 미신이라고 말하고, 참된 신앙이란 무신론적 신앙이라고 역설한다.
52 김진, 『철학과 요청』(울산: 울산대학교출판부, 1992), 145.
53 김진, 『에른스트 블로흐와 희망의 원리』(울산: UUP, 2006), 33. 블로흐는 칸트의 희망철학에다 마르크스 세계관을 도입하였다. 블로흐는 칸트의 의무윤리학이 프로이센 제국의 서

의 속에 있는 체제 파괴적이며 역동적인 유산에 주목했다. 형이상학이
나 상상력을 거절하는 기계적인 마르크스주의를 거절한다. 대신 새로
운 가능성을 열어내고 정태적인 것에서 탈출할 수 있는 소중한 유산을
마르크스주의 안에서 발굴해 낸다. 필연성의 나라에서 자유의 나라로
비약하게 할 핵심이 있다고 본 것이다. 성경 안에 은폐되어 있는 전복
적인 사상을 채취해 내기 위해서, 그는 『공산당 선언』의 시각에서 성경
을 읽어낼 필요가 있다고 말한다.[54]

블로흐는 그의 대표저작 『희망의 원리』에서 마르크스와 기독교 유

....

민들의 착취를 위한 이데올로기로 작동된 데에 대하여 매우 비판적이었다. 블로흐는 칸트의
희망에서 떠나 자신만의 독자적인 희망론을 마르크스와 결합함으로 통해서 수립한다. 에른
트스 블로흐, 『희망의 원리』, 2543-44. 블로흐는 칸트와 마르크스를 융합하였듯, 마르크스
와 기독교를 융합한다. 그는 성경을 '공산당 선언'으로 파악하고 읽어야 한다고 말한다. "기
독교는 맨 처음에는 무엇보다도 고난 속에 살아가고 강제 노동을 당하며 신음하는 사람들에
의한 사회적 운동으로서 시작되었다. 그렇다. 예수의 가르침은 어떤 억압과 강제 노동을
강요하는 기득권 세력에 완강히 저항한다는 점에 있어서 다른 종교에 비해 더 커다란 의미를
지니고 있다. 그것은 고난 속에서 살아가고 강제 노동을 당하는 사람들에게 자극을 가했을
뿐 아니라, 그들에게 무엇이 가치이며, 무엇이 희망인가를 분명하게 전해 주었다. … 기독교
는 조금도 움직임이 없는, 정적인 신화가 아니라, 오히려 어떤 인간적이고 천년왕국을 동적
으로 갈구한다. 이를 통해서 메시아주의는 그야말로 폭발하듯 사람들의 의식 속에 자리를
차지하게 된다. 기독교는 지금까지 전해 내려오는 신에 대한 어떤 막역한 환상, 신의 본질에
관한 고착된 선입견 그리고 주에 대한 침범 불가능한 특성을 전적으로 거부하였다. 종교의
유일한 유산이라는 의미로서 자리할 수 있는 내용, 이른바 전체성 속의 희망, 그것도 어떤
폭발적인 희망은 오로지 기독교를 통해서 생동하고 있는 것이다."

54 에른스트 블로흐, 『저항과 반역의 기독교』, 132. "〈은폐된 인간〉이 지니고 있는 의미는
〈너희들은 신이 되리라Eritis sicut deus〉에서부터 인간의 아들에까지 이른다. 은폐된 인간
의 마지막 거주지는 천국의 왕관과 같은 초월적 공간이 아니라 종말론적 나라이다. 이것은
결국 〈가난한자의 성서Biblia pauperum〉와 다름이 없다. 바로 이 점이야 말로 바알에 대한
저항을 의도하는 것이다. 나아가 그것은 〈인간이 오로지 억압당하고 경멸당하며 사라진 존
재로 출현하는 모든 현실적 상황을 파기하는〉 일과 같다. 그러는 한 〈가난한 자의 성서〉는
신약이든 구약이든 종교 속에 담겨 있는 환상의 요소가 배제된 유토피아, 다시 말해서 인간
적 유토피아의 종교를 소환하고 있다." 152. "신은 현실에서 아직 이루어지지 않은 인간의
근본적 존재가 의인화되고 대상화된 이상으로 출현한다."

토피아 개념을 통합하고자 하였다. 블로흐는 자신의 희망개념인 '가능적 희망'을 제시하기 위하여 인간과 자연이 제휴되는 공간, 즉 하나님이 없는 기술유토피아를 꿈꾸고 있다. 이미 지난 과거에 매인 구태의 본질철학 대신 가능성으로 남아있는 미래존재의 가능성에 근거하여 철학을 세우고자 했다.

토마스 모어, 캄파넬라와 베이컨, 피히테로 이어지는 정태적(停態的) 유토피아는 인식론의 한계에 머무르는 한계를 가지고 있다. 반면에 마르크스는 이미 완성되지 않고, 도래하지 않은 것을 추구하는 동태적(動態的) 유토피아를 향한 세계관을 가지고 있다고 블로흐는 파악한다. 마르크스 철학을 과거 속에 담지 된 미래의 철학으로 본다.[55] 블로흐는 마르크스가 미래 사회상을 구체적으로 언급하지 않음으로 미래 사회상을 개방시켰다고 긍정적으로 해석하고 있다. 마르크스주의는 블로흐의 표현대로 '아직 의식되지 않은 것'을 의식하게 하고, '아직 이루어지지 않은 것'을 형상화하는 '선취된 의식'으로서의 유토피아로서는 부족한 점을 갖고 있는데, 이는 마르크스주의가 유토피아적 미래상을 명료하게 구체화하지 못한 까닭이다.[56] 블로흐는 이를 긍정적으로 파악했다.

블로흐의 사상을 가장 잘 대변하는 인물로 토마스 뮌처(Thomas Müntzer)[57]와 마르크스를 이야기할 수 있다. 그가 꿈꾸었던 것은 무엇

---

55 손철성, "비판적 사회 이론에서 유토피아가 왜 중요한가?: 블로흐의 논의를 중심으로", 『유토피아, 희망의 원리』(서울: 철학과현실사, 2003), 57-58.

56 손철성, "비판적 사회 이론에서 유토피아가 왜 중요한가?: 블로흐의 논의를 중심으로", 『유토피아, 희망의 원리』, 61-62.

57 종교개혁시기의 신학자이자 혁명가로, 권력을 틀어쥔 종교, 즉 로마가톨릭에 대한 비판과 함께 봉건군주와 결탁했던 마틴 루터에 대해서도 비판적이었다. 1525년 플레바이안에서 농민봉기를 주도하다 프랑켄하우젠에서 사로잡혀 고문을 당한 끝에 처형되었다. 그는 종말이 가까웠다고 신학을 견지했고, 하나님의 백성들을 하나님께 이끌어야 할 의무에 충실하고자 했다. 뮌처를 블로흐는 저항의 전범인 예수와 함께 저항정신의 중요한 인물로 평가하고

보다 '유토피아'였으며, 억압과 강제 노동이 없는 도덕적 사회를 어떻게 건설할 것인가의 철학적, 정치·경제학적, 그리고 신학적 문제와 대면하여 씨름했다. 아직도 식지 않은 문제에 대한 유토피아적 이상을 위해 블로흐가 접목한 인물이 마르크스이다. 반역과 저항이라는 블로흐의 철학적 특성을 분명하게 드러내는 인물인 까닭이다. 자연법[58]에 바탕한 어떤 권력과 인습에도 굴하는 않는 인간상을 추구했다. 블로흐는 저항과 혁명정신에 있어서 기독교와 마르크스 사상을 거대한 두 개의 정신사적 흐름으로 파악한다. 유럽 역사의 혁명과 저항의 사상은 다름 아닌 기독교사상이었고, 『성경』에 근거했다. 더불어 19세기 말엽부터 혁명과 저항의 정신적 사전으로 통했던 것은 마르크스의 『자본』이었다는 점에서 동질성을 지닌다.[59]

....

있다. 블로흐의 평가와는 달리 김영재는 뮌처의 천년왕국론과 극단적인 면을 언급한다. 김영재, 『기독교교리사』(수원: 합신대학원출판부, 2009), 401-402. "천년왕국 건설의 꿈을 실현하려면 성령을 받은 선민들이 무력으로 천년왕국의 길을 예비해야 한다고 말하고, 악인들을 대량으로 학살해야 한다고 주장하였다. 즉 일반 민중들로 구성된 선민들이 귀족들을 포함한 불신자들을 처단하기 위하여 칼을 사용할 수 있는 권리와 의무가 있다고 선언하였다. 뮌처는 설교자로서 농민 봉기의 이념적 지주 역할을 하였으며, 1525년 농민전쟁에 가담하여 농민들의 지도자로 역할하였다."

58 에른스트 블로흐, 『자연법과 인간의 존엄성』, 박설호 역(파주: 열린책들, 2011). 블로흐의 천재성을 유감없이 드러내는 저작이다. 창조 때의 자연법과 타락 후의 자연법, 십계명과 복음서에서의 자연법을 필두로, 신학과 철학의 자연법사상에 대한 내용들을 마르크스적 관점에서 망라하여 관통하고 있다. 법은 항상 중립성을 유지하지 않고, 권력과 야합하며 탄압과 국가체제 옹호를 위한 수단으로 이용되기 쉽다는 점을 갈파하고 -예를 들면 슈미트의 법 결정주의가 파시즘에 이론적 논거가 됨- 인간의 존엄을 확보하기 위한 저항과 투쟁을 통해 자연법을 하나의 '법 유토피아'로 상정하고 있다.

59 박설호, 『마르크스, 뮌처, 혹은 악마의 궁둥이』(서울: 울력, 2012), 257-58. 카를 마르크스, 『자본론 1-상』, 김수행 역(서울: 비봉출판사, 2015) 마르크스(Karl Marx, 1818~ 1883)는 19세기의 유일무이하다고 할 수 있는 자본주의에 대한 탁월한 사상가이다. 그는 자본주의의 근본을 하나의 경제체계로 이해했고, 상품과 화폐, 자본과 노동, 잉여가치와 축적 그리고 공황 등의 상호관계 속에서 발전되어가는 것을 자본주의로 이해했고, 자본주의 구조는 스스

블로흐는 마르크스주의를 인류 역사를 통해 끊임없이 터져 나온 인간의 꿈을 구체적으로 현실화하는 사상으로 평가한다. 저항적이고 끓어오르는 전복적 사유를 이끌었던 '청년 마르크스'에 집중하여 바라본다. 더불어 블로흐는 마르크스 사상의 두 가지를 구분하여 이해하는데, 마르크스주의의 한류(寒流)와 난류(暖流)의 구분이다. 주어진 현실과 경제적 조건을 철저하게 분석하는 일, 정치 경제적인 냉정하고 엄밀한 분석을 가리켜 한류라고 불렀다. 이와 달리 평등에 바탕한 '자유의 나라'를 선취하는 열광적인 갈망을 가리켜 뜨거운 난류라고 불렀다.60

블로흐는 억압 없는 평등한 사회에 대한 열망은 아테네의 개혁자 솔론(Solon)으로부터, 무욕(無慾)의 자유를 실천한 디오게네스(Diogenes)와 제한 없는 쾌락주의를 추구한 아리스티포스(Aristippos)의 사상61에

로가 자가 증식으로 확대, 발전되어가는 경향에 대해서도 간파했다. 실제로 자본주의는 사회주의와 공산주의적 요구들을 수용하여, 복지라는 이름을 장착하고 있음에도 불구하고 인간이 사회적이고 역사적이면 실천적 존재이기에 계급들 간의 끊임없는 투쟁을 불러 올 것으로 보았다. 자본주의에서 더 나은 대안을 아직 찾지 못하는 상황이며, '세계주의'같은 대안들이 제공되고 있으나 아직 뚜렷한 대안이 없는 상태이다. 마르크스에 대한 입문서로는 아시아 벌린의 『칼 마르크스: 그의 생애와 시대』, 안규남 역(서울: 미다스북스, 2001)과 피터 오스본, 『How to Read: 마르크스』, 고병권·조원광 역(서울: 웅진지식하우스, 2010), 박영균, 『칼 마르크스』(파주: 살림, 2005)을 참고하라. 마르크스·엥겔스, 『공산당선언』, 남상일 역(서울: 백산서당, 1989), 154-55. "Let the ruling classes tremble at a Communistic revolution. The proletarians have nothing to lose but their chains. They have a world to win. WORKING MEN OF ALL COUNTRIES, UNITE!" "모든 지배계급을 공산주의혁명 앞에 떨게 하라. 프롤레타리아는 잃을 것이라고는 쇠사슬밖에 없으며 얻을 것은 온 세상이다. 전 세계 노동자여, 단결하라!" 블로흐는 『성경』에서 가르치는 저항과 마르크스의 혁명정신을 통해서 더 나은 미래를 희망하고 있다. 마르크스의 구체적인 미래 제시처럼, 블로흐 역시 추상적이고 관념적인 희망이 아닌 구체적이고 실사적인 미래 희망을 제시하려고 애쓴다.

60 박설호, 『마르크스, 뮌처, 혹은 악마의 궁둥이』, 262-63.
61 아리스티포스(Ἀρίστιππος)는 고대 그리스 철학자로, 인생의 목적을 쾌락이자 지고선이라고 파악한다. 이를 위해 극기와 식견, 절제가 필요하다고 가르치는데, 소크라테스의 제자

서 유토피아의 흔적을 추적한다. 이상 국가로써 플라톤의 국가(政體)와 세계주의 이념의 출발선인 스토아사상은 칸트의 '만국평화론'에까지 영향을 미친다. 더불어 중요한 유토피아사유의 또 다른 흐름으로 유대교의 메시아니즘과 예수와 기독교의 전통에서, 특별히 예수의 가르침에서 사랑의 공산주의 체제의 이상향을 발굴해 낸다. 아우구스티누스의 '신국론'과 피오레의 '천년왕국설' 그리고 토마스 뮌처로 이어지는 농민전쟁의 저항정신들은 모두 구체적 유토피아에로의 과정으로 파악한다. 추상적 유토피아와 달리 그는 구체적 유토피아를 열어 준 사상으로 마르크스주의를 강조한다.62 이제 블로흐와 비교대상인 몰트만의 희망신학의 배경과 그의 희망의 토대를 살펴보자.

답게, 식견을 잃어버리기 보다는 거지가 되는 것이 낫다고 주장했다.

62 곽미숙, 『현대세계의 위기와 하나님 나라』(서울: 한들출판사, 2008), 237-243. 유토피아에 대한 꿈과 갈망이 더 나은 미래에 대한 변화를 가능하게 하는 동력이 되지만, 또한 동시에 유토피아니즘 속에는 문제와 위험이 도사리고 있다. 곽미숙은 유토피아니즘의 위험을 세 가지로 언급하고 있다. 첫째는 인간본성에 대한 지나친 낙관주의이고, 둘째는 인간의 자유와 존엄성의 폐기를 불러오는 위험을, 마지막으로는 나치즘과 공산주의에서 나타났던 것처럼 폭력의 정당성에 대한 위협을 들고 있다. 스탈린(Jossif Stalin)은 혁명의 기치 아래 동족 이천만 명을, 중국의 모택동(毛澤東)은 수백만 명을, 캄보디아의 폴 포트(Pol Pot)도 자기 동족 이백만 명을 학살했다. 인간성말살이 가져온 지옥과 같은 끔찍한 결과물들이다.

위르겐 몰트만의 희망신학

위르겐 몰트만
JÜRGEN MOLTMANN

ERNST BLOCH

에른스트 블로흐

Chapter 3

희망의 두 지평

Chapter 3

위르겐 몰트만의 희망신학

몰트만의 희망의 근거는 성경에서 포착되는 하나님의 약속과 부활에 있다. 참된 희망이 되기 위해서는 희망의 근거가 분명하게 확보될 필요가 있다. "우리가 무엇을 희망할 수 있는가?"라는 칸트의 물음1과 함께 "우리의 희망이 가능하게 되는 근거는 무엇인가?" 또한 물어야 한다. 몰트만은 희망의 근거로 하나님의 약속을 제시하는데, 이 약속은 이스라엘의 역사 가운데서 실체화되었고, 경험으로 기록되어진 것을 근거로 삼는다.

가장 결정적인 미래희망의 근거로 예수 그리스도의 부활을 제시한다. 십자가에서 모든 어둠과 절망, 저주를 짊어지셨고 부활하여 승리했

---

1 블로흐는 칸트의 물음을 변형시켜 『희망의 원리』 서문의 첫머리에서 5개의 질문으로 늘여 물으면서 글을 시작한다. "Who are we?", "Where do we come from?", "Where are we going?", "What are we waiting for?", "What awaits us?" Ernst Bloch, *The Principle of Hope*, translated by Neville Plaice(Cambridge: The MIT Press, 1986), 3.

다. 부활은 미래의 첫 열매다. 종말론은 기독론에서 이미 선취되었다. 부활은 불확실이나 가능성의 미래가 아닌 승리의 선언을 미리 취한다. 앞서 다룬 블로흐의 페르시아 이원론의 근원인 이신론적(二神論的) 하나님 이해와 구별되는 몰트만의 삼위일체론을 먼저 살펴본다. 이어서 물질철학에 녹아있는 가능과 잠재의 미래개방에 비교하여 기독교 종말론을 제시하고, 블로흐의 마르크스적 유토피아와 구별되는 구체적인 하나님 나라를 다루어본다.

삼위일체론: 언약 신학적 성경해석

몰트만은 삼위일체론을 중심으로 신학을 전개한다. 사회적 삼위일체론자로 불리는 몰트만은 삼위상호간 깊은 교제가운데 형성되어가는 삼위일체론을 설명한다. 정형화되어 있고, 끝난 형태가 아니라 삼위간의 교제와 더불어 인간과의 교제가운데서 아직도 진행되고 있는 열린 삼위일체론이다. 정태적으로 닫힌 하나님이 아니라 파토스적 열정과 사랑을 지니고 있는 열린 하나님이다.[2] 칼 바르트를 비롯한 전통교리에

....

2 몰트만의 저서 『십자가에 달리신 하나님』의 핵심은 하나님의 사랑은 고통당하는 이들의 아픔에 동참하는 사랑이다. 하나님의 자유적 주권에 따라 우리의 고통에 함께 가담하시고 묶이는 연대다. 몰트만이 이해한 하나님은 칼 바르트의 규정처럼 '절대타자'로 규정되어 있어 인간의 어떤 고통과 아픔에도 무감각한 존재로 계시지 않는다. 전통적 신론에 의하면 하나님은 조금도 결핍됨이나 부족함이 없는 자충하신 하나님, 스스로 영광으로 충만한 완전한 만족의 상태로 계신 초월자이다. 몰트만은 인간의 고통에 무감각한 분이 아니라 자신의 아들을 이 땅에 파송하시고, 죄인의 구속을 위해 십자가에 내어주신 고통당하는 아버지로 이해한다. 몰트만이 성경에서 파악하는 하나님은 인간의 고통에 동참하는 사랑의 열정을 지닌 파토스적 하나님이다. 그의 책 『삼위일체와 하나님 나라』에서 진전된 삼위일체론을 전개하고 있다.

서 다루는 '절대타자'로 인간과 세상과 분절된 분으로 묘사되는 초월일
변도의 하나님이 아니라 소통하고 함께 아파하는 경륜적 삼위일체 하
나님을 이야기한다.

몰트만은 기독교에 있어 십자가는 모든 신학의 토대로 인식한다. 고
난 불가능을 전제하는 형이상학적인 전통적 신론을 거절하고 십자가를
하나님의 고난으로 설명한다. 하나님은 파토스가 없는 무정념(apatheia)
의 존재가 아니다. 하나님이 사랑이시라면, 공의의 하나님이라면 분노
하실 뿐 아니라 사랑으로 아들을 내어주는 고통을 아시는 존재가 된다.
"십자가에 달리신 하나님"이라는 도발적인 책 제목은 그의 삼위일체론
을 통해서 제대로 이해될 수 있다.

몰트만은 하나님의 초월성을 인정한다. 피조물과는 비교할 수 없는
존재론적인 초월을 인정하는 전통신학을 견지하고 있다. 하지만 동시
에 전통신론에서 강조하는 피조물과 관계할 수 없는 초월, 언약의 관계
속에서 자신을 언약에 묶으실 수 없는 초월, 죄로 인해 고통당하는 인
생을 긍휼히 여기실 수 없는 초월은 성경에서 말하는 하나님이 아니라
고 보았다. 고통당하실 수 없는 절대초월의 하나님은 그리스 철학, 구
체적으로는 아리스토텔레스의 '부동의 원동자'에게 유래한 것으로, 이
는 성경의 하나님이 아니라고 보았다.

하나님은 삼위간에 본성적 내재성을 가지실 뿐 아니라, 구별해서 피
조물과의 관계에서는 자유의지를 통한 내재성, 즉 사귐을 갖는 분으로
보았다. 성경에서 계시되고 드러나는 하나님은 사람과 언약을 맺으시
고, 관계하시고, 피조물의 고통을 아파하시는 하나님이다. 희망의 토대
가 되는 하나님의 언약은 구별되시는 삼위간의 본성적 내재성, 즉 피조
물과의 구별되는 초월만이 아니라 피조물과 관계하시는 하나님의 자유
로부터 가능하다. 하나님은 피조물과 관계하시는 하나님이다. 사랑하
시고 질투하시며, 미워하시고 아파하시며 긍휼히 여기시는 하나님이시

다. 성경에서 말하는 '전능하신 하나님'은 피조물을 사랑하심으로 '고통당하실 수 있는 하나님'으로 보았다.

몰트만은 삼위일체에 대한 본격적인 논의를 『삼위일체와 하나님의 나라』3에서 다루고 있다. 삼위일체론은 관념적인 신학이론이 아니라 역동적으로 일하시는 하나님, 인간과 언약으로 관계하는 하나님이다. 삼위일체와 하나님 나라는 떨어지지 않는다. 연결되어 있고 인간 역사와 세계에 대한 희망은 삼위일체 하나님의 나라로 구체화 된다. 요아킴 피오레(Joachimm Fiore)가 갑바도키아 교부들에게서 차용한 삼위의 나라, 즉 아버지의 나라에서 아들의 나라로, 아들의 나라에서 성령의 나라로 발전되는 연대기적 이해4를 바로 잡는다.

몰트만은 서방교회사에 지속되어 왔던 단일신론적 삼위일체론을 극복하고자 애썼다. 그는 일신론적이고 군주론적인 삼위일체의 극복의 대안으로 동방교부들에 주목했다. 동방교부5들과의 만남을 통해 삼위하나님의 사회성을 수용하여 열린 삼위일체론을 전개한다. 『십자가에

----

3 위르겐 몰트만, 『삼위일체와 하나님의 나라』, 김균진 역(서울: 기독교서회, 2014). 본서에서 몰트만은 삼위일체와 하나님의 나라, 교회의 제도, 희망의 근거에 대해 치밀하게 논의하고 있다. 그의 논의는 이론적 삼위일체론으로 머물지 않고 창의적으로 적용해 나가고 있어 신선한 통찰력을 제공하고 있다.

4 요아킴 피오레는 이전의 종말론자들과 달리 갑바도키아 교부들의 삼위일체론을 변형 수용하여, 3시대로 구분하는 데 응용 전개했다. 아버지의 나라, 아들의 나라, 성령의 나라로 구분하여 연대기적으로 서술했다.

5 서방적 삼위일체론에 대해 무비판적으로 수용해야 한다는 강박관념을 가질 필요가 없다. 서방적 전통의 중심에 놓여있는 아우구스티누스의 경우 379년에 회심했고 430년에 죽었다. 삼위일체론의 형성이 381년에 되었다고 볼 때, 회심한 지 2년 만에 강력하고 선명한 삼위일체론을 규정할 수 있었다고 보기에는 무리가 있다. 아우구스티누스는 교회사적으로도 삼위일체론에 대해서 깊이 있게 공헌한 일이 실상 없다. 그는 신학언어인 헬라어를 몰랐다. 실제로 삼위일체론을 가장 선명하게 드러내고 있는 "아타나시우스신경"도 동방교부 아타나시우스의 명성을 차용한 것이다. 정확하게 다시 말하면, 동방적인 삼위일체론을 수용, 포함하고 있다.

달리신 하나님』에서 전개되는 삼위일체론은 삼위하나님의 내재적 연대와 세계의 고통에 동참하시는 하나님의 사건으로 이야기한다.

개혁신학자로 파악되는 칼 바르트(Karl Barth)의 삼위일체론은 일신론적이라 판단하고 칼 라너의 삼위일체론은 사벨리안주의적 양태론으로 비판한다. 몰트만은 특히 삼위일체론에 대한 이해가 정치적 맥락에서 주는 폐해가 크다고 보았다. 군주론적 삼위일체론에 대한 이해가 교황체제와 제왕적 군주체제를 지지하는 이론적 근거가 되었다고 비판했다.6 주권이 한 분에게 귀속되어 있는지? 아니면 세 분으로 파악되는 삼위일체 하나님 모두께 속해 있는 지는 매우 중요한 문제라 보았다.

하나님의 주권을 아버지와 아들과 성령의 주권으로 이해하기 위하여 삼위일체로부터 출발하는가? 아니면 거꾸로 하나님의 주권을 삼위일체론을

----

6 미로슬라브 볼프, 『삼위일체와 교회』, 황은영 역(서울: 새물결플러스, 2014), 358. 몰트만의 사회적 삼위일체론에 깊은 감명과 영향을 받은 볼프는 군주신론적이고 일신론적 삼위일체론의 폐해를 다음과 같이 언급한다. "그리스도는 교회를 구성하지만, 반면에 교회는 단지 그리스도를 조건 지을 뿐이다. 따라서 주교는 교회를 구성하지만, 그는 교회에 의해서만 조건 지어진다. 결국 성부의 홀로 다스림(군주성, 단일기원성)과 성자와 성령의 종속은 교회에 대한 그리스도의 다스림뿐 아니라, 교회 안에서의 위계적 관계들 속에서도 반영된다. 삼위일체의 인격처럼, 교회적 인격 역시 위계구조에 대한 인식 없이는 파악될 수 없다." 그의 다른 책 『배제와 포용』, 박세혁 역(서울: IVP, 2012)에서 전개하는 그의 정치신학의 근간에 삼위일체론이 자리 잡고 있다. 그는 서문에서 말하기를 "사회 문제에 대한 진정한 기독교적 성찰은, 그리스도의 십자가 위에 드러난 삼위일체 하나님의 자기를 내어 주시는 사랑에 기초해야만 한다. 그런 성찰의 모든 핵심 주제는 철저히 자기를 내어주시는 하나님의 사랑이라는 관점을 통해 사유되어야 한다(37)." 특별히 위의 책, 155-301까지 치열하게 전개되는 삼위일체론적인 내어줌과 용서, 적대감의 적대에 대한 포용에 대한 논의는 인상적이다. 더불어 필자가 근래에 감동적으로 읽었던 책 『베풂과 용서』, 김순현 역(서울: 복 있는 사람, 2014) 역시도 용서와 베풂의 근본적 출처인 베푸시고 용서하시는 삼위 하나님에게서 찾는다. 위의 3부작은 삼위일체 하나님의 상호 사귐과 내어줌에 대한 실천서로 개인, 교회, 사회와 정치로 이어지는 수작이다.

통하여 한 분 하나님의 주권으로 확립하기 위하여 하나님의 주권으로부터 출발하는 가의 문제는 신론(神論)에 있어서 대단히 중요하다. 하나님은 그의 주권의 동일한 주체로 전제된다. 그렇다면 삼위일체론은 "기독교 일신론"으로 기술될 수 있을 뿐이다. 그것은 하나님은 주(主)이시다는 앎을 전개하는 것에 불과하다.[7]

바르트는 삼위의 위격들을 강조하지만 성령의 경우에는 성부와 성자를 연결하는 '사랑의 끈' 정도로 파악한다.[8] 기술되지 않았지만, 실제적으로는 삼위일체라기보다는 '이위일체'로 보는 것이라고 몰트만은 비판한다. 실상 성령의 신성을 부인하는 것이라고 보았다.

세 가지 존재양식을 통하여 자기 자신을 계시하는 하나님은 그의 계시의 능력, 곧 성령에 있어서의 주체성을 증명할 수 없다. 성령은 아버지와 아들을 결합시키는 사랑의 공동적인 끈에 불과하다. 그는 "아버지와 아들의 자기 개방의 능력"이다. 그러나 이 끈은 사랑하는 아들에 대한 아버지의 관계 안에, 또 사랑하는 아버지에 대한 아들의 관계 안에 이미 주어져 있다. 아버지와 아들은 그들 상호간의 관계 속에서, 영원한 태동과 영원한 희생 안에서 이미 하나이다. 그들의 상호 관계를 사랑으로 생각하기 위하여 삼위일체의 제3의 인격은 불필요하다. 성령이 단지 분리된 것은 동일성에 불과하다면, 그는 행위의 중심을 잃어버리게 한다. 그렇다면 그는 에너지이지 인격은 아니다. 그는 하나의 관계이지 주체는 아니다. 절대 주체의

----

7 위르겐 몰트만, 『삼위일체와 하나님의 나라』, 172.
8 유태화, 『삼위일체론적 성령론』, 48. 아우구스티누스(Augustinus)는 성부, 성자, 성령의 세 위격은 하나의 단순(單純)하고 나눌 수 없는 한 본질에 속한 분으로 표현하는데, 이는 신플라톤주의에 영향을 받은 것으로 보인다. 칼 바르트 역시 아우구스티누스의 영향에서 벗어나고 있지 못하는 모습이다.

반영의 "삼위일체"에 있어서는 사실상 이위일체(二位一體)가 지배하고 있다.9

몰트만은 바르트의 삼위일체론이 성령의 인격성을 부인하는 데로 나아가고 결국 성자의 인격까지 성부에게 귀속되는 방향으로 나아가야 된다고 파악했다. 성부에게 귀속되는 '관념주의적 양태론'으로 회귀한다고 비판했다. 결국 위격적으로 단 하나의 하나님, 즉 성부의 인격만 남게 된다. 결국 삼위일체 하나님은 '세 번의 반복으로 존재하는 한 분'인 양태론으로 귀결될 수밖에 없다고 보았다. 본질상 한 분이신데, 성부로, 성자로, 성령으로 세 번의 다른 방식으로 계시하시는 분으로 보는 일은 결국 일신론으로의 회귀처럼 보이기 때문이다.

몰트만은 과거에 인간적인 측면에서 예수 그리스도의 십자가의 고난만을 강조한 기독론을 비판한다. 대신, 그는 예수의 십자가와 고난을 삼위일체론적 접근을 제안한다. 초월과 무감각한 하나님에 대한 이해의 뿌리를 플라톤적 영향으로 파악한다. 몰트만이 말하는 '고난 받으시는 하나님'의 근거는 하나님의 주권과 자유이다. 하나님은 자유로우시고 어떤 운명에도 묶이지 않는다. 하나님은 자신의 사랑으로 인해서 언약을 맺고 스스로를 언약에 자신을 매신다.

몰트만은 예수의 십자가에서의 죽음이 '성부 수난설'이나 아버지의

---

9 위르겐 몰트만, 『희망의 신학』, 175-76. 김석환, "몰트만의 삼위일체론적 분석", 『칼빈논단』 (경기: 칼빈대학교, 2000), 84. 김석환은 몰트만의 삼위일체론을 분석하면서 몰트만의 바르트 삼위일체론 분석을 다음과 같이 말한다. "몰트만에 의하면 신적인 본질은 '아버지의 자기전달' 과정에 있는 것이 아니라 삼위일체적인 자기 전달 과정에 있다. 몰트만은 바르트가 하나님의 주권의 계시에 있어서 '하나님의 자유로운 은혜'를 강조하는 것과 마찬가지로, 라너가 '하나님의 자기전달의 절대적 비의무성'을 강조한다고 주장한다. 그러나 하나님의 주권이 하나님의 실체이고 또 하나님의 실체가 그 자신의 자기전달이라면, 하나님의 삼위일체적 구분이 포기될 위험이 있을 뿐만 아니라, 하나님과 세계의 구분성 마저 상실될 염려가 있다는 것이다."

직접적인 죽음으로 언급하지 않는다. 다만 십자가 사건을 삼위일체론적 관점에서 파악할 때, 아들을 내어준 아버지의 고통이라 설명한다. "십자가에 달리신 하나님"은 분명 2위격이신 성자 하나님이시다.[10] 성자의 사역은 단독사역일 수 없다. 삼위일체 하나님의 사역이라는 점에도 독생자를 내어주심은 아버지의 고통이자, 죄로 인해 저주 아래 놓은 인간들을 향한 사랑이다.

교부신학은 하나님이 오직 성육신 안에서만 고통을 당하셨다고 주장했다. 하나님이 수난을 당하는 것의 불가능에 대한 이해가 너무도 강력했던 탓이다. 키릴의 주장처럼 '고통당할 수 없는 존재로서 고통당하셨다.'는 표현은 고통당하는 것의 불가능한 존재의 고통당하심에 대한 언급으로, 논리적으로 모호하여 만족하기 어려운 표현이다. 고통당하는 주체가 존재하지 않는 고통이란 있을 수 없기 때문이다.[11] 몰트만은 칼케돈 전통에서 십자가에의 하나님의 고통에 대한 부분의 해결책을 제시한다.

논리적으로 볼 때, 그리스도 안에 단일한 신적 주체만을 인정하는 칼케돈 전통은 예수가 십자가 처형을 당할 때 어떤 고통이든 고통이 발생했다는

....

10 위르겐 몰트만, 『십자가에 달리신 하나님』, 256-57. 유태화, "만족설이 남긴 과제: 구속의 삼위일체적 이해를 모색하며", 「조직신학연구」 제13호, 한국조직신학회(2010), 241-61. 안셀무스(Anselmus of Canterbury)가 말하는 십자가의 죽음은 성부와 성자 사이의 일로 해석되었는데, 구속의 결과가 죄인들에게 어떻게 구원실재를 이루게 되는가에 대한 충분한 설명을 제공할 수 없는 한계를 가지게 된다. 이 문제를 루이스 벌코프(Louis Berkhof)가 제기했는데, 이에 대한 대답으로 유태화는 십자가의 구속사건은 성부와 성자만의 사건으로만 다루지 않고 삼위일체론적으로 다루어야 한다고 잘 제시하고 있다. 창조사역이 삼위일체 하나님의 사역인 것처럼, 재창조, 즉 구속사역도 삼위일체론적으로 분리함이 없이 다루어야 함을 논리적으로 전개하고 있다.

11 리처드 버캠, 『몰트만의 신학』, 김도훈·김정형 공역(서울: 크리스챤다이제스트, 2008), 106-107.

주장과 하나님은 전적으로 고통당할 수 없는 존재라는 주장 가운데 반드시 하나를 부정해야만 한다. 하지만 하나님이 오직 성육신 안에서만, 즉 예수의 인간적 경험을 자신의 것으로 경험함으로써만 고통당할 수 있다고 주장한다면, 그것은 매우 일관성 있는 주장이 될 수 있을 것이다.12

하나님은 먹지도, 주무시지도, 두려워하지도, 의심하지도, 죽지도 않으시는 분이다. 동시에 하나님은 슬퍼하시고, 분노하시고, 열망하시고, 긍휼히 여기시며, 자신의 얼굴을 숨기신다. 몰트만은 "하나님은 우리처럼 변화와 고통에 매인 존재가 아니라는 말이 하나님은 결코 어떤 방식으로든 변화할 수 있고, 고통당할 수도 없다는 뜻까지 내포하는 것은 아니다. 하나님은 모든 인간적 한계들을 초월하신다는 말이 그분이 성육신을 통해 모든 인간적 한계들을 스스로 취할 수 있다는 가능성까지 배제할 필요는 없다. 우리가 하나님에 대해 적절하게 말하기 위해서는 신인동형론적 언어와 부정의 언어 모두가 필요하다. 하지만 두 가지를 혼동해서는 안 된다."13고 말한다.

몰트만은 신정론의 문제에 있어서도 삼위일체 하나님의 사랑을 언급한다. 그가 말하는 희망 속에는 고통 가운데 있는 사람들만의 위로만이 아니다. 고통에 맞서는 하나님의 약속에 따른 저항도 발견된다. 십자가와 부활의 모순은 현실과 하나님의 약속 사이의 차이에서 발견된다. "십자가와 부활의 변증법으로부터 하나님의 약속이라는 변증법적 개념이 출현한다. 약속의 하나님은 세상과 모순됨으로써, 그러한 모순을 초월함으로써 세상을 구속"14하시는 까닭이다.

---

12 리처드 버캠, 『몰트만의 신학』, 107-108.
13 리처드 버캠, 『몰트만의 신학』, 118.
14 리처드 버캠, 『몰트만의 신학』, 143. 십자가와 부활은 상호 모순이다. 십자가는 죽음을 의미하고 부활은 생명을 의미한다. 죽음과 생명은 극적인 상호 극점에 위치해 있다. 예수 그리스

몰트만의 삼위일체론은 사회적 삼위일체론으로 불린다. 그는 『신학의 방법과 형식』15에서 삼위일체에 대한 신앙에서 세 가지 주요한 관점이 열렸다고 고백한다. 첫째가 "정치신학"이다. 군주론적 단일신론적인 형태가 독일의 독재가 히틀러의 출현을 정당화하는 수단이 되었다고 보았다.16 둘째는 "십자가 신학"이다. 전통적으로 십자가는 인간의 구원에 어떤 의미가 있는가를 물어왔다. 하지만 몰트만은 삼위일체론적 관점에서 십자가를 바라봄으로 십자가가 하나님께는 어떤 의미인가에 대한 신학적 질문으로 전환시켰다. 삼위일체 하나님에게 십자가란 아들을 십자가에 내어준 '아버지의 고통'이라는 문제에 직면하게 만들었다.17 십자가는 우리의 구원사건이기 전에, 삼위일체 하나님에게서는

....

도는 십자가와 부활 모두 경험했다. 십자가와 부활, 죽음과 생명의 변증법을 통해, 모순을 극복하는 그리스도 안에서의 희망을 발견한다. 엄혹한 죽음의 현실에서 하나님의 약속이라는 희망의 미래는 그리스도 안에서 발견된다. 칸트의 역사초월에 대응하기 위한 헤겔의 변증법논리전개에 대한 보다 자세한 내용은 김균진, 『헤겔철학과 현대신학』(서울: 대한기독교출판사, 1990)과 『헤겔과 바르트』(서울: 대한기독교출판사, 1983)에서 상세하게 살필 수 있다. 더불어 헤겔철학에 대한 보다 깊은 논의는 Robert Stern, *Hegel, Kant and the Structure of the Object*(London and New York: Routledge, 1990), 니콜라이 하르트만, 『독일관념론철학』, 이강조 역(파주: 서광사, 2008)에서 헤겔에 이르기 전의 배경이 되는 칸트학파와 피히테, 셸링과 낭만주의철학들인 슐레겔과 횔더린, 노발리스와 슐라이어마허에 대해 논하고, 헤겔의 정신현상학과 논리학 역사와 종교철학까지의 섬세한 내용을 확인할 수 있다.

15 위르겐 몰트만, 『신학의 방법과 형식』, 김균진 역(서울: 기독교서회, 2007).

16 위르겐 몰트만, 『신학의 방법과 형식』, 323-24. 1935년 에릭 페터손(Eric Peteson)의 논문 "정치적 문제로서의 유일신론"에서 '기독교인에서 정치적 행동은 언제나 오직 삼위일체 하나님에 대한 신앙의 전제하에 있을 수 있다'는 명제 아래서 1933년 히틀러의 권력 장악을 세계사적 섭리로 정당화 했다.

17 니콜라스 워터스토퍼, 『나는 사랑하는 아들을 잃었습니다』, 박혜경 역(서울: 좋은씨앗, 2014). 니콜라스 워터스토퍼는 자신의 아들을 잃은 슬픔 속에서 독생자를 내어주신 하나님 아버지의 사랑을 깊이 묵상하는 글을 전개해 나가고 있다. 인간 고통의 문제, 즉 신정론의 문제를 아들을 내어준 하나님의 아버지의 사랑에서 해결점을 찾아가고 있는 모습을 서술한다. 몰트만은 무감각, 무감동적 하나님에 대한 이해를 헬라적인 것으로 파악하고 비판하면

내재적인 사건이다.

셋째는 "정교회 신학"에 대한 부분이다. 삼위일체에 대한 논쟁으로 서방신학과 동방신학은 갈라섰다. 핵심 쟁점은 필리오케(Filioque)문제이다. 몰트만은 서방신학과 동방신학의 화해를 시도한다. 그는 필리오케라는 용어는 불필요하다고 증명함으로써 동·서방을 묶으려 시도한다.

> 성령이 아버지로부터 나온다면, "아들"은 이미 항상 현존하고 있다. 왜냐하면 "아버지"는 삼위일체론적으로 볼 때 "아들의 아버지"이기 때문이다. 거꾸로 Filioque의 첨가물이 없을 때, 아들은 아버지는 물론 성령으로부터 나올 수 있으며, 이로 인하여 기독론은 성령론의 상호 관계 속에서 더 풍요롭게 된다.[18]

서, 아들을 내어주신 아버지의 고통을 『십자가에 달리신 하나님』에서 분명하게 드러내고 있다.

18 위르겐 몰트만, 『신학의 방법과 형식』, 328. 몰트만의 성령론은 삼위일체론에 근거하여 있다. 개혁신학과 칼 바르트의 신학적 유산을 수용했지만, 칼 바르트와 서방신학에 대해서는 매우 비판적으로 접근하고 있다. 바르트의 삼위일체론에 대해서 군주론적이고 양태론적이라고 파악하고, 삼위일체보다는 이위일체로 머문다고 비판한다. 몰트만의 성령론에 대한 보다 깊은 논의는 유태화의 『삼위일체론적 성령론』과 현요한, 「조직신학회 논총」 제12집 (서울: 한들출판사, 2005)을 참고하라. 차영배, 『성령론』(서울: 엠마오, 1997), 7. "성령이 성부에게서만이 아니고 성자에게서도 영원히 나오신다는 이 교리는 220년경의 테르툴리아누스에게서 이미 약간 엿보이지만 350년경의 힐라리우스(Hilarius)와 400년경의 아우구스티누스(Augustinus)는 삼위일체론에서 성령이 '아들에게서도' 나오신다는 '휠리오꾸베' 교리를 가르쳤고 소위 아타나시우스 신조(430년경)에 고백되었다. 그러나 589년의 톨레도(Toledo) 대회 때에, 니케아-콘스탄틴 신조에 '아들에게서'도 교리가 덧붙여졌고 1014년에 로마에서 이것을 예배의식에 넣어 사용했다. 그러나 동방교회에서는 이것을 문제 삼음으로, 1054년에 동서교회가 분리되는 비극을 맛보게 되었다." 몰트만은 차영배가 언급하고 있듯이 1054년에 동서교회의 분리의 시발이 '필리오케'에 있기에, 화해의 논거를 묶인 그 지점, 즉 삼위일체론에서 찾고 있다.

몰트만은 세계의 역사를 삼위일체적으로 파악한다. 세계의 창조로부터 시작해서 완성에 이르기까지 삼위일체 하나님께서 세계를 영원한 삶 속으로 이끄신다고 말한다.

성부가 성자를 통하여 성령의 능력 가운데서 세계를 창조하며 그의 나라의 오심을 위하여 세계를 유지할 때, 성자가 성부에 의하여 성령을 통하여 세계를 향하여 파송되고 자기편에서 성령을 성부로부터 세계 속으로 파송할 때, 또한 성령이 성자와 성부를 밝게 변용하며 세계를 삼위일체의 영원한 삶 속으로 이끌어 들일 때, 삼위일체의 모든 세 신적 품격들은 참여되어 있다.[19]

상호내주 혹은 상호침투로 일컬어지는 용어, '페리코레시스'는 이미 그리스 교부들로부터 유래한 개념이다. 삼위일체론에서 페리코레시스는 성부, 성자, 성령의 동질적이며 신적인 품격들의 상호 침투를 나타낸다. 페리코레시스적 차원에서의 사귐은 계급적인 질서가 존재하지 않는다. 성부가 더 우위이거나 성령이 하위라는 개념이 성립하지 않는 사귐이다. 페리코레시스적 삼위일체는 비 계급적인 사귐이다. 성령은 단지 아버지와 아들을 연결하는 이위일체를 이루는 도구가 아니다. 페리코레시스적 사귐 안에서의 삼위일체는 한 위격이 주체가 되는 것이 아니라, 삼위 모두가 함께 상호주체성을 지니게 된다.[20]

....

19 위르겐 몰트만, 『신학의 방법과 형식』, 330.
20 위르겐 몰트만, 『신학의 방법과 형식』, 338. 몰트만은 요하네스 다마스체누스의 글을 인용해서 요한복음 14:11절 "내가 아버지 안에 있고, 아버지가 내 안에 있다"와 요한복음 14:9절의 "나를 보는 사람은 아버지를 보는 것이다"에서 성부와 성자의 통일성 개념으로 나타내고자 했다. 예수와 아버지 하나님은 일자(einer)가 아니라, 상호간의 내주 속에서 하나(eins)라고 주장한다.

삼위일체 하나님의 사귐은 삼위일체 내적 사귐으로 머물지 않고 삼위일체 하나님의 사귐에로 우리를 이끈다. 몰트만은 '세례'를 언급하면서 그분 안에서 사는 삶으로 표현한다.

세계와 하나님의 역사, 곧 세계의 창조와 구원과 변용의 삼위일체적 역사 속으로 우리는 삼위일체 하나님의 이름으로 받는 세례를 통하여 받아들여진다. 최초의 삼위일체적 신앙고백 문서는 세례고백서들이다(마 28:19). 세례를 통하여 상징화되는, 성령과 그리스도의 뒤따름 가운데 있는 삶은 삼위일체론의 실천이다. 이 점에서 삼위일체론은 삶에 대하여 아무 연관성을 갖지 못한 사변적 사치의 신학이 결코 아니다. 삼위일체 하나님을 고백하는 사람은, "그분 안에서" 살기 시작한다. 우리는 우리를 하나님 안에서, 하나님을 우리 안에서 경험한다(요일 4:16). 이것은 새로운 삶, 참된 삶이다.21

약속이란 아직 실현되지 않았지만 이루어질 미래현실을 선언하는 행위이다. 약속을 따라 산다는 것은 미래에 성취될 약속의 희망을 따라 살아내는 것을 의미한다. 현재의 엄혹한 역사적 현실을 넘어서 약속을 통해 미래를 뚫고 밝혀진 성취되지 않은 미래현실을 향해 희망하면서 나가게 한다. 아직 결정되지 않은 성취를 향해 전진하게 만들며, 현실에 안주하지 않게 한다. 우리가 살아가는 현실과 약속의 현실에는 모순이 있고, 차이가 있다. 지금의 현실과 미래약속의 현실의 중간 사이에

---

21 위르겐 몰트만, 『신학의 방법과 형식』, 332. 대위임 명령으로 알려진 마태복음 28:19절의 세례에 대한 명령은 정확하게 표현하자면 "성부와 성자와 성령의 이름 안으로 세례를 주라"이다. 삼위일체 하나님과의 관계 속으로 들어가는 변혁의 표다. '세례'는 언약의 표와 인이다. 씻음이 필요한 죄인이 그리스도의 피로 깨끗함을 받은 변화의 복음에 대한 보이는 그림, 즉 보이는 복음 설교인 셈이다. 변함없는 하나님의 약속에 대한 선명한 도장이다.

서 새로운 긴장이 머무는 중간현실을 창조해내고 발굴하게 한다. 현재에 갇히지 않게 하고, 미래를 막는 고착과 자유상실의 억압에 저항하게 한다.

몰트만은 헬라의 종교들과 동양종교, 자연신학과 같은 에피파니 종교와 기독교의 결정적 차이를 하나님의 계시, 즉 약속에 있다고 파악했다.22 주어진 환경에 동화되고 현실과 안착하는 종교와는 달리, 하나님의 약속을 받은 백성들은 희망을 소유하게 되었다. 희망은 현실과 조화를 이루지 못하게 하고 현재의 현실로부터 미래의 현실로 탈출하게 한다. 약속신앙, 즉 희망의 신앙은 현실에 안주하지 못하게 하고, 모순에로 진입하게 하고 현실안착에서 탈주하게 한다.

지성(知性)을 지배하는 약속(promissio)이 현실과 조화를 이루지 못하는 한, 역동적이고 긴장에 찬 '사실과 이해의 부조화'(inadaequatio rei et intellectus) 속에 머물러 있게 하는 것은 본질적으로 약속과 약속 신앙의 힘이다. 약속은 희망하는 사람의 의식을 모든 경험과 역사를 초월하는 미완성 상태(Noch-nicht) 속에 둔다. 이와 같은 약속 안에서 우리는 신화적이고 주술적인 조화 관계를 깨뜨린 근거를 발견하며, 약속의 역사의 자료들에 비추어 자연의 축제를 역사화한 근거와 약속의 미래에 비추어 그 내용을 미래화한 근거를 발견한다. 성취되지 못한 현재에 만족할 수 없게 하는 불안 요소도 약속으로부터 나온다. 길을 인도하는 약속의 별 아래서 현실은 신성하게 고정된 질서(Kosmos)로 경험되는 것이 아니라, 아직 보이지 않는 새로운 지평을 향해 전진하고 탈출하는 역사로 경험된다.23

---

22 위르겐 몰트만, 『희망의 신학』, 114.
23 위르겐 몰트만, 『희망의 신학』, 117.

몰트만은 희망의 근거가 되는 약속에 대해서 7가지로 설명한다. 첫째, 약속은 아직 존재하지 않은 현실을 선포하는 말씀이다. 이와 함께 약속은 인간에게 약속이 성취될 그 미래의 역사를 향해 나아갈 수 있는 길을 열어준다. 둘째, 약속은 인간을 미래에 매며, 역사를 이해할 수 있는 가능성을 열어준다. 셋째, 약속에 의해 결정되고 열려지는 역사의 본질은 동일한 것의 회귀에 있지 않다. 오히려 역사는 약속되었으나 아직 이루어지지 않은 성취로 기울어지는 분명한 성격을 지닌다. 넷째, 약속의 말씀은 아직 실현되지 못하고 지금 경험하는 현실과 이전에 경험하였던 그 현실과 모순된다는 것을 의미한다. 다섯째, 약속의 말씀은 주어진 약속과 성취된 약속 사이에 팽팽한 중간 지대를 만든다. 이와 함께 약속의 말씀은 순종할 수도 있고 순종하지 않을 수도 있는, 그리고 희망할 수도 있고 체념할 수도 있는 특별한 자유지대를 인간에게 마련해준다. 여섯째, 약속은 약속하시는 하나님과 동떨어져 있지 않고 오히려 그 성취가 하나님의 자유로운 신실함에 달려 있다면, 약속과 성취의 구조 안에서 역사적으로 검증되고 확고한 율법적 도식(圖式)을 만들어 보려는 성급한 태도는 생겨날 수 없다. 일곱째, 구약성경의 약속의 특별한 성격은 약속이 이스라엘의 역사를 거치는 동안 폐기되기는커녕 오히려 이스라엘의 경험적 사건을 통해 언제나 새롭게, 더욱 폭넓게 해석되었다.[24]

희망의 근거로 주어진 하나님의 약속은 허공에 담겨있는 것이 아니다. 단지 언어와 말에만 담지 되어 있지 않고 역사현실 속에서 주어졌다. 이스라엘의 역사라는 구체적인 현실 속에 주어지고, 이로 인한 변혁과 변화를 경험으로 살아내었다. 이스라엘에게 역사란, 약속하신 하나님과 함께한 역사에 다름 아니다. 애굽에서의 탈출로부터 가나안의

---

24 위르겐 몰트만, 『희망의 신학』, 118-20.

입성, 약속의 땅에서의 정착과정에서 하나님의 말씀은 더욱 구체적이고도 새로운 약속으로 계시되었다. 현실과의 타협으로 성취되지 않았고 끊임없이 미래를 향해 나아가는 방식이었다. 주변의 제국과 달리 현실에 안주하지 않아야 했다. 이스라엘은 하나님과 함께하는 이방과 구별되는 독특한 역사경험을 통해, 현실에 안주하지 않는 새로운 지평을 열어갔다.

하나님의 약속은 역사의 지평을 열어준다. 여기서 '지평'이란 가다머(H.G. Gadamer)가 적절히 설명한 대로 '고정된 한계선'을 의미하는 것이 아니라 "우리가 들어가는 곳이요, 우리와 함께 이동하는 것"이다. 이스라엘은 이처럼 이동하는 약속의 지평 안에서 살았으며, 그 긴장 속에서 현실을 경험하였다. 이동하는 유목 시대가 끝났을 때도 현실을 역사로 경험하고 회상하고 기대하는 이와 같은 방식은 여전히 계속되었으며, 이스라엘로 하여금 시간과 매우 특이한 관계를 맺게 하였다.25

약속은 성취와 실현을 통해 이스라엘의 역사의 살 속으로 파고들어간다. 역사 속에서 성취되어진 사실들은 사라지거나 증발되지 않고 끊임없이 미래를 지향하게 한다. 경험된 역사 안에서 이미 일어난 사건을 넘어서 미래를 향하는 까닭으로 역사는 거듭 회상되며 현재화된다. 더불어 역사가 현재 앞에 전개될 때에 현재는 역사로부터 미래의 길을 이해하게 되고, 하나님의 약속의 영향 속에 놓여 있음을 깨닫게 된다. 몰트만은 말한다. "유대교와 그리스도교의 역사 이해에 의하면 과거는

....

25 위르겐 몰트만, 『희망의 신학』, 121-22. 가다머가 해석하는 '지평의 의미'를 적용하자면, 우리가 논하는 희망의 지평 역시, 단순히 시선에 들어오는 한계선이 아니라 그곳을 향해 이동하는 방향이 되고, 그 지평 속에서 실제로 향유하는 삶이 된다.

미래의 약속이다. 따라서 과거의 해석은 뒤로 돌아보는 예언이다."26 과거는 현재와 깊숙이 연관될 뿐 아니라 미래와 묶이는 독특한 시간관을 형성하게 된다.

하나님은 약속을 역사 속에서 계시했다. 이런 계시의 형태는 희랍적 방식, 즉 신 존재를 형이상학적으로 존재하면서 존재론적으로 계시하는 것과는 구별된다. 하나님의 계시는 약속으로 이해되어야 한다. 이스라엘은 하나님의 약속들을 언제나 회상하고 늘 새롭게 받아들이고 해석함을 통해서 이스라엘 공동체의 정체성과 연속성을 지켜나갈 힘을 얻게 되었다.27 갇힌 현재적 현실에 안주하지 않고 미래를 향해 나아갈 수 있는 약속에 따른 유목민의 삶을 걸어갈 수 있었다. 약속의 희망은 질퍽한 현실에 적응하고 안착하기보다 기대를 머금은 백성으로 아직 도래치 않은 미래를 향해 모든 현재의 경험들을 초월할 수 있게 한다.

몰트만에게 있어 희망은 삼위일체 하나님 안에 놓여 있다. 인간을 대상으로 하나님은 언약을 맺으셨고, 희망의 내용인 하나님의 나라를 약속하셨다. 아직 완성되지 않았으나 약속의 성취인 십자가와 부활을 통해 이미 선취하고 누리기 시작했다. 하이델베르크교리문답에서 '부활'은 성도의 몸의 부활에 대한 '보증'으로 설명하고 있다. 변증법적인 열린 가능성이 아니라 십자가와 부활을 통해 증거되고 선취된 변증법적 희망의 약속으로, 든든한 확신을 주는 보증이다.28 부활에서 이미

----

26 위르겐 몰트만, 『희망의 신학』, 124.

27 위르겐 몰트만, 『희망의 신학』, 126. 이스라엘에게 있어 하나님의 약속은 희망의 내용이었고, 그 약속이 그들로 현실에 안주하지 못하도록 하였다. 지상에 살아가지만 하늘에 계신 하나님과 교통을 누렸다. 언약은 하나님께 속한 백성으로 살게 하는 이방과 구별되는 특권이었다.

28 현요한, "몰트만의 성령론", 210. "예수 그리스도에게서 나타난 하나님은 미래로부터 오시는 하나님이요 따라서 우리에게는 희망의 하나님이라는 것이다. 그는 이 희망을 약속과 성취의 구조에서 이해한다. 하나님의 약속은 역사 속에서 성취된다. 그러나 그 성취는 그 안에

보증의 증거물을 획득하고 누리기 시작했다.

종말론: 오시는 하나님과 미래개방성

몰트만은 희망할 수 있는 결정적인 근거로 그리스도의 부활을 제시한다. 그리스도야 말로 계시의 현현이며, 성취이자 미래의 현실인 까닭이다. 하나님의 약속은 예수 그리스도의 부활에 집약된다. 부활은 죽음의 엄혹한 현실을 부수는 종말론적 사건이다.29 십자가에서의 죽음을

....

감춰진 미래를 향한 또 하나의 약속으로서 우리를 기대와 희망으로 이끈다는 것이다. 이러한 희망의 궁극적 근거는 무엇인가? 그것은 하나님 나라와 종말이 이미 예수 그리스도 사건에서 특히 그의 부활에서 선취되었기 때문이다." 위르겐 몰트만, "희망의 축복: 희망의 신학과 생명의 충만한 복음"「영산신학저널」vol2. No.1.(2005), 14-15. "그리스도의 부활의 기적을 인식한다는 것은 2000년 전의 한 역사적 사실을 지식적으로 받아들이고 "아 그렇구나" 또는 "O.K."라고 말하는 것을 의미하지 않고 부활의 능력에 사로잡히고 그리스도와 함께 하는 삶 속으로 들어가는 것을 의미한다. 그 때문에 그리스도의 부활을 가리켜서 단지 "하나의 역사적 사실(eine historische Tatsache)"이라고 말하는 것을 옳지 않다. 그것은 이 죽음의 세상 가운데서 영원한 생명의 종말론적 역사를 열어주며, 모든 사람들을 이 하나님의 미래로 초청하는 하나의 실존역사적인 사건(ein geschtliches Ereignis)이다. 우리는 그리스도의 부활을 오직 그리스도에게만 관계되는 하나의 단순히 개인적인 사건으로만 이해해서도 안 된다. 그리스도는 잠자는 자들의 첫 열매와 영원한 생명의 인솔자가 되기 위하여 "죽은 자들" 가운데서 살리심을 입었다(고전 15:20). 죽은 자들로부터의 그의 부활은 처음부터 보편적이며 우주적인 중요성을 지니고 있다."

29 위르겐 몰트만,「희망의 신학」, 25. 기독교 희망은 그리스도의 부활에 근거해 있다. 희망은 십자가와 부활의 갈등, 이 갈등 속에서 희망은 발생했다. 죽음의 십자가를 넘어선 부활은 희망의 참된 근거가 된다. "희망으로 말미암아 인간이 그 자신과 세계의 기존 현실과 겪게 되는 갈등은 바로 희망 그 자체를 태어나게 하는 갈등이다. 그것은 십자가와 부활의 갈등이다. 그리스도교적 희망은 부활의 희망이다. 그리고 그 안에서 전망되고 보증되는 의(義)의 미래는 죄와 갈등하고, 생명은 죽음과 갈등하고, 영광은 고난과 갈등하고, 평화는 분열과 갈등한다. 이러한 갈등 속에서 그 희망은 자신의 진리를 입증한다." 위르겐 몰트만, "부활의 소망",「기독교사상」vol. 17. No. 4.(1973), 110. 몰트만은 십자가와 부활의 변증법적 관

넘어서 하나님의 약속의 성취로서 미래 자체를 선취하는 사건이다. 몰트만은 기독교 종말론의 뿌리를 그리스도의 부활에서 찾는다. 그리스도의 부활에서 종말론적 희망의 근거를 본다. 십자가와 부활은 모순이다. 십자가는 하나님과 사람 사이에 떠 있는 중간공간이며, 사람에게서도 하나님에게서도 버림받은 저주의 죽음이 머무는 허공이다. 버림받음과 저주의 어둠이 머무는 경험이다.

십자가의 죽음은 아픔과 고통, 파괴로 끝나지 않았다. 부활은 하나님의 미래의 표상이기 때문이다. 부활한 그리스도는 항상 십자가에 달렸던 바로 그 그리스도다. 십자가와 부활의 사건 안에서 자신을 '동일한 분'으로 계시하시는 하나님은 자신과의 모순 가운데서 자신을 계시하시는 하나님이다.[30] 몰트만이 가진 희망의 근거는 부활 전과 부활 후의 예수가 동일하다는 데 있다. 십자가와 부활이라는 하나님의 행위에 그 어떤 차이도 없다는 데 있다. 즉, 약속된 두 가지의 모순된 사건이 언약대로 성취되었기 때문이다. 하나님의 변함없는 신실하심을 통해서 하나님의 약속이 분명하게 성취될 것을 희망할 수 있는 근거가 된다.

몰트만은 부활을 세계사 과정 가운데 일어난 하나의 사건이나 하나의 과정[31]으로 보지 않고, 세계사와 함께 진행되는 종말론적 과정이라

계에 대해서 다음과 같이 표현한다. "그리스도의 십자가는 부활의 현재적인 형태이다. 장차 나타날 하나님의 명확성이 십자가에 못 박히신 그분의 얼굴에 비치고 있다. 그러므로 그리스도의 부활은 의에 대한 그리스도교 희망의 간접적인 근거에 불과하며 이에 반하여 그의 십자가는 의에 대한 그리스도교 희망의 직접적인 근거가 된다고 말할 수 있다."

30 위르겐 몰트만, 『희망의 신학』, 191.
31 화이트헤드(Alfred North Whitehead)의 '과정철학(Process Philosophy)'은 '과정신학(Process Theology)'에 영향을 미쳤다. 존 캅과 데이비드 그리핀, 『과정신학』, 유기종 역 (서울: 황소와 소나무, 2002)에서 이레니우스로부터 이어져오는 영혼형성의 계곡으로써의 과정신학의 과정을 자세하고 다루고 있다.

말한다.

> 그리스도의 부활은 세계와 그 역사 안에 있는 하나의 가능성이 아니라
> 세계와 실존, 역사 전체의 하나의 새로운 가능성이다. 오직 세계가 하나님
> 의 자유와 무로부터(ex nihilo) 우연히 창조된 것으로 이해될 때(contin-
> gentia mundi: 세계의 우연성), 그리스도의 부활은 새로운 창조(nova
> creatio)로 이해될 수 있다. 그러므로 그리스도의 부활에 관한 이야기와
> 함께 발언되고 약속되는 것을 바라보면서, 현대의 과학적-기술적 세계가
> 말하는 합리적인 우주라는 것이 얼마나 비합리적인가를 폭로해야 한다.
> 그리스도의 부활은 세계사 속에 가능한 하나의 과정이 아니라 세계사와
> 함께 진행되는 종말론적인 과정이다. … 부활의 신학은 그리스도가 죽은
> 자들 가운데서 부활하였다는 전제 아래서 역사를 위한 궁극적인 가능성
> 과 희망을 갖는다.32

그리스도의 부활이 역사적이라고 일컬어지는 이유는, 단순한 역사

----

32 위르겐 몰트만, 『희망의 신학』, 200. 바르트는 그리스도의 사역(초림, 십자가와 부활)에
대한 회상과 기대 모두를 가리켜 '세상의 희망'이라고 말한다. 칼 바르트, 『교의학개요』,
신경수 역(서울: 크리스챤다이제스트, 1997), 178-81. "교회의 회상은 또한 그것의 기대이
며, 세상을 향한 그것의 메시지는 또한 세상의 희망입니다. … 예수 그리스도는 고난당하시
고 죽은 자 가운데서 부활하신 분으로서 아버지 옆에 앉아 계십니다. 이것은 현재입니다.
하나님이 현재에 계시는 것처럼 그도 현재에 계시기 때문에, 이것은 이미 그가 한때 존재하
였던 인격으로서 다시 오실 것이라고 언급되는 사실을 허용합니다. 어제 존재하셨던 것처럼
오늘도 존재하시는 분은 내일도 동일하실 것입니다. … 기독교 공동체가 그리스도 안에서
일어난 일, 즉 그의 초림과 그의 생애와 죽음과 부활을 돌이켜 볼 때, 즉 이것이 이러한
회상 가운데서 살아갈 때, 이것은 단순한 회상이 아니며, 우리가 역사라고 부르는 것이 아닙
니다. 단번에 일어났던 일은 오히려 신적인 현존의 능력입니다. 일어났던 일이 여전히 일어
나며, 그런 것으로서 일어나게 될 것입니다. 예수 그리스도에 대한 신앙고백과 더불어 기독
교 공동체가 유래하는 지점은 이것이 만나려 나아가는 것과 동일한 지점입니다. 이것의 회상
은 또한 이것의 기대입니다."

적 사실 그 이상이다. 역사 속에서 일어났기 때문이 아니라 우리가 살아갈 수 있고, 또 살아가야 할 역사를 생성하기 때문이다. 그리스도의 부활은 종말론적인 미래를 열어놓기에 역사적이다.33 몰트만은 그리스도의 부활은 종말론적 미래와 함께 이해되어야만 바르게 이해할 수 있다고 말한다. 더불어 종말론적인 미래사건인 부활을 전달하기 위한 방식으로 선교를 언급한다.

예수의 부활사건은 오직 그의 보편적, 종말론적인 미래와 함께 이해되어야만, 올바로 이해될 수 있다. 그렇다면 이 사건에 적합한 유일한 전달 방식은 모든 민족들에게 차별 없이 복음을 선포하는 것, 즉 이 사건의 미래를 위해 봉사하는 선교일 수밖에 없을 것이다. 오직 선교적 선포만이 이 사건의 역사적, 종말론적 특징을 올바로 인정하는 길이 될 것이다. 선교적 선포는 이 사건에 부응하는 역사 경험의 방식이요, 역사적 실존과 역사적 기대의 방식이다.34

예수 그리스도가 죽은 자들 가운데서 부활한 사건은 약속으로 이해될 수 있는 사건이다. 더불어 종말론적인 미래와의 연관성 안에서 바르게 파악된다. 이것을 인식하게 될 때 역사적으로 나아갈 미래를 알 수 있다. 여기에서 칸트의 질문, "우리는 무엇을 희망해도 좋은가?"에 대한 답변을 기대할 수 있다. 부활은 약속된 미래에 대한 기대와 희망, 종말론적인 지평 안에 있다. 종말론의 핵심은 부활에서 보여주는 종말론적 전망 안에 있는 그리스도론이다.

---

33 위르겐 몰트만, 『희망의 신학』, 201.
34 위르겐 몰트만, 『희망의 신학』, 209.

그리스도교적 종말론은 부활 경험으로부터 생겨났으며, 그리스도교적 예언은 부활신앙의 본질을 결정하였다. 하지만 그리스도교적 종말론은 이전에 약속된 것을 회상하고 수용하면서, 그리고 -예수 자신에 관해- 이전에 약속되고 이전에 선포된 것을 회상하고 수용하면서 부활 경험을 해석하고 표현하였다. 부활 현현은 바로 이 종말론적 지평과 결합되어 있는데, 이는 자신이 미리 제시하고 회상시키는 내용 안에서만 그러한 것이 아니라, 그 스스로가 미리 설계하고 도전을 주는 내용 안에서도 그러하다. … 그리스도교적 종말론은 그리스도와 관련된 종말론이고 "그리스도와 그의 미래"에 관해 말한다는 점에서 구약성서의 약속 신앙과 다르며, 예언자적, 묵시 사상적 종말론과도 다르다. 그것은 본질적으로 나사렛 예수의 인격과 그의 부활 사건과 관련을 맺으며, 이 인격과 이 사건에 근거해 있는 미래에 관해 말한다. 그리스도교적 종말론은 역사의 일반적인 미래의 가능성을 탐구하지 않는다. 그것은 또한 미래를 바라보는 인간 존재의 일반적인 가능성을 전개하지도 않는다. 따라서 그리스도교적 종말론은 그 핵심에서 종말론적인 전망 속에 있는 그리스도론이라는 점을 강조하는 것이 옳다.[35]

계속해서 몰트만은 종말론의 발생의 출처가 예수 그리스도의 부활에 있으며, 기독교의 희망과 미래는 예수 그리스도의 부활을 인식함으로써 발생한다고 말한다.

그리스도교의 미래 희망은 단 한번 일어난 특정한 사건, 즉 예수 그리스도의 부활과 현현을 인식함으로써 생겨난다. 하지만 이 사건에 대한 신학 지식을 가질 수 있으려면, 오직 이 사건을 설계하고 만들어 가는 미래의

35 위르겐 몰트만, 『희망의 신학』, 212-13.

지평을 고려해야만 한다. 그러므로 예수의 부활을 인식한다는 것은 이 사건 안에서 이 세계를 향해 오시는 하나님의 미래와 인간의 미래를 인식하는 것을 의미한다. 인간은 이 하나님과 그분의 행동에서 하나님의 미래와 자신의 미래를 발견한다.36

희망의 확신은 먼 미래나 피안으로 던져지지 않고 지상과 현재의 것으로 취해진다. 삶의 실존을 외면하고 개인적이고 교회적인 경건성에만 경도되는 가현설적 종교행위는 십자가를 부인하는 행위가 된다. 십자가와 부활로 생성된 희망은 세계 안에 둘러쳐진 어둠과 허무, 모순의 고통들을 좌시하지 않고 바꾸기 위해 저항하고 투쟁하게 한다. 하나님께 버림받은 가장 깊은 허무와 고통의 십자가를 진 그리스도가 생명의 주로 현존한다. 하나님의 부재와 존재의 철저한 두 가지의 모순이 그리스도 안에서 통합되었다. 죽음을 이기신 그리스도의 부활에서 참된 희망을 본다. 생명이 죽음을 이긴 까닭이다. 십자가와 부활의 변증법은 만물의 종말에 이르러 종합될 열린 변증법이다.37

....

36 위르겐 몰트만, 『희망의 신학』, 214. 유석성, "몰트만의 정치·사회적 그리스도론" 「조직신학회 논총」 제12집(서울: 한들출판사, 2005), 173-95. 유석성은 몰트만의 기독론을 세 가지로 정리하고 있다. 첫째는 종말론적 기독론이고, 둘째는 공동체와 사귐을 강조하는 사회적 기독론이며, 다른 하나는 윤리학을 결합시킨 실천적 기독론으로 파악하고 있다. 그 중에 가장 우선적으로 종말론적 기독론을 다루고 있다. 몰트만에게 있어서 기독론은 종말론의 시작이며, 종말론이란 곧 기독론의 완성으로 파악되기 때문이다. 몰트만에게 있어 기독론과 종말론은 결코 분리되지 않는다. 그리스도가 빠진 종말은 근거를 상실하는 것이고, 종말이 없는 기독론은 완성과 미래를 절편하는 일이기 때문이다.

37 위르겐 몰트만, 『희망의 신학』, 222. 김균진, "희망의 하나님-희망의 종교", 41. "몰트만은 "부정의 부정"의 원리에 근거한 헤겔의 변증법의 원리를 철저히 따른다. 종말은 현실의 모든 부정적인 것에 대한 부정을 뜻하기 때문이다." 김균진은 『헤겔과 바르트』(서울: 대한기독교출판사, 1983)에서 헤겔은 칸트의 초월적이고 불가지론적 신 인식으로 인해 발생한, 대상과 인식의 분리 문제들을 극복하기 위해서 대상의 운동 자체가 인식이라는 방법론으로 극복한다. 칸트적인 신 인식은 결국 실천이성의 요청에 의해서만 밝혀질 뿐 초월적 대상은 인식

몰트만에게 있어서 희망의 근거는 한 마디로 "하나님의 신실하심"이다. 하나님 신실하심의 증거는 구약의 약속에 대한 신실한 성취와 함께 종국으로 그리스도의 부활을 통해서 선명하게 증거하는 까닭이다. 부활하신 주는 미래에도 동일하게 존재하는 분이시다. 십자가와 부활, 죽음과 생명의 극단의 모순도 그리스도의 변함없는 존재에서 묶여진다. 우리가 살아가는 세상은 어둠과 빛, 고통과 평화, 불의와 정의의 모순들로 가득하지만 변증법적 발전 후에는 모두가 그리스도 안에서 묶여지고, 화해되어질 것이다. 그리스도의 부활과 현존이 참된 미래희망이다.

하나님의 약속과 그리스도의 부활에서 희망이 비롯된다. 이미 출애굽사건으로 이스라엘에게 드러난 하나님은 인간이 움켜쥘 수 있는 이방의 신들과는 달리 약속에 대한 희망을 가지고 기다려야 할 하나님이다. 기독교 종말론적 희망은 예수 그리스도의 미래를 말하며,[38] 그리스도께 매여 있는가에 대한 물음에서 희망은 유토피아적 희망과 구별짓는다. 예수 그리스도의 미래가 곧 성도된 우리들의 미래이다. 그리스도의 미래에 우리의 미래가 묶이기에 참된 희망을 확증할 수 있다. 기독

될 수 없는 문제를 지녔다. 헤겔은 정신적이고 초월적인 것도 경험될 수 있다고 보았으며, 하나님은 인간의 정신에 자신을 계시하셨고, 사유의 변증법적 활동과 더불어 세계도 변증법적 과정을 통해 세계 속에 일하시는 하나님을 전개시켰다. 세속역사를 구원역사로 파악하고자 노력을 기울였다. 김균진은 칸트의 입장을 바르트가 이어받아 전개했고, 헤겔의 입장을 판넨베르크가 이어받았다고 보았는데, 몰트만 역시 헤겔의 변증법에 영향을 받았다. 또 다른 책, 김균진, 『헤겔철학과 현대신학』(서울: 대한기독교출판사, 1990), 214-50에서 몰트만과 블로흐의 공통점과 차이점에 대해서 짜임새 있게 정리하고 있다.

38 위르겐 몰트만, "부활의 소망", 116. 몰트만은 예수 그리스도의 부활에서부터 확인된 희망의 확신으로부터 아직은 완성되지 않은 미래적 종말론적 기다림과 결합되어야 한다고 말한다. "십자가와 하나님의 저주와 지옥으로부터 일으킴을 받은 그 분 안에서 우리는 하나님의 저주와 지옥을 이길 한 미래를 확인한다. 그러나 이것으로 끝나는 것은 아니다. 예수에게서 시작된 부활에 대한 희망의 성취는 아직까지 한 번도 주어지지 아니한 미래에 대한 기다림과 이제 결합되어야 한다. 다시 말해서 여기 차안에 있는 말씀과 정신 속에서 비로소 자기 자신을 알려주시는 하나님의 임재를 기다리는 그 기다림과 결합되어야 한다."

교에서 희망은 신앙함, 즉 믿음의 내용이요, 사랑의 기반이자 넉넉한
이유가 된다.

몰트만은 기독교가 종말론을 마지막의 일어날 일의 가르침으로 제
한하고, 피안의 세계에 대한 가르침으로 한정함으로 통해서 종말론의
종말을 가져왔고, 신앙생활의 핵심인 '희망'의 상실을 불러왔다고 말하
면서, 기독교적 희망의 복원을 강변한다.

> 사람들은 오랫동안 종말론을 '마지막 일들에 관한 가르침'이나 '마지막에
> 관한 가르침'이라고 일컬어 왔다. … 만물이 자극을 받고 활동하던 역사의
> 피안(彼岸)으로부터 차안(此岸)으로 돌입하여, 만물이 자극을 받고 활동
> 하던 이 역사를 끝장내리라고 생각되었다. 하지만 우리가 이런 사건들을
> '최후의 날'로 미루어 버림으로써, 이 사건들은 종말이 오기 전에, 역사
> 안에서 우리가 영위하였던 모든 날을 위한 그 교훈적, 고무적, 비판적인
> 의미를 상실하고 말았다. 그리하여 종말론은 그리스도교 교의학(Dog-
> matik)의 끝자락에 쓸쓸한 모습을 지니게 되었다. 종말론은 중요하지 않
> 은 위경(僞經)정도로 쪼그라든, 너절한 부족과 같았다. … 그리스도교적
> 신앙이 자신을 지탱하는 미래의 희망을 자신의 생활로부터 분리하고 미래
> 를 피안이나 영원으로 옮겨 버리자, 희망은 교회를 떠나가 버렸으며, 매우
> 일그러진 모습을 띠고 되돌아왔다. 하지만 그리스도교적 신앙이 전해준
> 성서의 증언들은 갈피마다 메시아적 미래의 희망으로 가득하다. 실로 종
> 말론은 희망의 대상만이 아니라 그것에 의해 움직이는 희망까지 포괄하
> 는 그리스도교적 희망에 관한 가르침이다. 그리스도교는 단지 부록에서만
> 이 아니라 전적으로 그리고 완전히 종말론이요, 희망이며, 앞을 바라보는
> 전망(展望)이요, 앞으로 나아가는 행진이다.39

---

39 위르겐 몰트만, 『희망의 신학』, 20-21.

블로흐가 말하는 유토피아적 희망과 달리 몰트만이 정립하고 이야기하는 기독교적 희망이 갖는 특징은 예수 그리스도의 부활에 기반하고 있는 확증적인 종말론이다. 언약의 하나님은 신실하다. 약속에 따라 역사 속에서 변함없이 성취해 왔다. 언약의 하나님은 알파요 오메가다. 어제와 오늘이 동일하다. 약속하신 이가 성취하시는 동일한 바로 그분이다. 종말의 미래와 가능성으로 둘러싸인 유토피아와 달리 약속에 둘러싸인 하나님 나라는 약속대로 성취될 것이다. 그 구체적 종말론적 희망은 미래에만 머물러 있지 않고, 오시는 하나님으로 인해 지금 기다리며 인내하는 성도들에게 선취되어지고, 누릴 수 있는 구체적인 희망의 실상이다.

몰트만의 희망은 기독교의 일부로써가 아니라 전체다. 성경은 하나님께서 주신 새로운 것에 대한 약속과 미래에 대한 희망을 기술하고 있다. 하나님은 우리 앞에 계시고, 약속을 통해서 예언으로 알려진 하나님이다. 적극적 희망가운데 우리는 하나님을 기다려야 한다. 기독교 종말론에서의 희망은 예수그리스도의 미래를 의미한다. 그리스도의 인격과 역사 가운데 미래와 희망의 모든 근거다. 이것에 대한 수납과 거절에 따라 '희망'의 의미는 달라진다. 다시 말해 기독교종말론에서의 희망은 그리스도를 가진다는 점에서 유토피아적 희망과 구별된다. 그리스도인들은 종말을 고대하고 기다린다. 주의 다시 오심에 대한 기대와 희망은 이미 말씀하신 약속의 실현에 대한 기다림이다.

기다림의 근거는 하나님의 약속에 근거한다. 약속은 아직 발생하지 않은 현실에 대해 알리는 선언이다. 약속의 계시는 미래를 향해서 현실의 어둠과 고난을 이기고 희망하게 하는 힘이 된다. 말씀의 약속을 따라서 현실에 안주하지 않고 지속할 힘과 동력이 된다. 약속과 현실의 모순 가운데서 신음하면서도 약속과 미래 사이에 새로운 현실들을 창조해 나간다. 몰트만은 희망은 기존 세계와 갈등을 불러일으키고 이로 인해서 희망자체를 형성하게 된다고 말한다.

그 희망은 '희망에 저항하는 희망'이며, 그래서 보인 것과 지금 경험할 수 있는 것을 하나님에게 버림받은, 극복되고 사라질 현실로 판단한다. 희망으로 말미암아 인간이 그 자신과 세계의 기존 현실과 겪게 되는 갈등은 바로 희망 그 자제를 태어나게 하는 갈등이다. 그것은 십자가와 부활의 갈등이다. 그리스도교적 희망은 부활의 희망이다. 그리고 그 안에서 전망되고 보증되는 의(義)의 미래는 죄와 갈등하고, 생명은 죽음과 갈등하고, 영광은 고난과 갈등하고, 평화는 분열과 갈등한다. 이러한 갈등 속에서 그 희망은 자신의 진리를 입증한다. … 희망은 이러한 모순 속에서 자신의 힘을 입증해야 한다. 그러므로 종말론도 머나먼 땅을 바라보고 서성거릴 것이 아니라 경험할 수 있는 고난과 악, 죽음의 현실과 갈등하는 가운데서 자신의 희망을 표명해야 한다.40

기독교 희망은 한계탈출을 의미한다. 믿음은 실로 인간 한계의 경계 너머를 바라보는 희망의 일이다. 당장의 전복과 변화를 기대하지 않지만, 양자택일의 미래를 이야기하지 않는다. 견고한 약속과 미래가 있는 까닭이다. 신앙은 현실을 뛰어 넘어 하늘나라나 유토피아를 그리지 않고, 고통과 죄악으로 둘러있는 한계를 넘어서는 일이다. "인간의 모든 희망을 무너뜨리는 한계선이 십자가에 달린 자의 부활 속에서 깨어질 때, 신앙은 희망을 향해 열려질 수 있고 또 당연히 열려지게 된다."41
희망은 때가 되면 하나님께서 자신의 진리를 드러내실 것을 기대한다. 하나님께서 약속하신 것을 증명하시고 영원한 생명이 선명하게 드

40 위르겐 몰트만, 『희망의 신학』, 25.
41 위르겐 몰트만, 『희망의 신학』, 26.

러날 것을 기다리게 한다. 하지만 희망은 먼 미래의 종국 때에 다가올 피안만을 바라보고 기다리는 기다림이 아니다. 몰트만은 희망에 의한 기다림은 이 땅과도 결별하지 않는다고 말한다.

> 루드비히 포이에르바하(Ludwig Feuerbach)가 말했다시피, 희망은 "우리의 무덤 너머에 있는 하늘의 피안 대신에 우리의 무덤 너머에 있는 이 땅의 피안, 즉 역사적 미래, 인류의 미래를 지시"하기 때문이다(Das Wesen der Religion 1848). 그리스도의 부활 안에서 희망이 인식하는 것은 하늘의 영원이 아니라 그의 십자가가 서 있는 이 땅의 미래이다. 그리스도 안에서 희망은 그가 죽기까지 사랑한 바로 그 인류의 미래를 인식한다. 그러므로 인류에게 십자가는 이 땅의 희망이다. 그러므로 이 희망은 몸으로 순종하기 위해 투쟁한다. 왜냐하면 희망은 몸의 부활을 기다리기 때문이다. 그러므로 이 희망은 파괴된 땅과 고통을 당하는 인간들을 온유하게 받아들인다. 왜냐하면 인류에게 땅의 나라가 약속되어 있기 때문이다. ··· 희망하는 자에게 그리스도의 부활은 시련을 당하고 죽어야 하는 생명에게 위로일 뿐만 아니라, 고통과 죽음, 억압과 굴종, 악의 사악함에 맞서는 하나님의 저항이기도 하다. 희망하는 자에게 그리스도는 단지 고난 가운데서 누리는 위안일 뿐만 아니라 고난에 맞서는 하나님의 약속의 저항이기도 하다. ··· 그러므로 신앙이 언제나 희망으로 전개되는 곳이라면, 그곳에서 신앙은 평안하게 만들기보다 불안하게 만들며, 참을 수 있게 만들기보다는 참을 수 없게 만든다. ··· 하나님의 평화는 세상과의 불화를 의미한다. 왜냐하면 약속된 미래의 가시가 성취되지 못한 현재의 살 속으로 가차 없이 파고들기 때문이다.[42]

---

42 위르겐 몰트만, 『희망의 신학』, 27-28. 포이어바흐가 말하는 신(神)의 개념은 인간의 갈망이다. 그가 말하는 희망은 더 나은 미래에 대한 갈망의 상(像)인 셈이다. 루트비히 포이어바

기다림은 내용을 가지고 있다. 희망하는 것에 약속된 것을 기대하는 일이다. 하나님께서 당신의 백성들에게 약속을 주셨음에도 기대하지 않는 것, 달리말해 신뢰하는 않는 것은 죄다. 사람으로 죄인 되게 만드는 것은 어떤 악이 아니라 희망하지 않는 일이다. 주신 약속을 기대하지 않고 신뢰하지 않는 것은 희망상실이라는 죄에 속한다. 기다림, 즉 희망하기를 멈추는 것은 기독교신앙의 전부를 잃어버리는 것에 다름 아니다. "희망과 기다림은 많은 사람들을 바보로 만든다."[43] 바보가 되기 싫어하는 사람들은 기다림 대신에, 현실의 기반 위에 만족하면서 살기를 원한다. 하지만 이러한 희망의 상실로 19세기 독일 관념주의(Idealismus)의 오만과 부조리에 빠지게 되었다고 말한다.

삶의 권태(taedium vitae), 겨우 꾸려나가는 생활만이 남게 된다. 비(非)종말론적이고 부르주아적인 교회가 만든, 그래서 더 이상 그리스도교적인 세계라고 할 수 없는 부패한 사회에서는 무기력(acedia)과 권태(tristesse)만큼, 그리고 빛이 바랜 희망을 가지고 계몽하거나 교묘히 장난하는 것만큼 보편적으로 볼 수 있는 행동 양식은 거의 없다. 하지만 희망이 새롭고 신기한 가능성의 원천이 되지 못할 때, 사람들이 가진 가능성들을 가지고

....

히, 『기독교의 본질』, 김쾌상 역(서울: 까치, 1992), 284-85. "신은 단지 전개되지 않은 천국에 지나지 않으며 실제의 천국은 전개된 신이다. 현재에는 신이 천국이며 장래에는 천국이 신이다. 신은 천국의 보증이며 그 현존이며 실존이다. 그러나 이 천국의 현존과 실존은 아직은 추상적인 현존이며 실존이다. 신은 또한 천국의 선취이며 압축이다. … 신이란 나의 소망과 감정에 일치하는 실존이다. 신은 정의로운 사람이며 나의 소망을 충족시켜 주는 자애로운 사람이다. … 천국이란 나의 소망이나 동경에 일치하는 존재이다. 따라서 신과 천국 사이에는 아무런 구별도 존재하지 않는다. 신이란 인간으로 하여금 그의 영원한 행복을 실현하게 만드는 힘이다. 즉 신이란 모든 개별 인격의 행복과 불사의 확실성이 발견되는 절대적 인격성이다. 바꿔 말하면 신이란 인간이 자기의 본질의 절대적 진실성에 대해 가지고 있는 최고의, 궁극의 확실성이다."
43 위르겐 몰트만, 『희망의 신학』, 31.

놀이하는 무의미하고 풍자적인 유희는 결국 지루함으로 끝나거나, 부조리를 폭로하는 것으로 그치고 만다.[44]

희망의 상실은 곧 기독교신앙의 전부를 잃어버리는 것에 다름이 아니다. 희망은 역사적 현실을 바꾸어가는 동력이고, 힘인 까닭이다. 희망은 움직이는 역사적 현실의 가능성을 선취해 나가며, 자신의 몸을 던져서 역사적 과정을 결정해 나간다. 그러므로 미래의 희망과 그 선취는 침울한 삶을 비추는 희미한 불빛이 아니라, 모든 것을 움직이고 변혁하는 참된 가능성의 지평을 현실적으로 파악하는 것이다.[45] 블로흐와 같이 희망은 가능성으로 멈추지 않고, 선명한 확신의 희망을 가질 수 있는데, 그 근거는 바로 하나님과 그분의 약속에 있다. 시간에 매이지 않으시는 영원한 하나님께 있다.

야웨(JHWH)는 무엇보다도 먼저 자신의 현존과 나라를 약속하시고 미래의 전망을 제공하시는 하나님의 이름으로서 '미래를 존재의 속성으로 지니시는' 하나님, 약속의 하나님, 현재로부터 미래로 탈출하시는 하나님, 자신의 자유로부터 미래와 새로움을 공급하시는 하나님이다. 그분의 이름은 '영원한 현재'를 푸는 암호가 아니며, '엘'(EL), '당신은 존재하신다'라고 일컬어 질 수도 없다. 그분의 이름은 길(Weg)의 이름이요, 새로운 미래를 여는 약속의 이름이다. 그분의 약속은 미래의 지평을 드러내기 때문에 그분의 진리도 역사 속에서 경험된다. 그러므로 바울이 말한 대로 그분은 "죽은 사람들을 살리시며 없는 것들을 불러내어 있는 것이 되게 하시는"(롬 4:17) 하나님이다.[46]

----

44 위르겐 몰트만, 『희망의 신학』, 31.
45 위르겐 몰트만, 『희망의 신학』, 32.
46 위르겐 몰트만, 『희망의 신학』, 38.

　몰트만의 희망은 역사를 뚫고나가는 일에 있어 사람들의 변혁적 삶을 간과하지 않는다. 희망은 동력이며, 삶과 주변을 바꾸는 힘이다. 하지만 종국의 희망, 성경적 종말을 견지한다. 그의 기다림은 모든 미래와 완성의 권세가 하나님께 있음을 인정하는 일이다. 몰트만은 말한다.

　다른 한편으로 인간이 변혁 가능한 현실을 역사로 경험한다고 해서, 인간적 주체가 역사를 자신의 마음대로 만들어갈 수 있는 것은 아니다. 세계는 그의 희망의 하나님에 의해 변혁될 수 있으며, 바로 그런 한에서 이 희망에 의해 움직이는 순종에 의해서도 변혁될 수 있다. 그러므로 세계 변혁의 주체는 하나님의 희망의 영이다. 역사에 대한 그의 경험과 기대는 그가 신앙하는 하나님의 미래의 약속에 의해 열려지고 매인다.[47]

　몰트만은 확증된 미래에 대한 희망이 있다. 그 희망을 소급할 수 있는 근거가 확보된 셈이다. 반면 블로흐는 미래가 양자택일의 가능성에 머물러 있다. 확증되지 않는 미래를 소급하기 보다는 미래에 대한 기대, 가능성에 대한 희망으로 보아야 한다. 소급하기에는 불확실한 미래 탓으로 몰트만의 선취의식과 차이를 지닌다. 세계과정의 진행으로 현재의 어둠을 뚫고서 나아갈 실현될 유토피아의 꿈은 지녔다. 그 미래를 바라보고 희망함으로써 현실을 바꾸는 동력들을 얻는다고 말하지만, 어디까지는 가능성에 머문다. 몰트만처럼 확증된 하나님의 나라에서 길어내는 현재에로의 미래소급과 차이를 낸다.

　희망의 근원이 예수 그리스도께 있는 까닭이다. 예수 그리스도가 우리의 미래이고, 희망이다. 그리스도의 부활은 인간의 부활과 연관된다. 그리스도의 부활과 연합한 성도들은 새로운 희망으로 다시 산다. 그리

---

47 위르겐 몰트만, 『희망의 신학』, 313-14.

스도의 부활의 사람의 새로운 탄생과 깊이 엮여있다. 인간은 하나님의 미래와 관계하고, 미래는 우리의 희망이 된다. 예수 그리스도가 미래 희망이라는 사실은 미래에 대한 기대를 가지게 한다. 이 기대와 희망은 먼 미래로 던져져 있지 않고, 하늘에서와 같이 땅에서도 이루어지기를 기대하게 한다. 우리가 사는 세상은 미래희망의 세상과 모순관계 속에 놓여 있다. 희망은 우리로 모순의 세상과 투쟁하게 하고, 약속을 따라 저항하며 살아가는 삶을 가능하게 만든다. 이는 세계사적이고 선교적 사명에로의 소명(召命)이 발생하는 장소이기도 하다.

'모든 민족들을 향한' 세계사적인 사명 아래서 이루어지는 경험이다. 그리스도교적 역사의식은 하나님의 역사 계획에 대한 신비한 지식 속에서 수천 년 역사의 흐름을 의식하는 것이 아니라, 하나님의 위임에 대한 지식 속에서 사명을 의식하는 것이다. 그러므로 그리스도교적 역사의식은 구원받지 못한 세계의 모순과 십자가의 표지를 의식하는 것이다. 그리스도인의 사명과 희망은 바로 이런 모순과 표지 안에 있다. 그리스도의 부활 현현은 소명(召命)이 일어나는 현현이다. 그럼으로 그 속에서 예수 그리스도를 인식하는 것과 자신의 사명을 인식하는 것은 동시적으로 일어난다.[48]

그리스도를 믿는 신앙은 확신에 찬 희망을 가지는 일이다. '기다림'은 단순히 넋을 놓고 기다리는 수동적인 태도가 아니다. 확신의 시선으로 미래를 응시하면서 준비하는 삶이다. 몰트만은 오시는 그리스도를 기대하는 우리의 삶을 약속의 성취를 능동적으로 기다리며 깨어 있는 것이라고 말한다.

....

48 위르겐 몰트만, 『희망의 신학』, 216.

우리가 부활의 신앙을 갖고 있다면 우리의 신앙은 곧 그리스도 신앙이기도 한 것입니다. 신앙이란 부활하신 그리스도의 현재 가운데 사는 것이며 "하늘의 뜻이 땅에서 이루어지듯" 다가오는 하나님의 나라를 향해 확장되는 것입니다. 오시는 그리스도를 기대하는 가운데 우리는 모든 일상의 경험을 만들어갑니다. 우리는 기다리며 또 성급하게 서두르기고 하고 기대하면서 참기도 합니다. 우리는 간구하면서 그 일이 성취되도록 깨어 있습니다. 왜냐하면 결국 우리가 아는 대로 우리 자신은 날마다 기다려지는 존재이며 우리가 죽는다면 그리스도께서 요단 강 너머에서 우리를 영원한 삶으로 인도하실 것이기 때문입니다.49

몰트만은 희망의 중요한 근거로 예수 그리스도의 부활에 주목했다. 부활안에는 죽음이라는 어둠의 현실을 넘어서는 승리가 있다. 더불어 미래에 완성될 하나님 나라의 완성이라는 종말론의 핵심이 담겨있다고 보았다. 부활은 곧 종말의 완성의 보증인 셈이다. 확실한 희망의 근거가 부활 안에 있다. 완성될 나라를 기다림은 수동적이고 폐쇄적인 삶이 아니라 열린 미래를 향한 적극적인 삶을 가능하게 만든다고 보았다. 보장되지 않고 확신할 수 없는 가능성에 근거한 개방성이 아니라, 부활의 보증 아래에서 희망을 소급하여 누리며 전진하게 하는 희망이다.

기독교적 하나님 나라

미래에 대한 희망은 현재의 삶에 깊은 영향을 주는 연속성을 가졌

....

49 위르겐 몰트만, "희망의 하나님, 미래를 위한 삶" 「기독교사상」vol. 48 No. 7, (2004), 22.

다. 종교개혁자들과 칼뱅은 현실 삶에 대한 구체적인 구조개혁과 변혁을 이야기한다.[50] 공공신학에 강조는 20세기에 들어 발생한 희망의 담론이 아니다. 구약성경에서 말하고 있는 희망의 의미는 결코 개인적이고 밀실적인 희망이 아니었다. 역사적 종말과 희망에 대한 이야기며, 이스라엘과 열국에 대한 미래의 희망이었다. 희망의 미래를 위한 정의와 사랑에 대한 외침들은 구약의 선지자들의 외침에 가득하다.

초대교부 시절 플라톤의 영향을 깊숙하게 받은 오리게네스는 하나님의 나라는 성도의 영혼 안에서 점진적으로 세워진다고 보고, 현세적이고 물리적인 천년왕국과 같은 소망을 거절했다.[51] 이와 달리 에우세비우스(Eusebius)는 하나님 나라를 종말론적인 미래의 우주적 사건이 아니라 로마의 황제, 콘스탄티누스 황제가 통치 아래 머무는 교회의 성장과 발전으로 파악했다.[52] 이레나이우스는 이 땅에서의 성도들의 걸음을 새 하늘과 새 땅이라는 최종적인 초월상태에 이르기 위한 영혼

----

50 임종구, 『칼빈과 제네바 목사회』(서울: 부흥과 개혁사, 2015). 임종구는 6장 제네바와 칼빈 (185-230)에서 신학에 근거한 이상적인 도시국가 건설을 위한 구체적인 칼빈의 작업들을 설명하고 있고, 11장 목사회 신학(377-455)에서 루터와 구별되는 제네바 도시를 위한 신학과 이론적 내용들을 성경에 바탕하여 정돈하고 국가와 교회, 공직자와 직분자의 관계를 상세하게 정리하여 실천하는 모습을 그려내고 있다. 안인섭, "칼빈의 국가론"「칼빈탄생 500주년기념 칼빈신학개요Ⅰ」(서울: 두란노아카데미, 2009), 181-203. 안인섭은 교회의 정치참여에 대한 칼뱅의 입장을 소극적으로는 국가에 순종하고, 국가의 양심의 기능을 담당하는 일과 함께, 적극적으로는 불의한 국가권력에 대한 불복종과 사회복지사업의 역할로 정돈하고 있다. 이은선, "칼빈의 정치사상"「칼빈탄생 500주년기념 칼빈신학개요Ⅱ」(서울: 두란노아카데미, 2009), 247-66. 이은선은 칼뱅의 정치사상이 루터와 츠빙글리보다 진전된 견해이며, 로마교회와 재세례파와 구분되는 개혁파 정치신학의 지형을 형성했다고 평가하고 있다. Inst. Ⅳ. 20. 1-32에서 칼뱅은 국가와 교회 모두가 하나님의 권위에서 나오는 두 기관임을 설명하고 있고, 권력에 대한 성도의 태도가 어떠해야 할지, 하나님의 권위 아래서 복종해야할 것과 불의에 항거할 내용을 정리하고 있다.
51 리처드 미들턴, 『새 하늘과 새 땅』, 431.
52 리처드 미들턴, 『새 하늘과 새 땅』, 431.

형성의 계곡, 궁극적 목표의 상태에 이르기 위한 준비과정으로 파악했다.53 교부들의 담론들을 종합한 아우구스티누스는 교회는 지금도 분명히 하나님의 나라이지만, 아직은 완전한 본향에 이르지 아니하였으며, 이 세상을 통과해가는 순례의 여행 중에 있으며, 역사 내내 세상과 갈등하는 관계에 놓여 있다고 보았다.54

종교개혁자들은 대체적으로 극단을 피하는 온건하고 중립적인 입장을 취했다. 중세 후기 스콜라주의의 종말론적 관심은 역사적 종말보다는 개인의 종말에 중점을 두었다. 종교개혁자들은 천년왕국의 교회적 실현이나 극단적 이원론의 태도를 거절했다. 루터가 십자가 중심의 신학으로 역사 안에서 하나님의 나라의 즐거움을 누리는 것에 소극적이었던 것처럼, 칼뱅 역시도 하나님의 나라의 회복은 영적인 회복으로 물리적인 변혁을 바라는 입장은 아니었다. 칼뱅은 교회는 참된 하늘의 본향을 향해 걸어가는 순례자의 길, 여행의 노정에 있다고 파악했다.55 토마스 뮌처나 급진적인 천년왕국론자들56에 반대했지만, 성도의 삶과

---

53 리처드 미들턴, 『새 하늘과 새 땅』, 435-36.
54 413년에 저술된 아우구스티누스의 『신국론』은 로마제국의 쇠락을 보면서 겪게 된 충격과 이로 인한 신학적 대응의 필요성에 의해 저술되었는데, 현실적 하나님의 나라에 대한 관점에서 상당히 소극적인 모습으로 밀려났다고 보여진다.
55 Inst. II. 16. 14. H. 퀴스토르프, 『칼빈의 종말론』, 이희숙 역(서울: 성광문화사, 1986), 153 이하. 칼뱅의 종말론은 그리스도의 부활과 밀접하게 연관되어 있다. 재림의 소망은 본질적으로 부활의 소망이기 때문이다. 이미 선취적으로 일어난 그리스도의 부활은 성도의 종말론적 소망이라고 파악할 수 있다. 칼뱅 당시에 일어난 광신적인 현세에 천국을 이룩하고자하는 천년왕국운동에 대해 비판적이었다.
56 김균진, 『종말론』(서울: 민음사, 1998), 181-211. 김균진은 종말론의 내용 중 천년왕국에 관련된 부분을 역사적으로 잘 정돈해 놓았다. 요한계시록 20장에 근거하여 출발된 천년왕국론은 로마제국이 기독교를 공인했던 4세기에 종적을 감추었다. 천년왕국과 교회를 동일시한 까닭이고, 이로 인해 종말론적 희망이 상실되었다고 말한다. 1000년의 망각기간 이후에 요아힘 폰 피오레에 의해서 천년왕국론은 부활했고, 13~14세기 프란시스파 영성주의자들의 부패한 교회개혁의 근거로 작용했다. 하지만 아우구스티누스가 그랬던 것처럼 토마스 아퀴

윤리에 대해서 간과하지 않았다. 인간의 타락에도 불구하고 문화일반의 재능들이 하나님의 일반은총으로 말미암은 것임을 인정했다.57 칼뱅은 교회의 개혁뿐 아니라 제네바의 사회구조 개혁에도 관심을 기울였다.58 이후에 일어난 청교도들도 공공적인 부분에서 적극적인 입장을 표명했다. 16, 17세기 신앙고백서 특별히, 웨스트민스터 대요리문답59에서 공공신학적의 토대로써 신앙고백서의 역할을 잘 살펴볼 수 있다.

　　웨슬리(J. Wesley)는 종말론에 크게 관심을 기울이지 않았다. 웨슬리의 주요관심은 인간의 영혼 구원문제에 집중되어 있었다. 성도들의 현재 삶은 도래할 천국의 삶을 위한 준비과정이며, 이 땅을 사는 이방인이자 여행자의 삶으로 생각했다.60 19세기의 철학적 종말론의 경향은 블로흐에게도 깊은 영향을 끼친 칸트로부터 시작된다. 칸트가 이해한

나스도 천년왕국론을 부정하고 이단으로 정죄했다. 루터 역시 과격한 농민들과 뮌처에 대항해서 천년왕국설을 거절했고, 그 이후 개신교회에서 배척되어오다 18세기 후반에 경건주의자들과 종교사회주의자들을 통해서 다시 고개를 들게 되었다. 국가교회들은 하나님의 정의와 평화의 나라고 올 것이라는 천년왕국의 희망을 용납할 수 없었던 까닭인데, 이를 근대무신론을 대신 자리를 메우게 되었고, 이는 천년왕국적인 유토피아적 이상을 실현하려는 사상운동으로 드러났다. 천년왕국에 대한 보다 상세한 내용은 G. C. Berkouwer, *The Return of Christ*, Translated by James Van Oosterom, Edited by Marlin J. Van Elderen (Kampen: Wm. B. Eerdamans Publishing Co., 1972), 291-322를 참고하라.

57 Inst. II. 2. 14.

58 칼뱅의 말씀으로의 회복은 교회 개혁만이 아니라 사회구조의 개혁, 더 근본적으로는 하나님의 형상으로의 인간의 회복에 대한 깊은 관심을 드러내었다. 이는 교육과 제도에 대한 관심과 노력으로 드러났다. 칼뱅의 사회개혁에 대한 관심에 대한 광범위한 논의는 로날드 S. 월레스의 『칼빈의 사회개혁사상』, 박성민 역(서울: 기독교문서선교회, 1995)을 참고하라.

59 웨스트민스터 대요리문답 124-26문답에서 5계명을 해설하면서, 부모와 이웃어른에 대한 태도를 설명한 다음, 5계명의 제유적 해석에 따라 127-32문답에서 사회질서와 위에 있는 통치권자에 대한, 국가에 대한 태도가 어떠해야 할지를 상세하게 정리하고 있다. 대요리문답의 내용은 실제로 사회적 약자의 인권신장과 노예해방에 대한 근거를 제공했고, 오늘날에도 사회질서 가운데 어떻게 살 것인가에 대한 길들을 제시하는 역할에 도움이 될 것이다.

60 이신건, 『종말론의 역사와 주제』(서울: 신앙과지성사, 2011), 88-90.

하나님의 나라는 윤리적 사회가 완성되는 사회이상이다. 누가복음 17:21절에서 말하는 대로 "하나님 나라는 눈에 보이는 것이 아니라 너희들 가운데 있다."는 가르침대로 인간의 노력을 통해서 실현될 나라로 파악했다.61 헤겔이 말하는 하나님 나라는 역사철학에 근거하여 성부의 나라, 성자의 나라, 성령의 나라로 이어지며, 역사는 곧 그리스도의 재림으로 파악했다. 국가는 개인의 전체성이며, 땅 위에 세워진 하나님 나라의 실현이자 신적인 이념으로 보았다. 헤겔이 생각하는 종국은 교회가 국가 안에서 소멸되어 교회에서 국가적 형태로 발전함으로 하나님의 나라가 실현되리라고 보았다.62

슐라이어마허(Friedrich. D. E. Schleiermacher)도 하나님의 나라의 실현은 인간본성의 도덕적 완전실현과 관계된 발전과정으로 보고, 하나님의 나라를 진보하는 인류의 마지막 상태로 보았다.63 리츨(A. Ritschl)은 칸트와 슐라이어마허의 하나님 나라 개념에 영향을 받아 윤리가 실행되는 곳에 하나님 나라의 통치가 임하고 있다고 보았다. 교회는 윤리실천의 삶을 살아가도록 고무되는 교화소이며, 국가질서도 하나님 나라를 실현하는 수단에 불과하다. 그리스도와 함께 하나님 나라는 세계 내적인 현실이 되었으나, 인간의 부도덕과 죄악으로 인해 점진적으로 실현될 먼 미래에 완성될 것으로 내다보고 있다.64

현대로 접어들어 바이스(J. Weiß)는 앞선 윤리적 특징의 하나님 나라의 이해에 대항하여 철저한 종말론과 미래적이며 묵시적인 종말론을 강조하며 하나님 나라의 초월성을 강조했다. 슈바이처(A. Schweitzer)는 바이스의 견해를 더욱 철저하게 밀고나갔다. 예수가 선포한 하나님 나

---

61 이신건, 『종말론의 역사와 주제』, 103-104.
62 이신건, 『종말론의 역사와 주제』, 104-106.
63 이신건, 『종말론의 역사와 주제』, 107-108.
64 이신건, 『종말론의 역사와 주제』, 108-10.

라는 철저히 미래적인 나라로 보았다. 이와 달리 다드(C. H. Dodd)는 그리스도의 복음 선포와 함께 하나님 나라의 도래를 크게 강조하여 현재적 면만을 강조하는 데 경도되었다가 예레미아스(J. Jeremias)의 비판을 수용해서 하나님 나라의 미래성까지 수용하게 된다. 불트만(R. Bultmann)은 실존주의 철학자 하이데거(M. Heidegger)의 철학개념을 도입하여 실존적 종말을 주장했다. 매 순간은 하나님 나라의 종말론적 순간의 가능성을 내포하고 있는 것으로 보았다. 이어 등장한 쿨만(O. Culmann)은 '철저한 종말론'과 '실존적 종말론'을 중재했고, 예수 그리스도를 시간의 중심으로 파악하며, '이미'(already)와 '아직'(not yet)로 설명한다. 그리스도의 사역으로의 성취와 아직 남은 승리의 날을 기대하고 있는 것으로 파악했다.[65]

바르트(K. Barth)는 종말론을 몇 차례 수정했다. 예수 그리스도로부터 시작된 하나님 나라는 우리 시대로 파고들어와 완성을 향해 나아간다고 보았다가 견해를 수정하는데, 역사의 시간들 사이로 수직적으로 개입해 들어오시는 하나님의 창조적인 행동으로 수정하여 종말은 모든 현실 속에 현존하고 있다고 보았다.[66] 하지만 나중에 바르트는 교회교

······································

65 이신건, 『종말론의 역사와 주제』, 111-17. 오스카 쿨만, 『국가와 하나님의 나라』, 민종기 역(서울: 여수룬, 1999), 98. 쿨만은 교회가 이미와 아직 사이에 놓여 있는 종말론적 시각을 망각할 때, 국가에 대한 잘못된 태도를 취해왔다고 말한다. 그는 국가에 대한 교회의 역할을 세 가지로 이야기한다. "첫째로, 교회는 국가에게 그것의 존재를 위해 필요한 모든 것을 충실히 바쳐야 한다. 교회는 자신의 지위 내에서 무정부 상태와 모든 열심당주의를 반대해야 한다. 둘째, 교회는 마땅히 국가에 대한 야경꾼의 임무를 완수해야 한다. 그것은 교회가 모든 국가에 대해 원칙적으로 비판적이어야 하며, 국가가 적법한 자신의 한계를 벗어나는 것을 경고할 각오가 되어 있어야 함을 의미한다. 셋째로, 교회는 종교 이데올로기적 월권의 범위에 있는 국가의 어떠한 요구라도 반대해야 하며, 아울러 그 요구가 한계를 넘어서는 국가를 반드시 부정해야 한다. 교회는 설교를 통해서 이 월권이야말로 하나님에 대한 적대행위임을 용감하게 말해야 한다."

66 K. Barth, *Der Römerbrief. Sechster Abdruck der neuen Bearbeitung*(München: Chr.

의학에서 종말론을 완전히 수정한다. 하나님 나라는 예수 그리스도 안에서 세워진 지배이며, 하나님의 통치로 보았다. 곧 예수 그리스도께서 인격으로 이 땅에 오신 하나님 나라인 셈이다.67

폴 틸리히(P. Tilich)는 초기 바르트의 주장처럼 종말을 영원과 시간의 변증법적 개념으로 이해했고, 과거와 미래는 현재 속에서 만나는데, 과거와 미래는 영원한 '현재'에 포함되어 있다고 파악한다. 미래적 차원의 하나님 나라를 상실하지 않으면서, 현재적으로 경험하는 하나님 나라를 말한다.68

판넨베르크(W. Pannenberg)는 역사를 세속사와 구속사를 구분하지 않고 모두를 보편사의 범주에 포함시켰다. 믿음 없이도 역사는 인식할 수 있기 때문이다. 역사의 종말은 예수 그리스도 안에서 선취되었으며, 예수의 복음 선포는 곧 하나님 나라의 예기(豫期)로 보았다. 하지만 그리스도의 복음은 최종적인 계시의 선취로 파악된다. 예수 그리스도는 종말의 하나님 나라의 계시자이자, 그리스도의 부활은 곧 하나님 나라의 도래로 파악했다.69

몰트만도 종말을 신학의 마지막 내지 부록으로 파악하지 않고 기독교신학의 시작이라고 강조한다. 몰트만은 판넨베르크의 보편사 신학이 결국 형이상학적으로 귀결되는 것을 한계로 적시하면서 희망신학을 전개해 나간다.70 그리스도인의 희망의 내용은 부활하신 그리스도의 미

Kaiser Verlag, 1933), 481. 이신건, 『종말론의 역사와 주제』, 118-19에서 재인용.

67 K. Barth, *Kirchliche Dogmatik IV/2*(Zürich: EVZ-Verlag, 1955), 743 이하. 이신건, 『종말론의 역사와 주제』, 119-20에서 재인용.

68 이신건, 『종말론의 역사와 주제』, 120-21.

69 정용섭, 『말씀신학과 역사신학』(서울: 한국신학연구소, 1995), 111 이하를 참고하라.

70 이정배, "몰트만의 '희망의 신학'의 빛에서 본 창조론, 그 의미와 한계", 74. 몰트만은 판넨베르크가 예수의 부활사건을 마지막 예기(Anticipation)하는 기독교 신앙의 표준이라 말하고, 인류의 종말이 부활을 통해 아직은 현실이 아니지만, 예수에게서 미리 선취되었다고 말함으

래이다. 약속의 형태는 그리스도의 말씀과 고난 그리고 죽음을 통해서 결정되었다.[71] 그리스도의 말씀은 언약의 언어로 '그리스도와 그의 미래'에 대해 말한다. 역사는 그의 약속을 통해서 열려진 현실이다. 아직 실현되지 않았지만 미래의 지식은 희망의 지식으로 그리스도의 십자가와 부활의 사건을 통해서 열려져 있다. 십자가와 부활이 지닌 경향성과 잠재성을 이해하려고 애쓸 때, 미래의 지식은 열린다.[72] 그리스도의 부활에서 그리스도의 종말론적 미래를 보여주며, 함께 우리의 희망의 미래를 견고하게 내다보게 한다.

십자가에 달렸던 그리스도의 부활 현현은 한편으로는 희망하고 선취하는 의식(意識)을 일으키며, 다른 한편으로는 존재를 비판하고 고난을 감수하는 지식을 일으키는 영원한 자극제가 된다. 왜냐하면 이 '현현'은 그리스도에게서 일어난 사건의 종말론적인 미래를 보여 주기 때문이며, 그래서 이 사건의 미래적인 계시를 추구하고 묻게 하기 때문이다. 그러므로 그리스도에 대한 지식은 그의 미래, 즉 그가 어떤 자가 될 것인지에 대한 선취적이고 잠정적이며 부분적인 지식이 된다. 이런 의미에서 그리스도의 모든 칭호는 메시아처럼 미래를 미리 지시한다.[73]

원시 기독교가 선포한 메시지는 명확하다. 그리스도의 보편적 미래에 대한 희망은 언제나 '부활'에 근거해 있다. 부활한 그리스도에 대한 인식은 모든 민족에서 선교적 사명을 수행하게 하는 동력이 된다. 부활

로, 역사의 마지막을 종말로 파악하는 바르트와 구별되지만 보편사적 시각을 가진 판넨베르크도 궁극적으로 역사형이상학으로 귀결되고 말았다고 비판한다.

71 위르겐 몰트만, 『희망의 신학』, 223.
72 위르겐 몰트만, 『희망의 신학』, 223.
73 위르겐 몰트만, 『희망의 신학』, 223-24.

이 없는 기독교 신앙이란 존재할 수 없다. 십자가에 달린 예수를 하나
님께서 죽은 자들 가운데서 다시 살리셨다(행 2:24, 3:15, 5:31, 고전 15:3).
그리스도인들은 이 일에 대한 증인들이며, 죽음에 굴복하고 무(無)의
공포에 노예 된 사람들을 자유롭게 하는 생명의 미래가 되셨다. 종말론
적 희망은 부활의 케리그마 안에 묶여있다.74

예수의 십자가 경험은 하나님께 보냄(보내심) 받은 자가 하나님께 버
림당하는 경험이다. 하나님조차 삼켜버리는 절대적 허무(虛無)의 경험
이다. 십자가의 허무를 당한 그리스도가 다시 부활한 분으로 경험되는
것은 하나님의 가까이 오심을 경험하는 일이다. 죽음과 생명, 허무와
전체, 하나님의 부재와 존재의 두 가지 경험은 철저한 모순관계이다.
절대적 모순으로 보이는 둘이 그리스도라는 동일인물 안으로 통합되어
졌다. 예수는 십자가와 부활, 하나님의 부재와 존재의 전적 모순 속에
서 자신의 동일성과 연속성을 계시하였다.

부활한 주를 만난 제자들의 경험은 전혀 다른 예수가 아니라 십자가
에 달렸던 예수를 만난 경험이었다. 십자가와 부활이라는 비연속성과
전적 모순 속에 그리스도는 동일성을 드러내고 있다.75 몰트만은 십자
가와 부활 안에 있는 그리스도의 동일성은 '십자가와 부활의 변증법'과
결합되어 있다 말한다.

예수의 동일성은 오직 십자가와 부활 안에 있는 동일성으로 이해되어야
하며, 그것을 넘어서는 동일성으로 이해되어서는 안 된다. 그리고 예수의
동일성은 십자가와 부활의 변증법(Dialektik)과 분명히 결합되어 있다. 그
렇다면 십자가와 부활의 모순은 그의 동일성에 속해 있다. 그렇다면 부활

----

74 위르겐 몰트만, 『희망의 신학』, 184.
75 위르겐 몰트만, 『희망의 신학』, 218-19.

은 십자가의 의미로 축소될 수 없으며, 십자가도 부활의 전단계(前段階)로 축소될 수 없다. 형식적으로 예수의 동일성은 오직 모순을 통해서만 존재하는 변증법적 동일성이며, 십자가와 부활의 변증법은 동일성 속에 있는 변증법이다.[76]

십자가와 부활의 현현을 통해서 가리키는 것은 하나님의 신실함이 드러내는 종말론적인 사건이다. 약속에 대한 보증이요, 성취의 개시(開始)로 파악되어야 한다. 그리스도의 미래는 만물 가운데 드러날 하나님의 종말론적인 계시에 종속된다. 그리스도의 부활을 통해서 우리는 보편적인 성취를 기대할 수 있는 종말론적인 사건을 본다. 부활의 현현 안에서 예수는 자신을 오고 있는 자와 동일시하며, 십자가와 부활 안에 있는 자신의 동일성은 오고 있는 사건에 대한 방향과 길을 제시하고 있다.[77] 하나님의 생명이 죽음을 이기신 사건으로 종말론적 통치가 약속의 보증으로 드러난다. 십자가와 부활의 변증법은 만물의 종말에 이르러서야 비로소 지양되고 종합될, 열린 변증법이다.[78]

의(義)는 하나님의 약속과 신실함을 통해서 이루어지는 역사적인 사귐을 표현한다. 이스라엘이 하나님의 의를 찬양함은 역사 가운데 실증된 하나님 약속의 신실함에 대한 감사다.[79] 언약의 신실함을 보이되 이스라엘의 역사 가운데 사건들로 드러내었다. 그러므로 우리는 하나님의 의와 생명의 미래를 말할 수 있다. 언약에 신실한 하나님의 구원을 기대하고 희망할 수 있다. 하나님과의 약속과 언약에 따라 하나님의 의로움을 신뢰함으로, 하나님의 언약관계 속에서 의로움을 얻게 된다.

----

76 위르겐 몰트만, 『희망의 신학』, 220-21.
77 위르겐 몰트만, 『희망의 신학』, 221.
78 위르겐 몰트만, 『희망의 신학』, 222.
79 위르겐 몰트만, 『희망의 신학』, 224.

역사의 사건으로 드러내는 하나님의 의를 통해 신실함을 보게 되고, 하나님의 의에 바탕하며 우리를 포함한 만물의 미래에 대한 희망의 토대를 얻을 수 있다.

하나님의 의는 자유 속에서 자신의 계명과 말씀, 활동에 대해 신실하시고 언제나 변하지 않으시는 하나님의 모습을 표현한다. 하나님의 행동 덕분에 살아가는 모든 것, 즉 온 피조물은 하나님의 의를 필요로 한다. 하나님의 의는 온 피조물의 생존의 총체요, 그 존립의 근거이다. 그분의 의와 신실함이 없이는 아무것도 존립할 수 없으며, 모든 것은 허무 속으로 빠진다. 그러므로 하나님의 의는 보편적이다. 그것은 생명을 의롭게 하고, 만물의 존재 근거가 된다. 만약 하나님의 의로부터 자기 자신과의 올바른 관계, 자신의 동료와의 올바른 관계, 온 피조물과의 올바른 관계가 생겨날 수 있다면, 그것은 의의 미래로부터 만물의 새로운 상태를 기대하는 보편적이고 포괄적인 종말론의 총체가 될 수 있다.80

하나님의 의는 모든 것을 일으키고 새로운 창조를 바라게 하는 희망의 토대인 셈이다. 하나님의 의는 사건으로 드러나면, 종말론적인 사건에 대한 희망의 기대이다. 의에 반하는 죄는 불의, 근거 상실과 권리 상실, 존립할 수 없음으로 이해될 수 있다. 죄는 하나님에 대한 반항과 기만에 빠지는 것이고, 죽음, 허무의 나락에 떨어지는 것을 의미한다. 그러므로 예수의 십자가와 부활 안에서 드러나는 하나님의 의는 죄로 인해 깨어졌고, 죽음과 허무에 빠졌던 것에서 벗어나는 하나님과의 화해와 생명에 이르는 의를 포함한다. 의는 죽음의 운명을 극복하는 일이며, 죄가 용서되는 것을 의미한다.81

80 위르겐 몰트만, 『희망의 신학』, 225.
81 위르겐 몰트만, 『희망의 신학』, 227.

하나님의 의는 사건이며, 우리의 신앙과 세례의 한복판에서 현재적 사건으로 표시된다. 하지만 의의 완성은 아직 연기되어 있고, 마지막 날에 완성을 볼 것이다. 경향성, 즉 과정 속에 있는 우리들은 이 땅에서 약속된 선물을 받을 뿐 아니라 시련과 고난 속에서 단련의 한복판에서 항상 약속된 선물로 받는다. 하나님의 의는 약속과 완성의 사이, 즉 차이와 긴장을 알게 된다. 하나님의 의는 단지 계시된 선물일 뿐 아니라 의의 완성을 희망하는 믿는 자의 삶에서 역동적인 능력으로 발휘된다.[82]

칭의(稱義)란 하나님이 인간을 의롭다고 인정하는 사실을 의미하고 죄를 고백하는 가운데서 하나님의 의를 인정하는 것을 의미한다. 몰트만은 루터의 칭의의 사건에 대한 내용을 다루면서, 단지 죄인들의 칭의만을 다루지 않고 하나님의 주권과 정당하게 실현된 사실, 즉 하나님도 역시 의를 획득하신다는 것을 말한다.

하나님의 의는 선물과 능력이다. 그리고 신앙 안에서 그리스도와 사귐을 나누는 것은 죄인이 그리스도와 함께 죽는 것일 뿐만 아니라 그의 미래를 바라보면서 그의 통치 아래 살아가는 것이기도 하다. 바로 그렇기 때문에 칭의 사건은 모든 것을 포괄하는 하나님의 의의 회복의 서막(序幕)과 약속이다. 만약 하나님이 죄인을 의롭다고 인정하심으로써 자신의 의를 획득하신다면, 이와 같은 칭의는 그분의 만물 통치의 시작과 서광이다. 그리스도의 사건 안에 숨겨져 있는 하나님의 의는 새로운 존재의 전체성을 향하는 내적인 경향성을 지니고 있다. 의롭다고 인정을 받은 사람으로 몸으로 순종함으로써 이와 같은 경향성을 따른다. 순종을 위한 그의 투쟁과 세상의 불신앙 때문에 받는 그의 고난은 만물이 의롭게 될 미래를 지향한

82 위르겐 몰트만, 『희망의 신학』, 227.

다. 그러므로 이 투쟁은 오고 있는 하나님의 의의 단편과 서곡이다.[83]

하나님의 의는 약속일 뿐 아니라 그 약속은 하나님의 의 가운데 현재적으로도 주어진다. 이는 희망 안에서 파악되며, 우리로 완성을 기다리는 사람으로 의의 미래를 위해 섬기도록 만든다.[84]

죽음은 극복되어야 할 가장 큰 문제였다. 죽은 자들은 하나님과 분리되며, 하나님과의 생명의 사귐, 즉 의에서도 분리되었다. 하지만 하나님의 약속은 곧 생명을 의미한다. 죽음은 단순한 생명의 상실에만 있지 않고 하나님의 상실, 하나님께 버림받음에 있다. 죽음은 인간을 약속과 찬양에서 배제하고 이로써 하나님과 분리된다. 육체적인 종말만이 아니라 질병과 포로생활, 생명과 찬양에서의 분리다. 하나님과 멀리 떨어짐이요, 하나님이 멀리 떠나는 일이다. 언약백성들은 마른 뼈와 죽음의 골짜기라는 절망 상태 속에 있었지만, 새로운 생명의 약속을 예언자들을 통해서 들었다(겔 37:5). 생명의 약속을 들었다.[85]

부활은 자연스러운 회생(回生)이 아니라, 약속을 안고 죽은 자들에게 생명의 약속이 성취된 사건이다.[86] 절망과 죽음에서 승리하심을 드러낸 사건이다. "부활의 희망은 생명과 죽음을 만물의 무상함의 총체로서 허망하게 여김으로써 죽음의 숙명을 극복하는 것이 아니라, 찬양의 승리와 죽음에 대한 생명의 승리, 그리고 하나님에게 버림받은 저주에 대한 생명의 승리를 선포함으로써 그것을 극복한다."[87] 그리스도의 부활사건을 인정함은 희망과 기대 속에서 종말론적인 완성을 다가올 실

---

83 위르겐 몰트만, 『희망의 신학』, 228.
84 위르겐 몰트만, 『희망의 신학』, 229.
85 위르겐 몰트만, 『희망의 신학』, 230.
86 위르겐 몰트만, 『희망의 신학』, 231.
87 위르겐 몰트만, 『희망의 신학』, 232.

제사건으로 인정하는 일이다. 부활에 대한 인정은 다가올 완성의 생명과 경향성의 한복판에서 미래를 내다보며, 발생할 잠재성을 부활의 사건을 통해서 인정하는 일이다. 부활의 신앙은 종말론적 신앙과 나누이지 않는다. 우리로 희망을 따라 순종하도록 이끈다.

> 부활과 영원한 생명은 약속되어 있는 미래이며, 그래서 몸의 순종을 가능하게 한다. 모든 해위는 희망을 향해 자라나는 씨앗이다. 사랑과 순종도 몸의 부활의 미래를 향해 자라나는 씨앗이다. 영 안에서 새로운 생명을 얻은 자들은 순종 가운데서 사멸하는 몸의 부활을 향해 나아가고 있다. 약속이 성취를 애타고 갈구하듯이, 믿음이 순종과 보는 것을 애타고 갈구하듯이, 희망이 찬양을 받고 궁극적으로 완성되는 생명을 애타게 갈구하듯이, 그리스도의 부활도 성령 안의 생활을 애타게 갈구하며, 모든 것을 성취하는 영원한 생명을 애타게 갈구한다.[88]

희망의 신앙은 생명의 승리를 바라본다. 죽음의 숙명에 타협하거나 굴복하지 못한다. 몸의 죽음의 엄존 속에서도 몸의 부활을 기대하고 기다린다. 몸의 구원은 아직 일어나지 않았기에 몸의 구원을 기다린다. 온 만물이 허무의 세력 앞에 굴복하는데서 벗어나 자유하는 날을 갈구한다. 의와 생명의 미래를 희망한다.

종말론의 핵심은 의심의 필요 없이 '하나님의 나라'와 '하나님의 통치'다.[89] 우리는 하나님 나라의 미래를 기대한다. 하나님은 이스라엘을 이끄실 때에 약속을 통해 미래를 보여주심으로 통치하시고 이끄셨다. "하나님의 통치는 일차적으로는 인간의 자연적 환경에 대한 통치가 아

---

88 위르겐 몰트만, 『희망의 신학』, 234.
89 위르겐 몰트만, 『희망의 신학』, 237.

니라 약속의 땅으로 인도하는 것이다. 즉, 그것은 일회적으로 반복할
수 없는, 놀라운 새로운 목표를 지향하는 사건들 속에서 드러나는 역사
적인 통치이다."90

　부활한 그리스도는 십자가에 달렸던 바로 그 그리스도다. 십자가와
부활의 사건 안에는 예수는 자신을 동일한 분으로 드러낸다. 십자가와
부활의 모순이 그리스도 안에서 용해된다. "십자가에서 일어난 '하나님
의 죽음'의 밤으로부터, 자기 자신을 부정하시는 고통으로부터 하나님
은 약속의 하나님으로, 오고 계시는 하나님으로 경험된다."91 십자가에
죽으셨던 그리스도의 부활을 근거로 부활과 생명, 하나님 나라의 공의
를 추구하고 희망할 수 있게 한다. 그리스도인들은 그리스도의 미래에
동참하는 희망으로 인해서 세상과 타협할 수 없다. 그리스도의 미래에
동참하기에 현재의 고난에 참여할 수 있다. 그리스도의 부활은 하나님
의 나라의 미래에 대한 구체적인 표상(vorstellung)이다.92

　예수의 십자가와 부활의 경험은 하나님 나라를 종말론적으로 새롭
게 이해할 수 있게 한다. 초대 성도들은 십자가와 부활의 경험을 통해
'성취된 시간' 속에서 산 것이 아니라 미래를 희망하며 살았다. 그리스
도의 부활의 경험과 성령의 체험은 성취의 종말론을 초래했다. 부활과
성령의 오심은 아직 오지 않은 미래의 '첫 열매'이다.93 십자가에서 만
물은 하나님께 버림을 받았다. 우리는 버림받고, 구원받지 못했으며 허
무한 데 굴복하는 만물로 인해 고난을 당한다. 온 피조물이 하나님의
자유를 향해 소리치는 고통과 기다림에 동참한다(롬 8:22). 만물들의 고
통과 신음은 하나님의 미래를 갈망하게 하고 채워지지 않는 현실로 인

90 위르겐 몰트만, 『희망의 신학』, 238.
91 위르겐 몰트만, 『희망의 신학』, 191.
92 위르겐 몰트만, 『희망의 신학』, 243.
93 위르겐 몰트만, 『희망의 신학』, 244.

해 미래를 향한 개방성을 인식한다.94

　블로흐와 몰트만 모두 희망에 대해서 말하지만, 희망사상의 토대들의 핵심내용들을 차례로 정리함을 통해서 근본적인 차이들이 드러나는 것을 볼 수 있다. 블로흐의 희망지평과 몰트만의 희망지평의 쟁점들을 비교하고 논하기 전에 우선, 블로흐와 몰트만이 사상적으로 어떻게 영향을 주고받았는지 살펴보는 것도 의의가 있다고 판단된다. 블로흐나 몰트만의 개요적인 일대기를 나열하기 보다는 두 사람의 사상적 궤적을 간략하게 살피고 조우와 주고받은 영향들을 살펴보는 것이 희망지평을 비교하는 데 도움이 될 것으로 보이기 때문이다.

94 위르겐 몰트만, 『희망의 신학』, 245.

블로흐와 몰트만의 사상적 조우

위르겐 몰트만

JÜRGEN MOLTMANN

ERNST BLOCH

에른스트 블로흐

Chapter 4

희망의 두 지평

Chapter 4

블로흐와 몰트만의 사상적 조우

시대

두 사상가 모두 독일 출신이다. 블로흐가 출생한 1885년에서 몰트만이 블로흐의 사상을 접한 1960년까지 독일은 격변의 시기를 겪었다. 블로흐가 태어나던 시기에는 비스마르크가 집권한 시기이다. 1880년대 비스마르크는 사회주의자들이 정치계에 진입하는 것에 큰 위협을 느꼈다. 노동자 복지법을 제정하여 노동자들이 사회주의자가 되는 것을 막았다. 더불어 사회주의자법이라는 것을 제정해서 사회주의의 정치진입과 활동을 억압했다.[1] 사회주의자법은 도리어 궁지에 몰린 노동자들을 계급지배 현실에 눈뜨게 했고, 계급해방이론을 절실하게 받아들이고 확대되는 계기가 되었다.

1차 세계대전이 발발할 당시의 독일에는 혁명신화들이 존재했다. 독일의 전쟁참여의 정당성은 '역사'를 통해서였다. 독일 사람들의 역사인

---

[1] Edgar Wolfrum, 『무기가 된 역사』, 이병련·김승렬 역(서울: 역사비평사, 2007), 45.

식 속에는 1870년(프로이센과 프랑스 전쟁), 1813년(반反나폴레옹 해방전쟁), 1756년(프로이센-오스트리아 7년 전쟁)과 같은 중요한 해에 대한 인식이 있었고, 세대를 거듭할수록 정치에 이용되었다. 역사처럼 전쟁에 대한 윤리적 의식을 합리적으로 마비시키는 것은 없다. 역사의식을 통한 전쟁의 불가피성에 대한 계몽으로 인해서 전쟁참여가 불가피하다 여기기에 이르렀다.[2]

1차 세계대전의 패배에 대한 충격은 1918년의 혁명과 더불어 독일 제정의 붕괴로 이어졌다. 공화국이 선포되었지만 혼란에 휩싸인다. 공화국이라 하지만 실질상으로는 제국의 제도가 많은 부분 이어지는 이상한 공화국이기도 하다. 색깔 논쟁은 심해졌고, 정파별로 기념일을 정하는 것도 달리했다. 에드가는 말한다.

> 1918년 이후 민족적 기억에 적합한 기념일들이 급격하게 증가했다. 공산주의자들은 혁명활동을 지속하기 위해 1918년 11월 9일을 혁명의 날로 기념하고자 했다. 11월 11일을 종전 기념일로 삼자는 주장도 있었다. 베르

....

2 Edgar Wolfrum, 『무기가 된 역사』, 48-49. 에드가의 역사의식으로의 전쟁참여의 견해와 달리 여러 가지 전쟁의 이유들이 존재했다. 정해본은 주장하기를 제국주의 후발주자였던 독일이 자원 확보나 건함건조경쟁에서 역할을 발휘하여 위협을 느낀 영국과의 경제적 경쟁이 이유였다고 말하고, 독일과 프랑스간의 전쟁이유로는 영토분쟁으로 파악하고 있다. 정해본, 『독일근대사회경제사』(서울: 지식산업사, 1990), 219-30. 블로흐는 전쟁의 시기와 전후시기를 거치면서 제3제국과 민주진영과 공산진영 사이에서 망명의 시간을 보냈다. 비극적인 독일 제3제국의 몰락과 이후에 발흥한 마르크스주의에 기초한 동독의 변화를 열망하고 기대했지만, 희망했던 기대와는 너무도 다른 현실과 마주해야 했다. 이후에도 망명을 이어가게 된다. 독일이 아리안 인종주의와 영웅적 우월주의로 유대인을 소각하며 꿈꾸었던 유토피아는 비극으로 끝이 났다. 제3제국의 몰락과 비극에 대한 자세한 논의는 안진태, 『독일 제3제국의 비극』(서울: 까치, 2010)을 보라. 블로흐가 활동했던 역사적 배경에 대한 상세한 이해는 Gordon A. Craig, *GERMANY 1866-1945*(New York: Oxford University Press, 1978)을 참고하라.

사유 조약이 체결된 1919년 6월 28일은 독일민족주의자들의 관심을 끌었
다. 그들은 그날을 일종의 '민족 애도의 날'로 지정하고자 했다. 좌파 사회
주의자들은 제국 시기부터 계급투쟁 기념일로 기억되던 5월 1일을 공화국
국경일로 지정해야 한다고 요구했다. 그 밖의 군주정 지지자들과 공화국
반대자들은 제국 건국일인 1월 18일을 국경일로 정해야 한다고 주장했다.
민주주의자들은 바이마르 헌법 공포일인 8월 11일을 국경일로 정함으로
써 국민의식 속에 공화국을 각인시키고자 했다. … 거의 모든 부류의 정파
가 국가의 상징을 둘러싸고 투쟁하고 있었다. 공통의 사회적 가치관은 존
재하지 않았다.3

이 시기에 블로흐는 교수들을 비롯한 친구들과 민족주의적인 사람
들과 결별한 시기였고, 방황하던 시기였다. 단순한 방황이 아니라 바이
마르공화국4의 정국적 혼란과 더불어 짐멜교수와 독일민족주의에 대한
문제로 결별했다. 이미 출판한 『유토피아의 정신』에 대한 비판적 평가
를 계기로 친구 루카치(Georg Lukacs)5와도 멀어졌다. 1920년대는 민족

3 Edgar Wolfrum, 『무기가 된 역사』, 64-65.
4 1차 세계대전 말기에 시작된 독일 11월 혁명으로 빌헬름 2세가 폐위되고 사회민주당에
의해서 설립된 대통령제와 의회의 혼합된 조직체계로 구성된 공화국이다. 헌법제정 가운데
베를린의 소요사태로 인해서 바이마르에서 이루어졌기에 붙여진 별칭이지만 정식 명칭은
독일국(Deutsches Reich)이다. 시민투쟁으로 형성된 국가가 아니라 군부세력이 사회민주
당에 넘겨준 정권으로 좌파에나 우파 모두에도 지지를 받지 못하는 태생적 한계를 지녔다.
게다가 1929년 경제대공황으로 치명타를 맞고, 1933년 파울 폰 힌덴부르크 대통령이 아돌
프 히틀러를 총리로 임명하면서 사실상 와해되었다. 1934년 8월 18일 히틀러가 총통이
되면서 신성로마제국의 피를 잇는 제3제국의 형성에 독일국민들은 열광하게 된다.(위키백과
사전참고) 격동의 시기인 바이마르공화국에 대한 보다 자세한 논의는 오인석, 『바이마르공화
국』(서울: 삼지사, 2002)을 참고하라.
5 게오르크 루카치는 동서로, 즉 독일공산당(KPD)과 독일민주주의공화국(DDR)으로 양분된
독일사회에 가장 뜨겁게 영향을 끼친 인물이다. 루카치는 세 가지 영역에서 영향력을 발휘했
는데, 하나는 문학이다. 고전적인 독일문학을 사회주의 문화의 유산으로 의식할 수 있는

주의로 결집되어가던 독일 사회에서 그는 이방인으로 방황하는 존재가 되었고, 1930년대에 히틀러가 정권을 틀어쥐면서 부터는 망명생활로 접어들게 된다.

시대를 떠난 사상가가 어디 있겠는가? 블로흐의 『희망의 원리』 역시 치열하게 시대를 파악하기 위한 사상적 고민들로 빽빽이 채워졌다. 어둡던 시대에 희망할 수 있는 것이 무엇인지 고민했고, 치열한 고뇌의 결과물들을 만들어 냈다. 블로흐는 히틀러 정권의 하수인 노릇을 하던 독일기독교에 대해 실망했다. 그는 체제 순응적인 독일기독교의 원인을 루터(Martin Luther)에게서 찾았다. 블로흐는 현실타협적인 기독교는 순수성을 상실한 타락한 종교로 보았다. 그는 본래적 기독교의 저항정신, 즉 프로메테우스적 저항정신의 본질을 회복한 기독교를 원했다.

그는 루터와 대비하여 종교개혁시기 저항적 반체제 개혁자였던 토마스 뮌처(Thomas Müntzer)6에게서 기독교의 본래 정신을 길어내고자

발판을 마련했다. 다른 하나는 사회정치적인 면이다. 휴머니즘과 민주주의, 합리성과 진보성을 결합한 리얼리즘을 정초함으로 반제 반파시즘적인 강령목표를 설정했다는 평가다. 마지막으로 철학사적인 공헌인데, 특별히 정치철학에서 영향을 준 것으로 평가하고 있다. 보다 자세한 내용은 김경식, 『게오르크 루카치』(서울: 한울, 2000)와 김경식·오길영, 『게오르크 루카치 맑스로 가는 길』(서울: 솔, 1993)을 참고하라. 그의 생애에 대한 보다 깊은 이해를 원하면 István Eörsi, *GEORG LUKACS RECORD OF A LIFE*, translated by Rodney Livingstone(London: Verso, 1983)을 보라. 루카치의 사상과 그 한계에 대한 연구문헌으로는 김일주, 『루카치사상연구』(서울: 고려원, 1988) 등이 있다.

6 토마스 뮌처 만큼 평가에 있어 호불호가 뚜렷하게 드러나는 인물도 드물다. 악마적 선동자라는 비판이 있는가 하면 달리 혁명의 선구자로 보는 입장이 맞서 있다. 에른스트 블로흐는 종교개혁시대에 저항정신의 가장 중요한 인물로 뮌처를 꼽고 있다. 토마스 뮌처에 대한 일대기와 그의 사상에 대한 충분한 이해를 원하면 클라우스 에버트, 『토마스 뮌처』, 오희천 역(천안: 한국신학연구소, 1994)를 참고하라. 에버트(Klaus Ebert)는 본서에서 뮌처의 혁명사상의 중요한 배경으로 시간의 종말이 이르렀다는 의식에서 그의 혁명적 동기의 원인을 파악할 수 있다고 말한다. 그는 말한다. "시간이 종말에 이르렀다는 의식, 즉 삶이 종말론적 사건의 기간에 놓여 있다는 의식이 뮌처의 사상과 행동을 규정한다. 그러므로 뮌처의 사상과 행동은

했다. 그 결과물이 『토마스 뮌처』다. 우선, 블로흐로부터 희망사상에 대한 탐구 여정을 살펴보자.

블로흐, 희망사상 탐구여정

블로흐(Enrst Bloch)는 1885년 7월 8일에 공업도시, 루드비히스하펜(Ludwigshafen)에서 철도원의 아들로 태어났다. 블로흐는 중산층에 속한 유대인 가정에서 자랐다. 마르크스(Karl Marx)의 가정처럼 블로흐의 가정도 유대종교 예식에 얽매이지 않았다. 단지 가문과 문화적으로만 유대인에 속했다. 블로흐의 부모는 현실적응에 뛰어났다. 마르쿠스(Markus)와 바브라(Babra)라는 처음 이름대신 막스(Max)와 베르다(Bertha)로 고쳐 불렀다. 블로흐는 유대교를 믿지 않았고, 고등학교에서 복음에 대해 들었지만, 기독교 복음을 거절했다.[7]

블로흐는 젊은 시절에 종교적인 내용으로 씨름했지만, 결국 실망했다. 학교생활은 불쾌했고, 허비하는 시간으로 여겼다. 교사는 블로흐의 재능을 인식했지만, 버릇없고 자기도취적인 행동들에 대해서 불만스러웠다. 블로흐의 고집스러운 의견들로 인해서 귀찮아했다. 13세 때(1898년)

....

연대기적 시대의 흐름을 전제하고 역사적 사건들을 인과적으로 결합시키고자 하는 역사적 체계 속에서는 파악되기가 어렵다. 그렇지만 역사적 시간이 종말론적 시각에서 관찰된다면 역사는 초월적 관계를 획득한다. 즉 미래로부터 과거가 이해된다. 그리고 시간이 종말의 기간 아래 놓여진다. 역사의 의미는 종말로부터 드러난다."(286) 더불어 종교개혁시대의 종말론 운동, 즉 천년왕국운동에 대한 보다 구체적인 연구는 박양식,『종교개혁 시대의 천년왕국운동』(파주: 한국학술정보, 2011)을 참조하라. 뮌처와 천년왕국주의는 4장(143-198)에서 상세하게 다루고 있다.

7 West, Thomas H., *Ultimate Hope Without God*, (New York: Peter Lang Publishing, Inc., 1991), 1-2.

"무신론적 차원에서 본 세계 전체"라는 최초의 철학논문을 작성했다. 15세가 되었을 때, 블로흐는 몇 명의 친구들과 함께 사회주의와 자유사 상에 대한 문헌들을 읽기 시작했다. 17세(1902년)에는 "힘과 그 본질에 관하여"라는 완성된 논문을 작성했다. 이 시기에 이미 당대 최고의 철 학자들인 에른스트 마하(Ernst Mach), 데오도르 립스(Theodor Lipps), 빌 헬름 빈델반트(Wilhelm Windelband)와 서신들 교환했다. 이런 탁월한 철학적 소양과 천재성이 있었다. 하지만 학교에서는 성적이 낮아 유급 까지 당했다.[8]

1905년 서신교환으로 알고지낸 립스 교수를 찾아 뮌헨대학에 갔지 만, 행동심리학과 논리학을 연결하려는 립스교수가 맘에 들지 않아 1906년에 신칸트학파 교수였던 퀼페(Oawald Kulpe)교수를 찾아 뷔르츠 부르그 대학으로 옮겼다. 이곳에서 철학, 물리학과 음악을 연구하고, 1908년 23세의 나이로 "리케르트에 관한 비판적 고찰과 현대 인식론의 문제"로 철학박사학위를 받았다. 위의 논문에서 프로이트의 무의식과 는 전혀 다른 "아직 — 아니 — 의식된 것"이라는 개념을 발굴하여 새로운 형이상학의 가능성을 정초했다.

프로이트의 무의식 발굴은 현대를 열어젖힌 마르크스, 니체와 함께 프 로이트를 현대의 선구자로 만들었다. 블로흐는 프로이트의 무의식에서 새로운 창의적 발상으로 아직 — 아니 — 의식된 새로운 형이상학을 발굴했 다. 더불어 프로이트의 무의식의 핵심기제인 '꿈'을 불명확하고 추상적인 '밤 꿈'으로 규정하고 이와 대조되는 구체적인 '낮 꿈'[9]을 발굴해 낸다.

....

8 김진, 『에른스트 블로흐와 희망의 원리』(울산: UUP, 2006), 12-13.

9 에른스트 블로흐, 『희망의 원리』, 박설호 역(파주: 열린책들, 2004), 649-92. 블로흐는 프로이트의 '밤 꿈'과 대비되는 '낮 꿈'이라는 개념을 발굴한다. 고대 판도라의 상자 신화에 서 담지하고 있는 고대인들의 낮 꿈, 즉 아직 완성되지 않는 희망의 꿈을 표현하고 있다고 보았다. 희망은 예수의 강림을 기다리는 여명과 함께 반 쯤 열려있는데, 반 쯤 열린 문은

블로흐는 19세기의 절반을 지배했던 논리실증주의에 빠졌다. 블로흐의 우주에 대한 이론은 기계론적이고 무신론적이었는데, "무신론의 빛 안에서 본 우주(*The Universe in the Light of Atheism*)"라는 당돌한 논문을 쓰기도 했다. 블로흐는 우주와 인간존재가 하나님에 의해 창조되었다는 주장은 논리적이지 않다고 보았다. 인격적 신 존재에 의한 인간창조를 거절한 셈이다.

박사학위 후에 베를린에서 철학자 짐멜(G. Simmel)에게 자신의 구상인 "아직－아님의 존재론"(Ontologie des Noch－Nicht)을 설명하고서 짐멜의 특별연구 세미나에 참여하게 되었다. 1911년, 헝가리 철학자 루카치와 친밀해졌다. 함께 세미나를 통해 친숙해졌고, 3주간 이탈리아를 여행할 정도였다. 이 시기에 블로흐는 "아직－아님"의 개념을 중심으로 유토피아에 대한 구상을 시도했다. 1914년 민족주의에 경도된 짐멜이 전쟁에 대해 찬양하는 일을 계기로 결별했다.

1913년 블로흐는 여류 조각가인 엘세 폰 스트리츠키와 결혼했다. 루카치의 소개로 막스 베버를 만나게 되었는데, 베버는 당시 정신분석학과 사회주의, 여성 해방운동, 종교문제에까지 중심적 위치에 있었다. 하지만 블로흐의 메시아적 자기의식은 베버의 반감을 불러일으켰다. 또한 블로흐의 첫 작품 『유토피아의 정신*Geist der Utopia*』에 대해서 루카치는 냉담한 태도를 보였는데, 블로흐의 표현주의와 달리 루카치는 실재론적 미학을 표방한 까닭이다.

이런저런 이유로 1920년대는 블로흐에게 방황의 시기였고, 더불어 여행하는 시기였다. 1921년 아내의 죽음이후에 이전에 알던 모든 사람

아직 완성되지 않는 판도라의 상자라고 파악한다. 아직 완성되지 않은 미래로 향해 열린 가능성의 꿈이 현실을 변혁하고, 인간을 위한 인간으로 변모하게 만든다고 보았다. 블로흐의 탁월한 식견은 낮 꿈을 설명하면서 결혼과 공동체를 연결하여 유토피아를 설명한다는 점이다. 결혼은 내세와 관련된 그리스도와 공동체로 확대시켜 설명하는 것이 꽤나 흥미롭다.

들과 자신을 단절했다. 이즈음에 『토마스 뮌처』를 탈고했고, 베를린으로 이주해서 새 삶을 시작했다. 1922년에는 화가 린다 오펜하이머와 재혼했고, 1923년에는 『유토피아의 정신』의 개정판인 『황무지를 건너서』를 출간했다. 이후로 유대계 여성 건축가인 카롤라 피오트르코프스카 양과 만나 교제를 시작하고, 브레히트, 벤야민과 아도르노 등과도 교제하게 된다. 1928년에 린다 오펜하이머와 이혼하고, 1929년에 『흔적들』을 출판했다.

1930년대 블로흐에게는 망명의 시기였다. 히틀러 정권이 들어서면서부터 블로흐는 정치적 망명생활에 들어갔다. 독일어권을 벗어나지 않고 버티려 애썼고, 1933년에는 스위스로, 1934년에는 오스트리아로 갔다. 오스트리아에서 그는 카롤라와 더불어 세 번째 결혼을 한다. 1935년에 『이 시대의 유산』을 간행했다. 나치의 세력이 전 유럽을 휩쓸면서 결국 1938년에 미국으로 망명하게 되었다. 미국에 머물면서 『희망의 원리』,[10] 『자연법과 인간의 존엄성』, 『주관－객관: 헤겔연구』 등을 작업했다. 미국에 거주하는 동안에는 마르크스주의자였던 블로흐에게 일자리가 제공되기 힘들었고, 건축기사였던 아내를 통해 생계를 꾸려가야 했다.

격동의 시기에 감성적으로 지배한 사상은 실존주의였다. 실존적 불안으로 고통당하는 이들이 2차 세계대전 전후로 가득했다. 하이데거가 '불안'이 인간실존의 본질이라고 갈파한 것에 겨냥하여 블로흐는 '희

----

10 김진, 『에른스트 블로흐와 희망의 원리』, 17-18. 블로흐의 역작 『희망의 원리』의 원래제목은 '보다 나은 삶을 위한 꿈'이었다. 폴 틸리히(Paul Tilich)의 주선으로 옥스퍼드대학출판부에서 관심을 가졌지만 불발되었고, 1946년에 뉴욕에서 『자유와 질서』라는 제목으로 일부분만 출판되었다. 동독 라이프치히 대학 철학과 정교수로 머물면서 블로흐의 나이 69세, 1954년에서야 『희망의 원리』 1권이 출간되었고, 이듬해에 2권이 출간되었다. 75세가 되던 1959년에 『희망의 원리』 3권이 출간되었다.

망'이 인간실존의 본질이라고 강조했다. 하이데거가 실존의 문제에서 벗어나기 위해서 '탈 존재'의 방법으로 나치즘에 굴복했던 것과 달리 블로흐는 불의에 대한 저항을 통해 개방된 미래의 희망을 택했다. 구체적 유토피아로써 마르크스주의의 실현으로 보았던 동구권 공산주의에서도 그는 결국 실망했다. 그럼에도 그는 절망하지 않고 개방된 미래를 추구하는 희망의 나그네로 살아갔다. 하이데거가 참혹한 실존의 문제 앞에서 '존재의 속삭임에 귀를 기울이는' 은둔자로 생을 마감한 것과 달리 블로흐는 미래 희망을 갈망하며, 끊임없는 현실비판으로 통해 나그네의 여정을 걸어갔다.

블로흐는 다가가야 할 유토피아의 이름으로 주어진 현실을 부단히 비판함으로써 역사의 한복판에서 박해와 망명으로 점철된 인생노정을 걸어갔다. 전 유럽이 전쟁의 광기에 휩싸인 1차 세계대전의 한복판에서 블로흐는 평화주의의 입장을 단호하게 표명한 정치논문을 발표하여 스위스로 망명해야 했고, 나치 집권시기에는 국가사회주의의 공적 유태인과 공산주의자를 한 몸에 겸한 인물로서 박해를 피해 유럽 여러 나라를 거쳐 마침내 태평양 건너 미국으로 피신해야 했으며, 동독의 울브리히트정권에 의해 라이프치히대학 교수로 초빙되어 한 동안 국가철학자로까지 추앙받았던 동독시기에는 스탈린주의에 비판적 입장을 취하다가 결국 강단에서 축출당했다. 박해와 망명의 긴 노정 끝에 일생의 마지막 보금자리를 얻은 서독의 튀빙겐에서도 그는 평화운동, 반핵운동, 환경운동, 68학생운동의 한복판에 서서 냉전체제와 자본주의체제를 부단히 비판하였으며, 인생의 마지막 날까지 유토피아에의 희망을 설교한 자신의 글을 다듬다가 심장마비로 숨을 거두었다.[11]

....

11 안성찬, "'아직 존재하지 않는 것'의 존재론-에른스트 블로흐와 유토피아의 희망"「문학과

2차 세계대전 종식과 함께 동독에는 공산주의 정권이 들어섰다. 블로흐는 1948년 가다머의 후임으로 라이프치히 대학 철학과 정교수로 초빙되었다. 1949년, 64세의 나이로 라이프치히로 옮겨서 "대학, 마르크스주의, 철학"이라는 제목으로 취임연설을 했다. 1951년에 『주관－객관』을, 1954년에는 『희망의 원리』 1권을, 70세가 되던 1955년에는 『희망의 원리』 2권의 출판으로 동독 국가상을 수상한다. 1957년에 불어 닥친 소련공산당에 맹목적 추종세력인 울프리히트 체제를 비판하면서 숙청대상의 명단에 오르고, 72세 때에 강의와 강연을 금지 당했다. 이 당시에 『철학사 강의』 원고를 정리했다. 1959년에 『희망의 원리』 3권이 출간되었다. 1961년 서독의 뮌헨 방문시 동베를린의 장벽설치 소식을 듣고는, 동독으로의 귀국을 포기했고, 튀빙겐 대학의 객원교수의 요청을 수락했다. 같은 해에 『자연법과 인간의 존엄성』을 출간했다.

블로흐는 자본주의 국가에 살면서 반전, 반핵운동과 평화운동 및 환경운동의 기수가 되었다. 1968년에 『기독교안의 무신론』을 발표했고, 1969년에는 『철학적 논술』이 출간되었다. 1970년에 『정치적 측정』, 1972년에 『물질론 문제의 역사와 실체』, 1975년에는 『세계의 실험』을, 1977년에 『철학사에서의 중간세계』와 『경향－잠재성－유토피아』를 출간하는 뜨거운 집필의 열정을 드러냈었다. 1977년 8월 4일 부인 카롤라가 모닝커피를 들고 방을 열었을 때, 조용히 인생의 마지막 호흡을 끝마친 뒤였다. 독일에서는 지금까지 16권의 전집과 기타 유고집들을 계속해서 출판해가는 중이다.

과학」 제68집(2011), 58.

만남 전, 몰트만

1926년 4월 8일 출생한 몰트만은 블로흐와 무려 41년의 세월의 간격이 존재한다. 철도공무원이며 중산층에서 자랐던 블로흐의 가정배경과는 상이하게, 몰트만의 부모님은 사연 많은 생활을 경험했다. 교사와 군대장교를 오가야 했는데, '자유 독일'운동에 가담한 사상적 혐의들 때문이었다. 아버지와 닮은 까닭인지, 몰트만의 학교생활은 지루하기 짝이 없었고, 산만했으며, 선생님들의 골칫거리였다. 그는 칠판의 글씨보다 날아다니는 파리에 열광했다고 기록하고 있다.12

몰트만은 국가소년단이나 히틀러소년단 등에 참여하는 꾸준함과는 달리 종교교육은 희박했다. 일 년에 한 번 정도(성탄절) 가족과 함께 출석하는 정도였다. 형식적으로는 독일의 국가교회인 루터교회 소속이었지만, 무신론자라고 해야 맞을 것이다. 2차 세계대전이 격화되고 독일의 패전으로 기울어지기 시작한 1944년 17세의 나이로 나치정권에 징집되었다. 간단한 군사훈련 후 곧바로 아른하임(Arnheim)의 최전선에 투입되었다. 전선 투입 6개월이 지난 1945년 2월에 영국군이 포로가 되었다.13 그의 회심은 참혹한 전쟁의 한복판에서 일어났다. 동료들의 죽음과 파멸의 더미에서 자신은 왜 살아남았는가를 집요하게 묻게 되었다. 포로생활 중에 위안을 얻지 못하고 괴테의 시로 마음과 정서를 달랬다. 포로수용소에서 그는 마음 좋은 미군 군목을 만났고, 그가 전해준 성경을 통해서 회심했다. 몰트만은 진술한다.

---

12 위르겐 몰트만, 『몰트만 자서전』, 이신건·이석규·박영식 역(서울: 대한기독교서회, 2011), 24.
13 김균진, 『20세기 신학사상Ⅱ』(서울: 연세대학교 출판문화원, 2012), 212.

저녁마다 나는 이해하기 어려운 성서를 읽었다. 그러다가 나는 탄원시(歎願詩)를 읽게 되었다. 시편 39편이 나의 시선을 특히 강하게 사로잡았다. … 마가복음을 맥락(脈絡)을 짚어가며 읽어가던 나는 수난의 이야기를 읽게 되었다. "나의 하나님, 어찌하여 나를 버리셨나이까?"라고 부르짖은 예수의 죽음의 외침을 들었을 때, 나는 다음과 같은 사실을 점점 더 확신하게 되었다. 너를 완전히 이해하며, 너와 함께 하나님을 향해 외치며, 너와 똑같이 버림을 받았다고 느꼈던 한 사람이 존재한다. 나는 시련에 처한, 버림을 받았던 예수를 이해하기 시작했다. … 나는 다시금 삶의 용기를 되찾았다. '아무런 억압이 없는 하나님의 넓은 공간' 안에서 일어날 부활을 향한 위대한 희망이 나를 서서히, 하지만 더 확실하게 사로잡았다. … 그 이후로 나는 고난 속의 형제요, 자유의 땅을 걸어가는 길동무인 예수와의 이러한 사귐을 중단한 적이 없다. 이 사귐은 내내 점점 더 확실한 것이 되었다.[14]

절망으로 가득해야 할 포로수용소 생활에서 몰트만은 희망의 근본을 경험했고, 새로운 삶을 위한 결심도 얻었다. 수용소에서 그리스도를 만난 그는 신학공부에 대한 결심을 굳혔고,[15] 부친의 동의도 얻어낸다. 가장 결정적인 전환의 경험은 1947년 여름, 스완윅/데브리(Swanwic/Derby)에서 열린 제1회 국제 기독학생운동(SCM)에 전투복을 입은 채 전쟁포로(POW) 신분으로 참여했던 그는 전쟁의 가해자된 입장에서 두렵고 무거운 마음으로 참여했다. 하지만 온전한 용납과 위대한 화해를

....

14 위르겐 몰트만, 『몰트만 자서전』, 52-53.
15 위르겐 몰트만, 『절망의 끝에 숨어 있는 새로운 시작』, 곽미숙 역(서울: 대한기독교서회, 2006), 56. 몰트만은 스코틀랜드 수용소에서 기독교 신앙을 받아들였고, 신학을 공부하기로 결심했다. 이전에 가졌던 수학에 대한 관심과 흥미를 상실하고 실존을 지탱해 주는 양심을 찾아 기독교 진리에 질문을 던졌다.

경험하게 된다.16 갈라진 틈과 멀어진 분열을 하나로 묶어내는 기독교 신앙의 능력과 힘을 몸으로 경험하게 된 사건이다. 그는 고백하기를 "하나님의 숨겨진 얼굴이 하나님의 빛나는 얼굴로 바뀐 이러한 전환을 나는 예수 안에서, 곧 고난 속의 형제요, 참 생명으로 인도하는 부활의 예수 안에서 경험하였다."17

그가 후일에 블로흐에 의해서 종말론과 희망에 대한 보다 깊은 전환을 가져오게 된 근본적인 전회는 '회심'에 이미 뿌리하고 있다. 버림받음과 십자가의 한복판을 뚫고 부활하신 그리스도에게서 이미 희망을 보았다. 그의 희망에 대한 깊은 관심과 애정은 의미의 잿더미 복판에서 기독교의 희망을 몸소 경험한 데서 비롯된 셈이다. 이론적이기 보다 1947년 여름날의 실존적인 경험에서 비롯되었다.

몰트만은 그의 이름처럼18 교회신학의 한계 안에 경도되어 있던 신학의 방법론적 틀을 깨뜨린다. 전후(戰後) 허무주의와 절망의 짙은 분위기 속에서 교회 안에서 후퇴하려 든 신학과 신앙에 대한 방법론적 반성이 그의 신학방법론에서 잘 드러난다.

몰트만은 신학수업과정을 거치고, 개혁교회의 목사로 봉직하는 동안 충실한 개혁신학에 입각한 목회자로 머물러 있었다. 몰트만은 괴

----

16 위르겐 몰트만, 『몰트만 자서전』, 57-58.
17 위르겐 몰트만, 『몰트만 자서전』, 59.
18 '몰트만'이라는 이름은 '몰트의 사람'이라는 뜻이다. '몰트'는 슬라브 지방에서 '망치'라는 의미를 가지고 있다. 니체가 '망치를 든 철학자'로 불리 운 것처럼 몰트만도 '망치의 신학자'로 부를 수 있을까? 그의 '신학연구방법론'은 기존의 교회교의학의 틀을 부수고 밖으로 나간다. 지구상에서 일어나는 사건과 시대적 요구에 대해 반응하는 대응적이고 적용신학을 방법론으로 채택하고 있다. 바르트의 교회교의학 중심의 틀을 벗어나서 현실문제에 대한 처방과 해답들을 제시하게 위해 부단하게 애써가고 있다. 그는 지속적인 저서들을 통해서 실천적인 면에서 얻어야 할 통찰력들을 풍부하게 제시하고 있다. 다작가들 겪게 되는 약점인 일관성과 통일성의 문제로 인해서 비판받는 경우들이 잦지만 신학과 정치, 환경, 윤리를 포함한 전방위적인 이해의 폭을 확장했다는 점에서 그의 공헌들을 인정해야 할 것이다.

틴엔 교수들에게서 깊은 영향을 받는다. 한스 요아힘 이반트(Hans Joachim Iwand)를 통해서 루터신학에 대한 강렬한 영향을 받게 된다. 그의 작품 『십자가가 달리신 하나님』은 루터적 신학전통19에 충실히 따르고 있다. 더불어 헤겔의 종교철학의 영향도 깊이 흡수하게 된다. 당시, 전후(戰後)에 팽배했던 하나님의 부재에 대한 의식과 사신신학(死神神學)의 근대사회의 분위기를 그리스도의 십자가에 나타난 하나님의 부재로 파악하고, 하나님의 부재를 극복하는 대안으로 삼위일체론적 십자가 이해를 이반트를 통해서 계승했다. 삼위일체론에 있어 칼 바르트가 몰트만에게 깊은 영향을 주었지만, 헤겔의 사회 철학적 관심을 수용하여 바르트의 삼위일체론을 넘어선다.20

오토 베버(Otto Weber)를 통해서 화란의 개혁신학과 신앙고백서들을 접할 수 있게 되었다. 베버를 통해서 몰트만을 칼빈주의 교회론에 대한 영향을 받게 되는데, 단지 개인 영혼에 대한 관심과 교회 자체에 대한 영역에 머물지 않고 세계의 구체적인 변화와 개혁을 향하는 변화와 개혁정신에 깊은 영향을 받았다. "ecclisia reformanta et semper reformanda", 즉 "개혁된 교회는 지속적으로 개혁해가야 한다."는 개혁주의 모토는 윤리에 대한 이해가 개인윤리와 도덕에 머물지 않고 사회와 세계의 모든 현실에 적용되어 가고, 사랑과 정의를 이루어가야 한다는 데 깊이 동의했다.

....

19 그리스도의 신성과 인성에 대한 단성론적 이해는 동방교회 알렉산드리아 전통을 따른 루터 신학적 관점에서 이해될 수 있다. 신성이 고통에 동참한다는 개념은 안디옥 전통을 따르는 개혁파적 양성론 전통에서는 배제되고 있다. 하이델베르크 교리문답에서는 그리스도의 인성의 고통을 이야기하면서도, 신성의 고통에 대해서는 배제하고 있다. 반면 몰트만의 『십자가에 달리신 하나님』에서 다루는 신성의 고통참여는 루터적 전통에 충실한 것이었고, 이는 이반트 교수의 루터전통 사상의 영향에서 기인한다고 보여 진다.

20 김균진, 『헤겔철학과 현대신학』, 218-19.

더불어 베버는 몰트만에게 종말론에서도 영향을 끼쳤다. 기독교의 종말론은 세계사의 마지막에 올 초자연적이고 신비로운 마지막이 아니라 도리어 현재적이라는 점을 강조했다. 종말은 예수 그리스도와 함께 이미 시작되었으며, 성령의 역사로 현재에도 지속적으로 실현되어가는 것으로 파악했다. 종말론적인 세계 속에 살아가는 교회는 막연히 종말이 도래하기를 기다리지 않고, 세상의 희망이 아니라 오시는 하나님으로 말미암는 희망에 따른 변화를 촉구하는 선교적인 교회가 되어야 한다는 "선교적 교회상"(宣敎的 敎會象)을 베버에게서 얻었다.[21] 지금, 우리가 살아가는 현재에 아무런 영향을 주지 못하는 종말론이란 쓸데없는 관념론과 허구요 추상적 이론에 불과하다고 보았다.

몰트만은 바르트 신학에 충실했던 3명의 학자 중 한 명이었던 에른스트 볼프(Ernst Wolf)에게서도 깊은 영향을 받았다. 몰트만에 볼프에게서 얻은 가장 큰 영향은 '윤리학'이다. 볼프의 문제의식은 하나님의 계명이 사회 속에 어떻게 구체적으로 실현될 수 있는가 하는 것이었다. 교회는 세계 속에서 살아가며 하나님의 계명에 순종하는 사람이 되어야 한다고 보았다. 사회의 요구와 종교적 필요에 응답하는 교회가 아니라 하나님의 요구를 주어진 현실과 사회 속에 전달하며, 촉구하는 나그네로서의 교회를 이야기했다.[22] 몰트만이 볼 때 신학과 윤리학은 불가분의 관계로 보았는데, 이러한 이해들은 볼프교수의 입장과도 같다.

몰트만은 당대에 개혁신학을 파수하였던 거목(巨木) 바르트에게서도 묵직한 영향을 받았다. 삼위일체론은 물론이고 언약신학과 그리스도 중심적이며, 종말론적인 영향과 하나님을 아는 것은 하나님의 뜻에 따

21 김균진, 『헤겔철학과 현대신학』, 217-18.
22 김균진, 『헤겔철학과 현대신학』, 220.

라 행동하는 것이라는 그의 윤리학까지 바르트에게서 받았던 영향은 지대하다. 몰트만의 사상적 지반은 바르트적 전통에 깊숙하게 묶여 있었다. 몰트만은 고백한다.

> 나는 바르트 이후에는 새로운 신학이 존재할 수 없을 것이라고 생각했다. 왜냐하면 바르트는 모든 것을 말했고, 모든 것을 매우 훌륭하게 말했기 때문이다. 마치 19세기 사람들이 헤겔(Hegel)이후에는 새로운 철학이 존재할 수 없을 것이라고 말했듯이 말이다.[23]

1956년까지 몰트만은 바르트 신학에 젖어 있었고, 헤어날 수 없다는 생각을 가졌다. 아놀드 반 룰러(Arnold van Ruler)의 교수의 도움으로 바르트 신학에서 벗어날 단초를 가지게 되었고, 결정적인 사건은 1960년 알프스에 휴가를 떠난 몰트만이 에른스트 블로흐의 『희망의 원리』를 만나고 탐독한 일이다. 몰트만은 블로흐의 저작을 통해서 커다란 통찰력을 얻게 되고, 포기해 버린 기독교적 희망을 재건하고자 독자적인 신학노선을 확립해가기 시작했다.

1948년 괴팅엔에서의 신학수업에서 만난 신학자들과의 만남은 그의 신학의 사상적 지반을 형성한다. 앞서 다루었던 이반트, 볼프, 베버가 그들이다. 몰트만은 박사학위 지도교수였던 베버를 통해서 개혁교회를 사랑

....

23 위르겐 몰트만, 『몰트만 자서전』, 73. 몰트만이 얼마나 바르트신학에 압도되었는지를 보여주는 대목이다. 바르트를 알고 파악하면서 한계를 뚫고 나올 수 없었다고 고백하고 있다. 몰트만은 바르트의 한계를 보게 된 계기를 『희망의 원리』와의 만남, 즉 에른스트 블로흐와의 조우를 통해서 발생했다고 말한다. 블로흐의 희망에 대한 놀라운 개진을 비평적으로 접하면서 "왜 기독교는 희망을 저버렸는가?"라고 묻게 되고, 종말론과 기독교 희망을 중심으로 신학을 전개해 나간다.

하게 되었다.[24] 오토 베버의 조언을 따라 브레멘—바서호스트(Bremen—
Wasserhorsrt)의 목사와 교육대학의 교목이 되었다.[25] 농촌 마을에서의
목사직을 수행하는 동안, 가축을 돌보는 젊은이들과 노인들과 함께했
고, 남·여가 엄격하게 분리되어 앉는 교회에서 밀도 깊은 민중을 경험
했다. 그는 말하기를 "나는 여기서 '모든 신자들의 공통적 신학', 민중
의 신학을 배웠다."[26]고 진술한다.

> 나의 개인적 신학은 가정과 병원 심방을 통해 발전되었다. 일이 잘 풀릴
> 때에는 다음 주일을 위한 설교를 위해 월요일에 설교 본문을 연구했다.
> 그런 다음에 교회에 가면, 내가 무엇을 말해야 하는지를 알았다. 여기서
> '해석학적 순환'이 생겨났는데, 그것은 불트만의 경우처럼 본문 주석과 개
> 인적인 자기 주석 사이가 아니라, 본문 주석과 가족과 이웃과 직장 속에
> 있는 인간의 공동체적 경험 사이에서 생겨난 것이었다. 나는 대화와 강의
> 와 설교 안에서 수행된 이런 신학이야말로 신앙하는 자들과 의심하는 자
> 들, 억눌린 자들과 위로를 받는 자들의 공통적 신학이 될 수 있다는 사실
> 을 느꼈다.[27]

....

24 위르겐 몰트만, 『몰트만 자서전』, 82. 한국교회에서 막연하게 오해하고 있는 것처럼, 몰트만
은 개혁신학에서 완전히 멀어진 인물이 아니다. 민중신학과의 대화에서나 오순절파교회들과
의 대화에서도 신앙고백과 상이한 점에 대해서 수용하지 않는 태도를 견지하고 있음을 본다.
몰트만의 전기신학은 개혁신학에 천착해 있었고, 이를 기반으로 신학을 전개해 나갔다고
볼 수 있다. 후기신학도 그의 신학방법론을 따라 광범위한 대화와 넓은 지평으로 확대시켜
나갔지만, 온건한 교회중심의 큰 틀을 유지하고 있는 모습을 볼 수 있다.
25 위르겐 몰트만, 『몰트만 자서전』, 88.
26 위르겐 몰트만, 『몰트만 자서전』, 91.
27 위르겐 몰트만, 『몰트만 자서전』, 91. 몰트만은 현실과 괴리된 신학에 대한 깊은 반성을
개혁교회의 목회활동을 통해서 하게 된다. 모든 신학은 실천적이어야 한다는 중요한 교훈을
얻게 되고, 신학과 목회 더 나아가서 신학은 세계의 문제에 대해 응해야 한다는 실천적 신학
방법론을 형성하게 되었다. 하나님 나라와 세계의 저항정신, 제3세계에 대한 신학적 관심은

버서호스트의 농촌 사역지에서도 몰트만의 신학적 발전을 멈추지 않고 조용하게 진행되었다. 종교개혁시대와 초기 계몽주의 신학 사이의 역사를 깊이 있게 연구했다. 하지만 교회를 위한 신학에 묶여 있던 그가 현대신학으로 되돌아간 계기는 위트레히트(Utrecht)의 화란신학자 아놀드 판 룰러(Arnold van Ruler)를 통해서였다. 오스트프리스란트(Ostfriesland)에서 '사도직의 신학'과 출애굽과 하나님 나라의 신학을 대변하는 그에게서 큰 영향을 받았다. 그는 하나님의 나라와 이 땅 위에 세워질 하나님의 공의를 위한 종말론 안에서의 희망을 향해 전진하기를 촉구했다.28

1956년 말에 괴팅엔 대학의 학장 요아힘 예레미아스(Joachim Jeremias)를 통해서 교수자격과 강의권리를 확보한다. 괴팅엔에서 시작된 강의의 첫 수업은 '홀란드 개혁교회의 신앙고백서'(*Fundamenten en Perspektieven van Belijden*)였다. 1958년 부퍼탈 신학대학(Kirchliche Hochschule Wuppertal)에서의 교수초빙으로 청빙 받게 되었다. 몰트만은 이곳에서 '하나님 나라와 희망의 역사'에 대한 강의와 연구에 몸을 던지게 된다.29 몰트만은 신학세미나와 함께 철학 수업에서 본회퍼(Bonhoeffer)와 포이어바흐(Feuerbach), 마르크스(Marx)와 블로흐(Bloch)를 다루었다.30

칼뱅의 선택론에서 하나님의 신실함과 성도의 견인을 선명하게 이해하지 못하고는 예정론은 오해를 받게 될 것이라고 보았다. 그는 칼뱅의 사상이 선택된 자와 버림받은 자, 선한 자와 악한 자로 인류를 나누려는 이원론적 생각이 없다는 부분을 분명하게 알았고, 시련과 박해 중에 있는 성도의 견인에 대한 관점으로 파악하고자 했다. 몰트만은

작은 시골 목회활동에서부터 얻어진 교훈이라 할 수 있다.

28 위르겐 몰트만, 『몰트만 자서전』, 99.
29 위르겐 몰트만, 『몰트만 자서전』, 99-102.
30 위르겐 몰트만, 『몰트만 자서전』, 110.

'성도의 견인'을 그의 『희망의 신학』과 연결했다.[31]

블로흐를 만나기 전까지 몰트만의 신학은 '교회를 위한 신학'에 집중되어 있었다. 『희망의 원리』를 만난 후로부터 '공적인 신학'에 대한 관심과 영역의 확장이 이루어진다. 1960년 4월 휴가기간 블로흐의 대작 『희망의 원리』는 스위스의 수려한 경관을 앗아갔다. 블로흐와의 접촉이 그의 신학의 여정에 있어 중요한 분기점이 되었다. 교회의 신학자였던 바르트(Karl Barth)을 넘어서 공적인 신학으로 나아가는 계기가 되었다.

몰트만은 그 책에 대한 소감을 "성서를 꿰뚫고 세상에 출현한 종말론적 양심으로 가득 차 있었다."[32]고 평한다. 그는 블로흐 사상을 유대—기독교적 메시아사상에 뿌리내린 메시아 철학이며, 마르크스 사상을 세계 분석을 위해 사용했다고 파악한다. 몰트만은 블로흐와 접촉하며, 죽어가는 자들과 죽은 자들을 위한 부활의 희망 또한 주장할 것을 충고했다. 오직 죽음이 삼켜 질 때에야만 희망의 원리의 목적이 달성된다고 비평한 것이고, 블로흐는 몰트만의 희망개념을 반대했지만, 몰트만은 이런 대척점 속에서 '희망의 신학'을 계속해야 할 당위와 동력을 얻었다.[33] 그는 블로흐의 희망에 한계를 '죽음'에서 보았다. 죽음을 넘어서야만 지속되는 희망이 된다고 보았다.

몰트만은 신학의 주변부로 밀려난 버린 '희망'과 '종말론'을 중심부

31 위르겐 몰트만, 『몰트만 자서전』, 113. 몰트만은 '성도의 견인'을 통해서 인간의 희망은 언약에 신실한 하나님께 있다는 점을 발굴해낸다. 하나님의 신실하심을 인간실존과 미래와 연결시키고 있다. 몰트만은 오토베버에게서 개혁신학을 배웠으며, 1959년에는 칼뱅탄생 450주년에 『칼뱅연구 1959』(Calvinstudien 1959)에 "선택과 성도의 견인에 관한 칼뱅의 견해"(Erwählung und Beharrung nach Calvin)라는 논문을 기고했다.
32 위르겐 몰트만, 『몰트만 자서전』, 116.
33 위르겐 몰트만, 『몰트만 자서전』, 118-19. 위르겐 몰트만, 『희망의 원리』, 3023-24. 희망의 원리의 번역자 박설호는 마지막 해설에서 블로흐의 희망철학이 몰트만의 희망신학에 긍정적인 모티프를 제공했다고 평가하고 있다.

로 옮겨놓기 위해 희망에 대한 논의를 계속해야 했다. 죽음 앞에 절망으로 회귀하고 잠식당하는 희망은 참된 희망일 수 없다는 점을 이야기해야 했다. 기독교 안에 가장 강력하게 자리 잡고 있는 종말론적 희망개념이 실종된 현실[34]에서 종말론의 자리를 바로 세우고 싶었던 까닭이다. 교회 안으로 함몰되어진 기독교의 자리를 바로잡고 싶었던 까닭이다. 블로흐의 『희망의 원리』는 몰트만에게는 궁극적인 기독교 신학의 질문에 대한 자극이었다. 칸트가 물었던 '우리는 무엇을 희망할 수 있는가?'에 대한 기독교적 질문을 블로흐의 치열한 희망에 대한 논구 속에서 충격을 받았다. 몰트만이 이미 연구 중이었던 '하나님 나라와 종말적 희망'에 대한 관심의 촛불에 블로흐의 『희망의 원리』는 끓는 기름을 부은 셈이다.

만남: 『희망의 원리』

20세기는 낭만주의로 시작되었다. 서구의 기독교문화는 세계 모든 곳에서 구현될 수 있을 것이라는 낙관적인 꿈을 꾸었던 시대다. 하나님 나라의 실현이라는 희망이 실현될 것으로 내다보았다. 하지만 두 차례의 세계대전과 홀로코스트와 인종청소, 독재자들의 출현으로 야만의 시대가 부활했다. 사회주의는 소설[35]에서 예견된 무서운 디스토

---

34 2차 세계대전 이전에 활발하게 전개된 낭만주의철학의 핵심은 희망이었다. 하지만 끔찍한 전쟁의 참극과 함께 기독교 희망의 변용으로 왜곡된 결과를 낳았던 전범들의 매몰과 함께 희망의 사유들도 매장되었다. 전쟁 이후데 불어 닥친 음흉한 허무주의 앞에 교회와 기독교 희망은 숨죽여 오래도록 침묵했다. 몰트만 다시금 불을 지핀 희망의 신학에 대한 자극은 블로흐의 『희망의 원리』를 통해서 이루어졌다.
35 희망의 유토피아를 향했지만, 하부로부터의 개혁이 아닌 상부로부터의 개악을 통해 다른

피아36의 전형으로 변형되어갔고, 자본주의는 탐욕과 돈의 식민지 상
태로 빠져 들어갔다. 거대기업의 이윤을 위해 인간존재에 대한 학대가
발생하고 극단적 양극화현상이 초래되었다. 환경오염과 오존층 파괴,
핵폭탄으로 인한 끔찍한 후유증들을 목도하면서 희망은 수그러들고 말
았다. 블로흐는 낭만주의와 허무주의시대를 함께 목격하면서 미래에
대한 희망의 끈을 놓지 않았다. 블로흐의 끊임없는 희망에 대한 탐색과
미래에 대한 개방적 시선은 좌절과 절망으로 침묵하던 시대에 몰트만
에게 깊은 자극이 되었다.

몰트만은 블로흐의 희망의 담론에 깊은 자극을 받았다. 희망에 대한

전형의 계급사회를 구성한 디스토피아를 소설화한 작품들로는 조지 오웰의 『동물농장』, 도
정일 역(서울: 민음사, 1998)과 『1984』, 정회성 역(서울: 민음사, 2003)이 있다. 저마다
다른 유토피아를 꿈꾸는 현실을 보여주는 우리나라 소설로는 이청준, 『당신들의 천국』(서울:
문학과지성사, 1996) 등이 있다.

36 유토피아의 반대되는 표현이다. 유토피아의 꿈은 어떤 이들에게는 환상의 실현일 수 있으나,
다른 편에서 볼 때는 지옥 같은 디스토피아일 수 있다. 보다 완전한 세상에 대한 갈망과
실현은 끔찍한 학살과 소외를 정당화하는 무서운 세상일 수 있다. 독일제국의 유토피아는
끔직한 전쟁과 재앙을 낳았고 공산혁명으로 지불된 학살, 자본주의 유토피아가 불러온 양극
화현상을 우리는 목도하고 있다. 이매뉴얼 월러스틴, 『세계체제분석』, 이광근 역(서울: 당대,
2007), 이매뉴얼 월러스틴(Immanuel Wallerstein)은 이데올로기의 출현을 프랑스혁명의
출현과 함께 시작되었다고 보는데, 모든 세계체제는 역사 가운데 등장하고 수명을 가지고
있다고 말한다. 근대로부터 현대의 자본주의 체제에 이르기까지 세계의 구조를 자세하게
분석하고 있다. 특징적인 것은 현존 자본주의 체제에서 발생시키는 양극화는 다른 체제로
이행하기 위한 엄청난 투쟁을 불러 올 수 있다고 보면서도 블로흐의 표현처럼 더 나은 미래
로의 가능성을 내다보며 결론을 짓고 있다. 장 보드리야르, 『테러리즘의 정신』, 배영달 역(서
울: 동문선현대신서, 2013). 두 희망의 유토피아가 균형을 이루던 자유주의와 공산주의의
냉전 체제가 붕괴되고 힘의 균형이 상실된 일방적 슈퍼파워 아래서, 이슬람이 취하는 저항과
희망의 정신은 테러를 통해서 전개되고 있다고 보드리야르는 말한다. 걸프전쟁보다 더욱
깊게 각인된 9.11 맨하탄 테러는 이미지와 상상력을 통해 엄청난 군비로 전쟁을 치루고
나서도 얻지 못한 이미지와 공포의 효과를 얻어내는 비대칭적 방법으로, 구원의 희망을 가진
순교적 죽음을 미화시킴과 동시에 대상에게는 죽음의 공포를 제공하는 투쟁수단으로 파악하
고 있다.

관심은 이전부터 다루어오던 하나님 나라에 대한 관심에서 이미 이어져오던 상태였기에 더욱 그랬다. 그럼에도 블로흐와의 접촉이 분기점이 되었다.37 블로흐를 만나기 전에 이미 언약신학과 초기 기독교 종말론에 대한 영향을 받았다. 몰트만의 하나님 나라 신학은 크리스토프 블룸하르트(Christoph Blumhardt)38와 디트리트 본회퍼(Dietrich Bon−hoeffer), 게르하르트 폰 라트(Gerhard von Rad)의 약속신학에 뿌리하고 있다. 약속과 언약에 대한 논구들은 그의 『희망의 신학』에서 다루는 희망의 개념 논의의 중요한 토대이다.

....

37 김균진, 『20세기 신학사상 II』, 214-15. 김균진은 몰트만의 종말론에 블로흐가 가장 결정적인 영향을 주었다고 평가하고 있다. 몰트만은 구약에 근거한 블로흐의 메시아니즘과 미래지향적 사고를 적극적으로 수용하여 사용했다. 남기철, 『현대신학해제』(서울: 대한기독교서회, 2003), 510-11. 남기철은 몰트만이 블로흐에게서 깊은 영향을 받았다는 것을 당연하게 여긴다. "몰트만이 그의 신학을 풍부한 성격적 기초 위에 전개하고 있다는 것은 부인할 수 없는 사실이지만, 그의 사상의 배후에는 유대인 마르크스주의 철학자 에른스트 블로흐(Ernst Bloch)의 영향이 크게 작용했다는 것도 잘 알려진 사실이다. … 몰트만의 희망의 신학의 근본적 구조는 블로흐의 희망의 철학의 그것과 일치한다. 지나치게 단순화하면 몰트만은 미래를 중심으로 현재와 과거의 의미를 규정한다는 블로흐의 근본적 통찰을 채택하는 동시에 그의 무신론적 요소를 제거하여 자신의 종말론적 신학을 구성했다고 할 수 있다. 몰트만은 블로흐의 초월 없는 초월, 즉 인간이 하나님 없이 희망을 가지고 미래를 대하며 유토피아를 향해 그의 상황을 초월할 수 있다는 것은 환상에 불과하다고 일축한다. 그리스도교의 희망은 결코 비현실적이거나 추상적인 유토피아가 아니고 그리스도의 부활로 말미암아 그 현실이 가능하게 된 미래에 대한 열정이다. 하나님 없는 희망이야 말로 천박하고 근거 없는 희망일 뿐이다." 남기철은 블로흐의 희망을 추상적인 것으로 비판하고 있지만, 사실 블로흐가 말한 유토피아는 이전에 소설에서 알려진 추상적 유토피아에 대한 비판적 성찰로 구체적인 유토피아를 지향한다는 점에서 잘못된 비판이다.

38 하나님 나라에 대한 이해에 있어서 몰트만에게 적지 않은 영향을 주었다. 블룸하르트는 하나님의 통치와 뜻은 조용한 듯 보이지만 세상을 관통하고 있고, 종국의 완성을 가져올 것을 내다본다. 그는 또한 하나님 나라는 인간 편에서 수동적으로 머물러 있지 않고 능동적인 참여에 대해서 강조하고 있다. 그에 대한 보다 깊은 이해를 원하면 김윤규, 『희망의 선구자 요한 크리스토프 블룸하르트』(오산 :한신대학교출판부, 2009)와 이신건의 "크리스토프 블룸하르트의 하나님 나라 운동"(http://sgti.kehc.org/myhome/system-theology/8.html)을 참조하라.

몰트만의 희망은 종말론과 뗄 수 없다. 초기 기독교 종말론에 대한
숙성된 논의들의 배경에는 에른스트 케제만(Ernst Cäsemann)의 영향이
컸다. 케제만의 그리스도의 재림과 초기 기독교 종말론은 몰트만의 종
말론적 희망에 대한 논의의 바탕이 되었다. 그럼에도 몰트만에게 희망
의 신학에 대한 자극과 깊은 전회, 추동의 에너지를 준 것은 『희망의
원리』임을 부인할 수는 없다. 블로흐의 저작을 가리켜, "물리칠 수 없
는 도전"으로 평하고 있다.[39]

절망의 그림자로 가득 드리워진 시대 속에 희망은 뜨거운 화두였다.
시대의 질문과 요구에 맞추어진 『희망의 신학』은 큰 반향을 일으켰다.
몰트만의 희망의 근거는 선명했다. "구약성경의 언약과 신약성경의 부
활의 역사가 그리스도인들의 희망의 근거이다."[40] 블로흐에 의한 자극
을 넘어 희망에 대해 깊이 궁구한 그는 기독교 종말론은 어떤 근거 위
에 세워졌는지 질문한다. 전통적으로 알려진 '종말론'은 마지막 날에
일어날 일들로만 채워져 있는 것에 대해서 물음을 던졌다. 종말을 먼
미래에 일어난 사건으로만 던져 놓아 버린다면, 지금 종말론적 희망은
암울한 현실과 어둠 앞에서 어떤 역할도 기대할 수 없는 것에 지나지
않게 된다는 점을 간파했다.

기독교 종말론은 화석화되고 신학의 부록으로 남아있는 현실에 대
한 반성과 함께 철학적 희망과 다른 기독교의 희망의 근거를 발굴하고
자 했다. 종말론은 최후의 상태와 피안의 세계만을 다루는 죽은 논리
가 아니라 현실을 변혁하고, 오늘의 선택에 지대한 영향을 주는 기독
교신앙의 핵심의 자리로 회복시키고자 했다. 십자가와 부활의 양립 불
가능한 모순을 화해시킨 그리스도의 미래가 곧 기독교의 미래라고 보

39 위르겐 몰트만, 『몰트만 자서전』, 142-43.
40 위르겐 몰트만, 『몰트만 자서전』, 143.

았다.

몰트만의 종말론의 특징은 종말을 그리스도의 십자가와 부활에서 찾는다. 달리말해 종말론의 뿌리를 기독론에서 길어낸다. 십자가와 부활, 즉 죽음과 생명의 모순이 극복되는 곳에서 희망하는 것과 반하는 현실의 모순 속에서 그리스도의 희망이 변혁의 동기가 된다고 보았다.

그리스도교적 종말론이 미래를 어떻게 말할 수 있는가? 그리스도교적 종말론은 미래 일반에 관해 말하지 않는다. 그것은 분명한 역사적 현실로부터 출발하며, 그 미래와 그 미래적 가능성, 그 미래의 힘을 알린다. 그리스도교적 종말론은 예수 그리스도와 그의 미래에 관해 말한다. 그것은 예수의 부활의 현실을 인식하고, 부활한 자의 미래를 선포한다. … 희망에 부푼 약속의 진술은 경험할 수 있는 지금의 현실과 갈등을 빚는 가운데 등장하기 마련이다. 그것은 경험으로부터 나오지 않으며, 오히려 새로운 경험을 가능하게 하는 조건이다. 그것은 지금 존재하는 현실을 드러내기보다는 오고 있는 현실을 드러내려고 한다. 그것은 지금 존재하는 현실을 정신 속에서 모방하기보다는 약속되고 기대되는 현실을 향해 변혁하려고 한다.[41]

몰트만은 부퍼탈 신학교에서 처음 두 세미나를 개설할 때의 주제가 이미 '하나님 나라의 희망의 역사'라는 제목이었다. 1956년에 만난 아놀드 반 롤러에게서 받는 영향에 따른 것이다.[42] 칼 바르트에 경도되어

----

41 위르겐 몰트만, 『희망의 신학』, 이신건 역(서울: 대한기독교서회, 2002), 23-24.
42 위르겐 몰트만, 『몰트만 자서전』, 141-42. 하나님 나라에 대한 본격적인 연구와 탐색할 수 있도록 자극한 인물들에 대해서 말하고 있다. "크리스토프 블룸하르트와 디트리히 본회퍼는 내가 하나님의 나라 신학을 하도록 도와주었다. 나의 하나님의 나라 신학은 게르하르트

진 곳에서 탈피하여 하나님 나라와 종말을 향한 희망에 대해 자극을
받았다. 세미나와 강의로 관심이 증폭되어진 상태에서 만난 『희망의
원리』는 기독교적 종말론에 대한 매우 깊고 넓은 통찰력을 제시해 주었
다. 그는 이 책에 즉각 매료되었고, 스위스의 수려한 경관과 산맥보다
블로흐라는 저작 안에 담겨진 거대한 희망의 역사의 산맥을 탐색하는
일에 빠졌다. 몰트만은 블로흐의 저작 앞에 부끄러움을 느끼고, 기독교
신학에서 놓치고 있던 희망에 대한 연구에 크게 자극받게 되었다. 몰트
만은 고백하기를 블로흐의 철학에 자극을 받고 희망의 신학에 깊은 관
심을 가지는 계기를 얻게 되었다고 말한다. 그는 『희망의 신학』이 출간
된 이후 40년이 지난 2004년에 다음과 같이 회고한다.

1960년 저는 부퍼탈에서 에른스트 블로흐(Ernst Bloch)를 소개받았으며
곧바로 다음 휴가 기간에 스위스에서 그의 『희망의 원리』를 읽게 되었습
니다. 저는 그 책에 완전히 매료되었는데 스위스의 산들이 보여주는 아름
다움도 눈에 띄지 않을 정도였습니다. 물론 이 때문에 아내는 매우 실망
스러운 휴가를 보냈지만요. 저는 블로흐의 철학 앞에 부끄러움을 느껴야
했습니다. 왜 우리 기독교 신학자들은 이 메시아적 희망이란 주제를 놓치
고 있을까? 그 책 서문(*Prinzip der Hoffnung*, DDR-Ausgabe, 17)에는 다
음과 같이 써 있었습니다. "모든 기독교인들은 성서 중 출애굽의 본문이나
메시아에 대한 희망을 다루는 부분들을 통하여 흐릿하게 혹은 실존적으

....

폰 라트(Gerhard von Rad)의 구약 성서적 약속신학과 후기-불트만주의자들의 묵시문학
연구에서 그 성서적 근거를 발견했다. 에른스트 케제만이 그리스도의 재림과 초기 기독교의
종말론을 신약 성서적 방향으로 밀고 나갈 수 있었던 것은 바로 후기-불트만주의자들의 묵
시문학 연구 때문이었다. 네덜란드의 사도적 신학으로 말미암아 나는 세계 안에서 하나님의
나라의 미래를 선교적으로 분명하게 선취할 수 있게 되었다. 물론 에른스트 블로흐의 희망의
원리도 나로서는 물리칠 수 없는 도전이 되었다."

로 그 희망을 이미 알고 있다." 하지만 1960년 그 당시 저는 대다수 기독교인들이 그것을 안다고 생각할 수 없었고, 그들이 하나님 나라를 향한 출애굽의 대장정에 나서게 되었다고 느끼지도 않았습니다. 이러한 상황에서 저는 그의 철학과 나란히 서기 위하여 희망의 신학으로 나가기 시작하였습니다.[43]

그는 1960년 "메시아사상과 마르크스주의, 에른스트 블로흐의 '희망의 원리'에 관한 개론적 서술"(*Messianismus und Marxismus. Einführende Bemerkungen zum 'Prinzip Hoffnung' von Ernst Bloch*)에서 『희망의 원리』를 다음과 같이 평한다.

내가 블로흐와 함께 걸어갔던 계속적인 여정 속에서 깨달았던 점은 블로흐 사상의 중심이 유대교적, 기독교적인 뿌리로부터 자라난 메시아적 철학이며, 블로흐가 마르크스주의를 단지 시대적으로 제약된 세계 분석으로서만 사용했다는 사실이다. 블로흐는 자신의 독특한 '유대-기독교적인' 동력 안에서 생각하셨다.[44]

몰트만은 기독교적 희망의 신학을 세워가는 일 뿐 아니라 지속적으로 블로흐에 관한 비평적 연구를 통해 변별성을 높여나갔다. 블로흐에 대한 공헌과 함께 한계와 비판을 통해서 기독교적 희망에 대한 구별을 세워나갔다. "메시아주의와 마르크스주의(1960)", "인권과 마르크스주의(1962)"를 작성했고 1963년에는 "희망의 원리와 희망의 신학"을 통해서 블로흐의 희망철학을 철저하게 비평적으로 다루기도

43 위르겐 몰트만, "희망의 신학, 그 이후 40년" 「기독교사상」 vol. 48 No. 7, (2004), 36.
44 위르겐 몰트만, 『몰트만 자서전』, 142-43.

했다. 블로흐가 90세가 되던 1976년에는 18편의 논문이 수록된 『에른스트 블로흐와의 대화』를 출판했다.[45] 몰트만은 블로흐의 희망사상의 비평적 연구를 통해 희망신학의 보다 구체적인 지평들을 펼쳐갈 수 있었다.

희망철학과 희망신학

블로흐의 희망철학은 아직—아님이라는 미래를 향해 열린 변증법적인 구조가 핵심이다. 존재론의 시간성에 있어서 과거나 현재에 매이지 않고 아직 존재하지 않는 다가올 존재론을 통해서 희망을 논한다. 아직—아닌 존재는 필연적으로 미래에 대한 희망의 가능성을 가진다. 물론 미래가 낙관적이라고 확증할 수 없다. 동시에 미래는 희망적일 수 있다는 가능성 역시 공존한다. 미래에 대한 낙관적인 기대와 희망은 모든 발전의 동력이고 근원이다.

기존의 현실에 만족하여 머물지 않고 절망으로 무너지지 않게 하는 힘을 블로흐는 낮 꿈, 즉 희망이라고 보았다. 밤 꿈의 수동성과 달리 낮 꿈은 능동적으로 참여하는 것이며, 현재의 상황을 넘어서는 초월행위이다. 단순히 추상적인 초월이 아니라 보다 나은 미래를 추구하며 살아갈 힘을 준다. 그는 생각, 즉 사고하는 것을 초월하는 행위라고 보았다.[46] 아직 이르지 않은 미래의 날에 대한 기대가 희망의 본질인

----

45 위르겐 몰트만, "희망의 신학, 그 이후 40년", 37.
46 에른스트 블로흐, 『희망의 원리』, 17. 실제초월은 단순한 열광이나 추상적 상상 혹은 공허한 지향이 아니다. 블로흐의 묘비명에 "Denken heißt überschreiten"라 기록되어 있지만, 한국에서 왕성하게 블로흐의 글들을 번역하고 소개하고 있는 학자, 박설호는 묘비명에 새겨진 내용을 "Denken heißt beschreiten"라고 잘못 기록하고 있다.

셈이다.

모든 낮은 아직 저녁에 이르지 않았으며, 모든 밤은 조만간 새벽을 잉태할
것이다. 인간이 갈구하던 선을 아직 쟁취하지 못한 것은 그 자체가 미래의
가능한 승리를 함축하고 있다. 특히 역사와 세계에서 다른 더 나은 가능
성이 소진하지 않았다는 것을 전제로 한다면, 더욱 그러하다. 다시 말해
현실적으로 가능한 것은 유토피아의 변증법적 과정과 함께 아직 끝까지
고착되지 않기 때문이다. 갈망, 의지, 계획, 예측된 상, 상징적 의향, 하나
의 의미를 지닌 암호 등은 과정 속에서 스스로의 공간을 차지하며, 과정
속에서 잠재적인 천국을 형성할 것이다.47

블로흐는 미성숙한 '추상적인 유토피아'와 구별되는 '구체적 유토피
아'(konkrete Utotie)를 갈망한다. 현재를 무시하는 관념적 유토피아는
거짓 유토피아로 체념적 현실에 대한 도피적인 성격을 가진다.48 블로
흐가 말하는 '구체적인 유토피아'는 마르크스사상에 블로흐가 붙인 이
름이다. 블로흐 이전의 유토피아가 '존재하지 않는 것'이었다면, 블로
흐 이후의 유토피아는 '지금 여기에 잠재된 것'으로 변형되었다고 볼
수 있다.49

몰트만 역시 십자가와 부활의 신학적 변증법과 부활을 통한 희망의
근거를 확보한다. 성경은 하나님의 약속과 성취로 가득 차 있다. 이렇
듯 신실하신 하나님께서 희망의 근거요, 토대이다. 신앙의 핵심은 희망

------

47 에른스트 블로흐, 『희망의 원리』, 627.
48 에른스트 블로흐, 『희망의 원리』, 645.
49 안성찬, "'아직 존재하지 않는 것'의 존재론-에른스트 블로흐와 유토피아의 희망", 『문학과
   과학』 68호(2011), 62.

이다. 희망이 삭제된 신앙이나, 결핍된 믿음은 그 생명력을 상실한다. 몰트만은 "믿는다는 것은 실로 한계선을 넘어간다는 것, 그것을 초월한다는 것, 탈출한다는 것을 의미한다."[50]고 보았다. 기독교신앙은 갈등을 회피하지 않고, 어둠과 질퍽한 고통을 마주한다. 희망은 고통스러운 현실을 피하고, 현재를 먼 미래의 유토피아적 낭만으로 밀어내지 않는다. 희망은 고통의 현실 한복판으로 들어가며, 희망과 모순된 현실에 저항한다.

신앙은 바로 이러한 갈등 안으로 들어가며, 그래서 그 스스로 죽음의 세상에 맞서는 저항이 된다. 그러므로 신앙이 언제나 희망으로 전개되는 곳이라면, 그곳에서 신앙은 평안하게 만들기보다는 불안하게 만들며, 참을 수 있게 만들기보다는 참을 수 없게 만든다. 신앙은 불안한 마음(cor inquietum)을 진정시키기보다는 인간 속에서 스스로 불안한 마음이 된다. 그리스도를 바라보는 자는 더 이상 주어진 현실을 참아내지 못하며, 그 현실 때문에 고통을 당하고 그것에 저항하기 시작한다. 하나님과의 평화는 세상과의 불화를 의미한다. 왜냐하면 약속된 미래의 가시가 성취되지 못한 현재의 살 속으로 가차 없이 파고들기 때문이다.[51]

몰트만은 블로흐의 하나님 없는 희망을 비평적으로 수용함으로써,

---

50 위르겐 몰트만, 『희망의 신학』, 26. 에른스트 블로흐, 『희망의 원리』, 2564.
51 위르겐 몰트만, 『희망의 신학』, 28. 위르겐 몰트만, "희망의 신학, 그 이후 40년", 41. 몰트만은 블로흐의 희망철학이 하나님 없는 세계의 희망에 대한 개진을 비평적으로 수용, 연관시켜 연구를 진행하고 싶었다고 진술한다. "희망의 신학을 통하여 저는 교회, 아니 전체 기독교계에 그들이 가질 수 있는 이 세상을 위한 참된 희망을 다시 되돌려주고 싶었습니다. 저는 블로흐의 철학이 하나님 없는 세계의 희망을 말하고 있던 바를 적극적으로 그러나 비판적으로 수용하여 그것을 유대교 기독교 전통에서 자라난 희망의 하나님(롬 15:13)과 연관시키고 싶었던 것입니다."

기독교적 희망을 교회와 세계를 위해 되돌려 주고 싶어 했다.[52] 19세기 초의 오만에 찬 독일 관념주의(Idealismus)의 낙관적 희망을 비판하고, 양차대전을 통한 20세기 중반 절망의 실존주의의 문학더미에서 기독교적 희망을 선포하고 싶어 했다. 기독교적 신앙은 정오의 태양 아래 있지 않고, 어둠과 빛이 중첩되는 여명 안에서 세워진다고 말한다.

신약성서에서 그리스도의 파루시아는 오직 기대의 범주 안에서만 이해된다. 그러므로 그것은 그리스도의 현재(praesentia Christi)가 아니라 그리스도의 도래(adventus Christi)를 의미한다. 그것은 시간을 정지시키는 그의 영원한 현재가 아니라, 강림절의 노래 가사가 말하듯이, 시간 안에서 생명을 열어 주는 그의 '미래'이다. 왜냐하면 시간의 생명은 희망이기 때문이다. 신앙은 생명의 정오(正午) 안에 세워지는 것이 아니라 밤과 낮, 사라지는 것과 다가오는 것이 서로 투쟁하는 새로운 날의 여명 안에 세워진다. 그러므로 신앙은 그날그날 속으로 들어가서 사는 것이 아니라, 무로부터 창조하신 분(creator ex nihilo)과 죽은 자를 살리신 분이 약속하신 대로 장차 오게 될 것들을 기대하면서 그날그날을 넘어선다.[53]

몰트만은 희망은 현재의 행복을 보지 못하도록 인간을 속이는지 질문한다. 과거의 미래, 회상과 희망 속에서 현재를 간과하도록 하고, 신속하게 현재를 지나치게 만들어 현재의 행복에 눈 감도록 하는지 묻는다. 기독교적 희망은 하나님 나라의 선취를 통해서 미래와 현재를 중재한다. 궁극적인 미래에 대한 희망의 선취는 낡은 현재와 어두운 현실에

52 위르겐 몰트만, 『몰트만 자서전』, 146.
53 위르겐 몰트만, 『희망의 신학』, 39.

결코 눈감지 않는다. 신실한 하나님의 약속의 선취는 현재를 바꾸는 희망이 되고 현실을 변혁하도록 이끈다. 희망은 막연한 미래와는 상관이 없다. 현실의 어둠을 바꾸고 변혁시키는 능력이요, 힘이다. 블로흐가 가능성의 희망에서 열린 미래를 희미하게 찾아내는 것과 비교하여 몰트만은 확실한 약속의 선취, 즉 부활에서 목격되고 증거된 미래의 비전을 보고, 오시는 하나님을 통해 종말적 현재를 살아가는 삶을 이야기한다.

이렇듯 주고받은 영향가운데 희망의 철학과 희망은 동일점과 상이점을 드러낸다. 앞서 살핀 블로흐의 희망철학과 몰트만의 희망신학에 대한 이해를 바탕으로, 본격적으로 블로흐와 몰트만의 '희망의 개념'에 대한 내용을 몇 가지 쟁점을 통해 다루고자 한다.

우선, 철학과 희망의 토대가 되는 신론을 살핀다. 블로흐는 요청과 혁명적 저항정신을 희망의 기초로 삼지만, 몰트만은 하나님의 약속이 희망의 토대라고 말한다. 블로흐의 이신론(二神論)과 몰트만의 삼위일체론적 이해를 살피고, 이어 예수 그리스도에 대한 이해, 즉 기독론을 비교해 본다. 신론의 비교를 통해 희망의 토대의 근본적인 차이를 논하고, 예수에 대한 이해의 차이가 낳는 희망의 본질적 지평차이를 다룬다.

두 번째 쟁점으로는 미래와 종말이라는 비교쟁점을 다룬다. 희망은 결국 미래와 종말과 연결된다. 아리스토텔레스 물질철학에서 길어낸 희망철학의 지평에서 내다보는 미래와 종말을 살피고, 기독교 종말론에서 말하는 희망의 내용의 비교를 통해 양자택일의 가능성의 미래와 확증된 미래희망의 지평차이를 비교한다.

마지막으로 블로흐의 희망철학에서 다루는 구체적인 유토피아를 생각하고, 현재를 변혁하는 구체적 희망신학으로 인한 하나님 나라와 교회적 비전을 비교해서 논해본다. 블로흐는 교회를 비판하면서 극복해

야 할 대상으로 삼는다. 유토피아를 위한 구체적인 대안으로 마르크스
주의를 채택한다. 이와 비교하여 몰트만은 하나님의 약속을 소유한 교
회가 하나님 나라를 위해 개방된 공동체로 서야 할 과제를 비교하여
논해본다.

희망개념 비교쟁점

위르겐 몰트만

JÜRGEN MOLTMANN

ERNST BLOCH

에른스트 블로흐

Chapter 5

희망의 두 지평

희망개념 비교쟁점

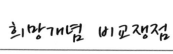

　블로흐와 몰트만 모두 '희망'이라는 개념 위에 사상을 세웠다. 몰트만은 블로흐의 '희망개념'을 비판적으로 수용했기에 공통점이 존재한다. 더불어 비평적 수용에 따른 차이가 또한 존재한다. 두 사람 모두 미래에 대한 관심을 가졌고, 아직 다가오지 않은 시간이 현재에 미치는 영향에 민감했다. 다가올 시간, 즉 종말론적 기대와 희망이 현재를 바꾸는 동력이고 힘이라고 간파했다. 물론 두 사람의 공통점은 몰트만이 블로흐의 사상을 흡수했기 때문은 아니다. 유대적 메시아니즘에 대한 관심은 두 사람 모두 가지고 있었다. 이미 두 사람의 유사성의 단초는 놓여있었던 셈이다.

　종말론적인 지향과정에 놓인 현실에서 희망과 다른 현실을 마주할 때 발생하는 저항과 반역에 대한 이해에서도 공통적인 저항선이 존재한다. 하지만 저항과 반역에 대하여 추구하는 방법과 목표에 있어서 질적인 차이가 존재하고 있는 것을 보게 된다. 이는 몰트만이 가지고 있는 그리스도의 부활에서 가진 확실하고 분명한 미래희망과 달리, 양자택일의 어찌될 줄 확신할 수 없는 아직—아님의 미래적 종말관을 지닌 블로흐의 불확실한 가능성의 희망개념에서 오는 차이일 것이다. 더 나은 미래를 열망하고 희망하는 공통점을 가진다. 하지만 하나님으로 인하여 완성되는 나라대신 하나님이 없는 전복적인 나라[1]를 추구하는 점에서 근본적인 차이를 가진다. 블로흐가 말하는 희망은 종착지에 이르면 소멸하는 희망이다. 다다르게 되면 더 이상 희망이 될 수 없는 끊임없이 열려있는 가능성으로의 희망이다. 블로흐의 희망과 몰트만의 희망은 같은 단어를 지녔지만 근본적이고 질적인 차이를 가진 셈이다.

블로흐와 몰트만 모두 희망의 선취로써 가장 중요한 인물로 예수를 꼽는다. 예수에게서 가장 중요한 희망의 단초를 길어낸다는 점에서 일치하지만, 들여다보면 전혀 다른 질적 내용의 차이를 가진다. 몰트만은 예수의 십자가와 부활에서 약속의 성취와 미래희망의 근거를 끌어낸다. 반면, 블로흐는 예수에게서 전복의 전형을 발견해낸다. 아버지의 권좌를 찬탈함으로써 하나님 없는 하나님 나라, 즉 인간스스로의 독립된 나라를 끄집어낸다. 몰트만에게 있어 하나님 나라는 예수 그리스도의 부활을 통해 증거된 약속의 완성을 내다본다. 하지만 블로흐는 미래의 희망 역시 하나님으로 부터의 탈출을 통한 인간의 나라를 희망한다는 점에서 몰트만과 건널 수 없는 차이를 만든다. 먼저, 하나님에 대한 이해와 예수 그리스도에 대한 신론과 기독론의 이해의 차이를 살펴보자.

---

1 "하나님 없는 하나님 나라"는 블로흐에 있어 이신론(二神論)에 입각한 선신과 악신의 투쟁가운데, 악신이 제거된 나라를 열망하는 것으로 신의 존재 부정이나, 하나님이 완전 제거된 나라로 보는 시각과는 거리가 있다. 변증법과 페르시아이원론의 결합을 통해 왜곡된 신앙을 바로잡고, 보다 인간본위의 신학을 정립코자 했다. 전통적인 신학과는 먼 거리를 지녔지만 무신론자로로 단정하기에는 조심스럽다. 근대를 해체하고 현대를 열어젖히는 데 혁혁한 영향을 주었다고 말하는 3인, 즉 마르크스, 프로이트, 니체까지 모두 당시의 공공의 적은 왜곡과 영향력을 상실한 왜곡된 기독교의 해체와 타파에 있었다. 당시의 종교상황으로는 희망이 없다는 생각한 까닭이다.

희망의 토대와 예수

블로흐는 칸트의 신 존재 요청을 하나님 없는 하나님 나라의 요청으로 변형시켰다. 블로흐의 희망철학은 칸트의 요청적 신앙의 맥락에서 파악할 필요가 있다. 칸트는 도덕적 실천의 가능성의 조건으로 신의 존재를 요청하였다. 칸트의 세 가지 근본적인 3가지 형태의 물음이 있다. "나는 무엇을 알 수 있는가?", "나는 무엇을 해야 하는가?", "나는 무엇을 희망해도 좋은가?" 첫 번째 질문은 이론적 지식의 가능성의 문제로 『순수이성비판』에서 다룬다. 두 번째 질문은 도덕적 실천의 문제로 『실천이성비판』에서 다루고 있다. 마지막 세 번째 질문인 '희망'에 관한 물음은 『이성의 한계 안에서의 종교』라는 책에서 다룬다.

칸트가 묻고 있는 위의 세 가지 질문을 하나로 묶으면, "인간이란 무엇인가?"로 요약될 수 있다.[2] 인간의 인식능력에 대한 분석적 고찰을 『순수이성비판』에서 다루고 있다. 실천이성의 문제는 객관적 지식의 문제가 아니라 '도덕성'을 어떻게 수행할 수 있는가?에 대한 물음이다. 칸트는 실천이성의 부분을 과학적 인식의 범주와 구분했다. 마지막으로 "무엇을 희망해도 좋은가?"의 질문은 종교적 신앙의 문제로 구분했다. 사실, 칸트 이전까지는 지식, 실천, 종교를 구분하지 않고 혼동해 왔지만 칸트에 와서 범주의 구획이 지어진다. 이전에는 신 존재 증명이 학문적인 것으로 생각했지만, 칸트에 와서는 신은 지식의 대상이 될 수 없다는 입장을 취한다. 신개념은 우리의 인식범위에 포착되지 않는다는 주장이다. 분석철학의 선구적 역할을 칸트가 정초한 셈이다.

도덕적인 삶을 살아가는 사람들에게 정당성을 부여하고, 이를 판단한 도덕적 신을 요청해야만 했다. 도덕적 행위에 정당성을 부여할 이성

---

2 김진·한자경, 『칸트』(파주: 21세기북스, 2015), 11-12.

적 신을 요청한 것이다. 신의 존재를 요청함으로써 도덕행위를 무한히 계속해 나갈 수 있는 필요한 도덕적 지상왕국을 구체화할 수 있다고 보았다. 여기에서 이성신앙과 윤리신학이 성립된다. 종교가 있는 곳에 희망이 있는 것이 아니라, 희망이 있는 곳에 종교가 존재한다고 보았기에, 희망은 요청되어야 했다. 칸트가 최고선 실현의 가능성을 위해서 영혼불멸을 요청한 것처럼,3 블로흐 역시 희망에 반하는 현실에 저항하는 이들의 혁명적 죽음이 헛되지 않음을 위해 영혼불멸을 요청했다. 블로흐가 칸트에게서 요청주의를 차용하곤 있으나 변용하여 사용했다. 칸트가 추구한 윤리적 하나님 나라를 요청한 것과 달리, 자율의 나라, 구속이 없는 나라 곧, 하나님 없는 하나님의 나라를 요청했다.

몰트만이 계시 의존적 희망을 말하는 것과 달리 그는 성경의 정경과정의 불순한 개입이 있었다고 확신한다. 에즈라는 BC 450년경에 페르시아에 머물다 본국으로 다시 돌아올 때에는 예루살렘의 종교지도자의

---

3 칸트의 요청이론의 내용은 크게 세 가지로 설명할 수 있다. 첫째는 '자율성의 요청'이다. 도덕철학이 가능하게 하는 근본적인 개념이 바로 인간의 '자율성'이다. 이 자율성은 인과성이 작동하는 '자연세계'에서 나오지 않는다. 자연세계에서는 예외성이 허락되지 않는 까닭이다. 반면에 '지성의 세계'에서는 '예외성'을 인정할 수 있다고 보았다. 인간은 유일하게 자연인과성이 작동되는 '자연세계'만이 아니라 '지성의 세계'에도 존재하는 두 세계의 시민이다. '자율'이 도입되는 것은 자연인과적 세계에서는 불가능하지만, '지성의 세계'에서는 자율이 도입될 수 있다. 하지만 자유가 어떻게 가능한 지에 대해서는 설명하지 못하고 있다. 인간의 자유, 즉 자율은 도덕행위를 가능을 위한 '요청'으로 존재한다고 본다. 〈윤리학〉은 자율성이 없이는 학문자체가 불가능함으로 인간자율의 요청은 윤리학에 있어서 근본적인 요청이라고 보아야 한다. 둘째는 '영혼불멸의 요청'이다. 도덕적 실존주체가 영원히 생존해야만 도덕적 행위가 의미 있게 획득될 수 있다고 보았다. 도덕적 완전성을 향한 무한한 진행과 접근을 가능키 위해서는 짧은 현세만으로는 불가능하다. 도덕의 실현 가능성의 조건 명제 중 하나로써 '영혼불멸'을 요청하게 된다. 미래 삶의 가능성을 열어두고, 미래의 도덕적 가능성이 열려 있어야만 현재의 도덕적 실현요구가 가능해지는 까닭이다. 자율성의 개념을 끝까지 견지하기 위해서는 인간의 자유개념과 함께 '영혼불멸'을 요청할 수밖에 없다. 마지막으로 '신의 존재요청'하는데 도덕적 행위에 대한 판단, 즉 하나님의 은총판단을 요구한다.

자격으로 왔다. 에즈라는 민중적 계율을 무시, 삭제하는 대신 사제적인 문서만을 중시했다. 구약성경에 에즈라의 신권정치를 강조하는 의도가 강력하게 포함, 편집되었다고 본다.

에즈라는 선임자들과는 달리 예언자들의 발언을 무시하거나 부정하기 시작했다. 왜냐하면 성서의 텍스트가 바로 에즈라와 느헤미야의 시대에 마침내 신권정치를 표방하는 보편적 학자에게 처음으로 제공되었기 때문이다. 그리하여 에즈라는 파라오에게 나타난 예언적 요소를 삭제했으며, 야훼에 대한 상상 속에 담긴 갈망의 특성들을 배제했다. 나아가 그는 이스라엘의 자식들이 토로한 불평 역시 공적인 성서의 텍스트에서 완전히 삭제하였다. 그 대신 원전에 삽입한 것은 문화와 범죄에 역점을 둔 발언 그리고 아첨하는 신하의 말과 같은, 이른바 신적 초월을 우상화하는 발언 등이었다.[4]

블로흐는 성경이 편집되었다고 본다. "성서는 오랫동안 읽힌 역사 서적이면서 아울러 수많은 이야기를 담은 문헌이다. 아마도 성서만큼 수많은 사람들을 긴장시켜 온 짜깁기 서적은 이 세상에 존재하지 않을 것이다."[5] 구약성경이 에즈라에 의해서 편집이 진행되었다면, 신약은 바울에 의한 왜곡이 있었다고 본다. 블로흐는 신약성경이 예수의 삶을 글자 그대로 담은 것이 아니라, 바울에 의해서 재해석되고 정리되어서 희생적 죽음에 관한 신학과 십자가의 인내라는 예법으로 변형시켰다고 본다.[6] 저항과 야성이 있는 희망의 복음을 규정 속에 갇히고 체제 순응

---

4 에른스트 블로흐, 『저항과 반역의 기독교』, 박설호 역(파주: 열린책들, 2009), 138.
5 에른스트 블로흐, 『저항과 반역의 기독교』, 139.
6 에른스트 블로흐, 『저항과 반역의 기독교』, 139.

적인 복음으로 바꾸었다는 것이다.

"예수의 말씀들은 사대 복음서와 마찬가지로 무엇보다도 선교를 위해서 그리고 자력으로 건설해야 하는 공동체의 삶을 위해서 아주 부드럽고 완곡한 표현으로 바뀌고, 체제 옹호적으로 변화된 것들이다."[7] 전복적 요소들을 제거한 셈이다. 그럼에도 불구하고 블로흐는 〈창세기〉, 〈욥기〉, 〈이사야〉와 같은 전복적이고 프로메테우스적인 책들이 어느 정도는 보존되어 남았다고 평가한다. 블로흐가 성경의 일부의 보존을 인정하지만, 어디까지나 체제의 전복과 저항을 위한 요소들을 위함이다. 그의 희망의 토대는 하나님의 계시나 약속이 아니라 인간의 더 나은 미래에 대한 갈망에 있다고 보았다.

칸트에게 있어서 예수는 윤리적 구루, 즉 스승이다. 칸트의 관심은 윤리적이고 도덕적 관점에서 예수를 관조한 까닭이다. 하지만 블로흐는 아버지의 보좌를 찬탈한 전범으로의 예수를 본다. 슬픔과 고통과 악으로 가득한 이 땅을 창조한 하나님은 필시 악한 하나님일 수밖에 없다고 본다.[8] 지상의 교회의 계급적 권력에 권위를 부여하는 종교적 전통을 거부했다. 성경의 전통가운데 본래적인 저항과 반역의 전통이 체제유지와 단속을 위해 성경에서 제거되었다고 본다. 삭제와 상실에도 불구하고 성경의 핵심으로 흐르는 사상적 맥락은 수면 아래의 빙산처럼 남았고, 성경 곳곳에 돌출되어 있다고 보았다.

블로흐는 성경에 담지 되어 있는 기독교 사상의 핵심을 권력에 대한

---

7 에른스트 블로흐, 『저항과 반역의 기독교』, 139.
8 블로흐의 악한 하나님에 대한 이해는 『눈먼 자들의 도시』, 정영목 역(서울: 해냄, 2002)의 저자 주제 사라마구가 마지막으로 저술한 최후의 소설 『카인』, 정영목 역(서울: 해냄, 2015)에서 유감없이 표현되고 있다. 특별히 『카인』은 블로흐적 관점에서 본 하나님, 즉 성경의 하나님을 악한 신으로 서술하고 전통적 성경과 전혀 다른 전복적 형태로 해석하여 풀어가는 형태의 비판적 소설이다.

저항과 반역으로 보았고, 이에 대한 최고의 전범을 예수에게서 찾고 있다. 욥과 요나 그리고 이사야에 걸쳐 신에게 저항하는 요소들이 곳곳에서 숨길 수 없이 돌출되어 있다고 본다. 나그네의 삶을 버리고 정착민의 삶으로 토착화되고 체계화 되어가면서 현상유지를 꾀하는 권력 지지의 종교로 왜곡된 기독교 사상을 회복해야 한다고 보았다. 저항과 반역의 기독교 본질의 야성으로 돌아가야 한다고 보았다. 성경을 왜곡한 범인으로 블로흐는 에즈라와 느헤미야를 언급한다.

> 에즈라는 선임자들과 달리 예언자들의 발언을 무시하거나 부정하기 시작했다. 왜냐하면 성서의 텍스트가 바로 에즈라오 느헴야의 시대에 마침내 신권정치를 표방하는 보편적 학자에게 처음으로 제공되었기 때문이다. 그리하여 에즈라는 파라오에게 나타난 모든 예언적 요소를 삭제했으며, 야훼에 대한 상상 속에 담긴 갈망의 특성들을 배제했다. 나아가 그는 이스라엘의 자식들이 토로한 불평 역시 공적인 성서의 텍스트에서 완전히 삭제하게 하였다. 그 대신 원전에 삽입한 것은 문화와 범죄에 역점을 둔 발언 그리고 마치 아첨하는 신하의 말과 같은, 이른바 신적 초월을 우상화하는 발언 등이었다.9

블로흐는 구약성경은 많은 부분들이 교묘하게 삭제되었다고 본다. 오랜 역사 서적이면서 수많은 이야기를 담은 문학이지만, 권력을 틀어쥔 이들에게는 불온서적처럼 위협과 긴장을 주는 책이었고, 그래서 체제 유지를 위한 부분으로 전복대신 인내와 복종의 내용으로 수정했다고 보았다. 구약은 에즈라와 느헤미야가 신약성경의 전복성은 바울에 의해서 거세되었다고 말한다. "예수의 말씀들은 사대 복음서와 마찬가

---

9 에른스트 블로흐, 『저항과 반역의 기독교』, 138.

지로 무엇보다도 선교를 위해서 그리고 자력으로 건설해야 하는 공동체의 삶을 위해 아주 부드럽고 완곡한 표현으로 바뀌고, 체제 옹호적으로 변화된 것들이다."[10]

신약성경에서 예수는 아버지께 순종하는 존재로 기술되어 있다. 십자가에 죽기까지 순종하는 복종의 전범으로 기술되어 있다. 하지만 전복적 기록들을 편집하고 짜깁기하는 가운데 많은 부분에서 숨길 수 없는 모순과 이야기들의 기록들이 남았는데, 그 예 중의 하나가 '뱀'에 대한 이야기다. 블로흐는 에덴동산의 뱀은 악한 세상을 창조한 신과는 다른 신이라 보았다. 동산에서의 뱀은 하와에게 신과 같이 되는 메시지를 전했다. 뱀은 원래 유혹자가 아니다. 인간에게 억압의 신으로부터 탈출할 수 있는 자유의 지혜를 전달한 존재였다. "눈이 밝아져 하나님과 같게 될 것이라"(창3:5)는 인간에게 주어진 가장 위대한 약속[11]으로 이해한다.

가인과 아벨의 이야기를 다루는 창세기 4장에서도 블로흐는 생략을 흔적들을 언급한다. 평화는 사랑하는 농부인 가인이 피를 즐겨하고 기뻐하는 신에게 제물로 피를 제공하지 않았다는 이유로 악한 신의 분노를 샀다고 말한다. 동생을 쳐 죽이는 형과 평화를 사랑하는 농부의 모습과는 어울리지 않는다고, 편집의 의혹을 제기하고 있다.[12] 야곱의 씨름은 악한 신에 저항하는 인간의 투쟁으로 파악한다. 야곱의 이름은 이스라엘에 바뀌는데, 이는 신과 싸우고 투쟁하는 존재요, 나라를 의미한다. '축복하지 않으면 보내지 않겠나이다.'라는 기도는 청원의 겸손이 아니라 신을 향해 경고하고 강요하는 투쟁으로 보았다. 야곱은

---

10 에른스트 블로흐, 『저항과 반역의 기독교』, 139.
11 하인쯔 뵘, 『절망의 세대』, 김정기 역(서울: 성광문화사, 1982), 134.
12 에른스트 블로흐, 『저항과 반역의 기독교』, 166-67.

악령에 맞서 싸우는 저항하고 두려움에 투쟁하는 인간의 모습으로 보았다.13

　블로흐는 바벨탑 건설을 인간 없는 상부구조에 대한 저항하는 인간상으로 파악하고,14 『욥기』에서 악한 하나님에 대한 저항과 무신론적 태도가 본래의 성경의 정신이라는 점을 길어낸다. 블로흐는 욥의 이야기에서 '신정론'에 대한 모든 논변들이 실패하고 있다고 파악한다.

　「욥기」에서 자신을 방어하는 자는 야훼 신이다. 왜냐하면 자신의 정의로움은 가장 첨예한 형식으로 공격당하기 때문이다. 〈어째서 극악무도한 자들은 오랫동안 잘 살아가고 부를 축적하는가?〉 어째서 가난한 자들은 굶주리고 있는가? 그 까닭은 가난한 자들이 신에 대해 불경하기 때문이 아니라, 부자들에게 고통당하고 노동력을 강탈당하기 때문이다. 그런데도 야훼 신은 마치 아무 일이 없는 듯이 수수방관하고 있다.15

　블로흐는 「욥기」를 평가하기를 "인간은 누구보다 높이 비약하여, 자신의 신마저 능가하는 빛을 환하게 비추고 있다. 이것이 바로 「욥기」 속에 담긴 놀라운 특징이자 고유한 논리이다."16라고 말한다. 블로흐는 욥기에서 신정론에 대한 무신론적 답변을 거절하고 도리어 악한 세상을 조성하는 신에 대한 분노와 노여움을 희망과 결합하여 설명한다. 희망이 있는 한 결코 실패로 판명될 수 없다고 말한다. 세상에 존재하는 악에 직면하는 우리의 대응은 간명하다고 말한다.

---

13 에른스트 블로흐, 『저항과 반역의 기독교』, 161-62.
14 에른스트 블로흐, 『저항과 반역의 기독교』, 162-64.
15 에른스트 블로흐, 『저항과 반역의 기독교』, 208-09.
16 에른스트 블로흐, 『저항과 반역의 기독교』, 212.

우리가 택할 수 있는 가장 단순한 유형은 다음과 같다. 즉, 세상에는 제각기 현재 상태를 벗어날 수 있는 탈출이 항상 존재하는 법이다. 인간의 희망은 해결책을 추구한다. 이러한 해결책은 비록 과정 속에서 한 번도 얻지 못했다고 하더라도 궁극적으로는 결코 실패로 판명될 수 없다. 그것은 미래를 잉태하기 위하여 결코 느슨하게 변하지 않는 걸음을 의연히 걸어간다. … 욥은 이른바 종교 이데올로기가 행하는 제반 신화적 물화(物化)를 용인하지 않는다. 다시 말해 그는 상부에서 내려오는 신의 모든 권력의 반작용을 근원적으로 거부하고 있다. 그렇지만 욥은 최소한 유대인들을 이집트에서 해방시킨 야훼 신을 여전히 신뢰하고 있다.[17]

신약성경은 무엇보다 예수에 대한 증언들로 채워져 있다. 블로흐의 성경해석과 주석은 일관성을 지니고 있다. 그의 성경해석방법론은 크게 3가지다. 첫째는 유토피아이고, 둘째는 무신론이며, 마지막이 유물론적 변증법이다. 예수의 지향점은 유토피아적인 미래의 나라를 향하고 있으며, 인격과 행적은 무신론적으로 파악되어지고 있다. 더불어 현세와 도래할 세상에 대한 희망, 십자가의 처참한 죽음과 부활이라는 변증법적인 전진의 과정을 담고 있다.

블로흐는 신약성경에서 전하는 가장 중요한 메시지로 아들 예수가 하나님 아버지의 권좌를 찬탈한 이야기로 본다. 마르크스주의자들이나 니체가 표현한 방식처럼 성경은 노예들의 산물이 아니라 가장 전복적이고 혁명적인 사상을 담고 있다고 보았다. 블로흐는 기독교의 놀라운 탁월성은 많은 이단을 형성한다는 데 있다고 보았는데, 현존하는 체제와 권력에 순응하지 않고 끊임없이 저항하는 것이 기독교의 힘이자 핵심으로 보았다. 비참하고 악으로 둘러싸인 세상을 창조한 하급 신, 데

---

17 에른스트 블로흐, 『저항과 반역의 기독교』, 230-31.

163

희망개념 비교쟁점

미우르고스를 넘어서는 예수는 에덴동산에 등장하는 뱀에게서 표현되고 있다. 첫 사람들에게 악한 신이 창조한 세상보다 더 나은 세계가 있다는 것을 알려준 뱀은 다름 아닌 예수인 셈이다.

뱀은 아담과 이브로 하여금 선악과를 따먹게 하였기 때문이다. 또한 그것은 첫 번째 두 사람의 인간에게 세계의 창조자와 인간의 창조자의 나라보다도 더 높은 어떤 나라가 어떠한지를 알려 주고 있다. 천국의 뱀은 사람들로 하여금 구원에 관한 지식을 통해서 무엇보다도 최고의 신과 동일하게 되도록 가르친다. 천국의 뱀은 아담과 이브에게 다음과 같이 말한다. 〈선과 악을 인식하면, 너희는 신과 같이 되리라Eritis sicut Deus, scientes bonum et malum〉 인간은 세계를 창조한 하급의 신 데미우르고스의 범칙을 침범하고 그것을 넘어설 수 있다는 것이다. 여기서 말하는 최고의 신은 야훼가 아니라, 나중에야 비로소 출현하게 될 예수 그리스도를 지칭하고 있다.[18]

블로흐에게 성경에서 드러나는 예수는 전형적인 저항의 전범이다. 형성되어 있는 그대로를 유지하는 보수가 아니라 전복적인 변형을 꿈꾸는 존재였다. "〈천국의 뱀은 무엇보다도 예수의 몸속에 도사리고 있다〉 그것은 예수의 몸을 통해서 가장 훌륭한 마지막 모습을 구체적으로 드러낸다."[19]고 말한다. 예수는 체제순종적인 존재가 아니었다.

예수는 이러한 엑소더스의 이념을 진정으로 실천하려 하며, 하늘 위로부터 땅 아래에 이르기까지 모든 것을 장악한다. 그렇기 때문에 예수의 가

18 에른스트 블로흐, 『희망의 원리』, 박설호 역(파주: 열린책들, 2004), 2739.
19 에른스트 블로흐, 『희망의 원리』, 2740.

르침은 천국의 뱀이라는 의미를 지니고 있는 것이다. 예수는 결코 세상에 있는 모든 것을 좋게 여기는 자들의 무사 안일한 신과 함께 자리하지 않는다. 종교 창시자 예수는 나중 사람들이 해석한 것처럼 그렇게 겸허한 태도를 취하며, 세상에 모습을 드러낸 것은 아니었다. 저열한 것은 높은 곳으로 상승하여야 하고, 사람들은 고통의 십자가를 지녀야 할 게 아니라, 〈반드시 박살내어야 한다.〉 또한 모든 것을 사실 그대로 바라보아야 한다.[20]

블로흐의 예수는 혁명의 예수이다. 바울에 의해서 전복적 원형이 탈색된 예수는 아버지 하나님께 순종하는 예수다. 십자가에서 인내하고 희생하는 예수요, 아버지의 뜻에 복종하는 도색되고 치장된 예수의 해석을 벗겨내고 원형의 예수를 드러내고자 했다. 바울에 의해 변색된 예수의 모습은 이후의 종교관은 물론 정치적인 영역에서도, 지배계급에 대한 무조건적 복종의 논리가 되었다고 비판한다.

사도바울이 고수했던 기독교의 내세 중심주의나 내면 중심주의의 모티프는 결국 루터 그리고 그 이후의 종교관까지 이어지게 된다. 왜냐하면 성서 속에 도사린 체제 파괴적인 요소는 사도 바울에 의해서 약화되었으며, 급기야는 이른바 희생당하는 양에 관한 신화로 인하여 중단되고 말았기 때문이다. 대신에 교회의 강제적 규정으로 확고하게 정해진 것은 사도 바울이 강조한 이른바 십자가의 인내였다. 십자가의 인내는 피억압자들에게 아주 그럴듯한 권고 사항이 되었으며, 억압자들에게는 그럴듯한 편안함을 가져다주었다. 바울이 중시한 십자가의 인내는 결국 신의 뜻대로 존재한다고 하는 당국에 대한 무조건적 복종을 요구할 수 있게 되었다. …

20 에른스트 블로흐, 『희망의 원리』, 2746.

〈고통, 고통, 십자가, 십자가는 기독교인의 일부이다.〉루터는 이렇게 말하면서, 피지배 계층에서 완전히 등을 돌렸다. 루터의 견해에 따르면 고통의 십자가를 짊어져야 하는 자들은 권력자가 아니라, 뼈 빠지게 일하는 농부들이어야 한다는 것이다.21

바울의 체제 순응적 편집과 짜깁기의 노력에도 불구하고 예수의 전복적인 원형의 모습을 모두 지울 수 없었다. 그리스도의 부활과 승천 그리고 재림에 대한 신화는 저항과 전복의 예수를 선명하게 드러내는 까닭이다. 예수가 죽은 뒤 부활한 사건은 기독교에만 존재하는 독창적인 내용으로 평가한다.

예수가 죽은 뒤 다시 부활한 사건은 종교의 역사상 하나의 유례를 찾기 어려울 정도로 신비롭다. 그렇지만 기독교에 의하면 세계가 어떤 기존하지 않은 새로운 나라로 완전히 변화되리라고 한다. 이러한 묵시록의 내용은 독창적인 것이다. 그것은 성서 외에는 어디서도 쓰인 적이 없다. 성서를 제외하면 어느 책도 이에 관해 조그만 암시조차 던지지 않았다. 무릇 성서는 어떤 기존하지 않은 새로운 나라에 관한 독창적 내용을 담고 있으며, 무엇보다도 인간 예수의 가르침을 최종적으로 들려주고 있다.22

바울이 예수의 십자가의 죽음을 대속을 위한 정당한 일로 각색하고 있지만, 실은 순수한 전복의 전형인 예수의 죽음은 사람들의 마음에 결코 인정할 수 없는 고통이었다. 그리스도께서 차마 돌아가셨다는 사실을 인정할 수 없었다. 고독과 비참함 가운데 실패자의 모습으로 쓸쓸히 죽음을 당한 일을 시인하기 힘들었던 까닭에, 결국 다시금 살아나셨

----

21 에른스트 블로흐, 『저항과 반역의 기독교』, 317-18.
22 에른스트 블로흐, 『희망의 원리』, 2754-55.

다는 갈망의 동경이 사람들의 마음이 피어올랐다. 이러한 마음과 태도가 부활이라는 신화를 창작해낸 동기가 되었다. 부활한 예수가 아직도 살아계신다는 사실만으로도 저항의 삶을 살아가는 이들에게는 큰 동기부여요, 강장제가 된다.[23]

예수의 '승천'은 하늘의 보좌를 탈환한 일로 블로흐는 파악한다.[24] 마르크스적 시선에서 예수의 부활과 승천을 파악하고 있다. 하부구조에 속한 낮은 민중 속에서 저항을 통하여 상부구조로 등극한 사건으로 본 것이다.

기독교 신자들이 그리스도의 승천을 의식할 때 신적 군주의 모습을 떨칠 수 없었다. 이러한 모습은 신자들에게는 영적으로 상승하는 아주 높은 존재로 드러났는데, 이는 상부의 영역에 대한 특별한 격정과 함께 의식되었다. 결국에 승천하는 그리스도는 본질적 의미에서 인간에게 고상하게

----

23 에른스트 블로흐, 『저항과 반역의 기독교』, 317.
24 물론 전통적 입장과는 전혀 다른 해석이다. 라일 비어마 외 3명, 『하이델베르크교리문답 입문』, 신지철 역(서울: 부흥과 개혁사, 2012), 308-309, 369-71. 대교리문답 93, 96, 100, 하이델베르크 교리문답 46, 49문에서 승천의 의미를 3가지로 요약하고 있다. "첫째, 그리스도는 인성을 지니시고 눈에 보이시는 모든 하늘들 위로 올라가셨습니다. 세상의 끝 날까지 인성을 지니신 그리스도는 이제 땅 위가 아니라, 하늘에 계십니다. 그래서 그리스도는 하나님 아버지 앞에서 우리의 대언자로 나타나십니다. 둘째, 그리스도는 하나의 보증과 같이 우리의 몸을 하늘에 두기 위해 머리가 모든 지체를 이끄는 것과 마찬가지로 장차 우리를 자기에게로 들어 올리실 것이며, 그리스도 자신이 이를 우리에게 보증하십니다. 셋째, 그리스도는 상호 간의 보증으로서 우리에게 하늘로부터 성령을 보내주십니다. 성령의 능력으로 말미암아, 우리는 땅에 있는 것이 아니라, 위에 있는 것을 추구합니다." 블로흐가 취하는 '승천'의 의미가 인간의 힘으로 하나님의 권좌를 쟁취해 냄으로 그가 말하는 희망, 즉 하나님 없는 하나님 나라를 추구하는 것이라면, 신앙고백서에서는 승천에서 기독교 희망의 핵심을 블로흐와는 대조적으로 보여주고 있다. 그리스도와 같이 이끌림을 받을 것에 대한 약속의 보증이 바로 부활이고, 승천이다. 기독교 희망은 블로흐와 달리 인간이 아니라 하나님과 그분의 약속에 있다.

변모된 존재가 아니라, 상부 속으로 뛰어들어 침투하는 존재로 이해된 것
이다. 그리하여 예수의 다음과 같은 문장이 나타났다. 〈나와 하나님은
동일하다.〉 그리스도의 승천은 말 그대로 자신의 집으로 향하는 천국의
여행인 셈이다. 여기에는 신적 존재를 빼앗는, 다시 말해서 찬탈하는 의미
가 도사리고 있다. 인간의 아들은 바로 이 대목에서 신의 아들에 관한
신화를 실질적으로 관철할 뿐 아니라, 〈아버지의 권리〉와 관련되는 왕관
소유의 신화를 관철한 것이다. 말하자면 민중의 지도자 한 사람이 권좌에
앉은 채, 동시에 신의 권한을 파기하고 있다.25

블로흐는 조아키노 다 피오레(Gioacchino da Fiore)의 3단계 역사를
언급하면서 공포의 시기인 아버지의 시대를 지나, 아들의 시대, 즉 사
랑의 시기가 도래했다 말한다. 하지만 여전히 교회가 다스리는 시기이
다. 마지막 성령의 시대가 도래하면 계급 없는 평등한 시대가 올 것이
고 내다보고 있다.

조아키노의 가르침에 의하면 역사에는 세 가지 단계가 있다고 한다. 이
세 단계는 모두 신의 나라를 이룩하려 하며, 이에 접근하려는 것이다. 첫
번째 단계는 아버지의 역사로서, 『구약성서』에 나타난 공포의 시기 내지
는 의식된 법칙의 시기이다. 두 번째 단계는 아들의 역사로서, 『신약성서』
에 나타난 사랑의 시기 내지는 교회가 다스리는 시기이다. 교회는 승려와
평신도를 계급적으로 구분시키고 있다. 그런데 앞으로 도래할 세 번째 단
계는 모든 사람들이 군주나 교회 없는 신비로운 민주주의 체제 내에서
성령과 찬란한 불빛을 얻게 될 시기를 지칭한다.26

．．．

25 에른스트 블로흐, 『저항과 반역의 기독교』, 322.
26 에른스트 블로흐, 『희망의 원리』, 1034-35.

피오레가 세 시대를 구분했지만, 블로흐는 성령에 대한 이해를 달리 한다. '그리스도의 약속'이 곧 성령이라고 보았고 예수의 조력자로서, 제자들과 신자들의 마음에 메시아에 대한 '그리움'과 '갈망'이 곧 성령 이라고 보았다.27 달리말해 유대주의 메시아사상이 곧 성령이라 말한다.

성령의 기능은 분명하게 말해 그리스도가 재림할 때까지 사람들을 수동 적으로 위안하는 통상적 의미와는 전혀 다르다. 예수는 재림 자체를 〈진 리의 성령〉으로 표현하고 있다. 성령의 존재 속에는 페르시아의 조로아스 트교에서 말하는 메시아 사랑보다도 더 크게 작용하는 내용이 도사리고 있다. 그것은 지금까지 오랫동안 생명력을 지녀 온 유대주의의 메시아 사 상, 바로 그것이다.28

블로흐는 예수에게서 계급 없는 평등사회를 꿈꾸는 열망을 보고 있 다. 체제 순응적인 교회는 다시금 황금송아지를 숭배하는 바알신앙으 로 돌아가는 일로 보았다. 고착화된 권력과 체제에 대항하는 전복적인 저항정신이 기독교사상의 핵심이고, 그 중심에 예수가 있다고 보았다.

블로흐는 페르시아 이원론에 근거하여 이신론(二神論)에 기초하여 역사를 선신과 악신의 투쟁의 역사로 파악한다. 구약의 악신에 대항하 는 저항의 전범, 민중 속에서 아버지의 보좌를 찬탈하는 예수에게서 저항의 정신을 기독교의 핵심 사상으로 파악한다. 예수를 제우스에 저 항한 프로메테우스적인 존재로 보고, 정태적이고 체제 순응적인 현실 을 넘어 더 나은 미래를 희망하게 하는 전범으로 보고 있다.

---

27 에른스트 블로흐, 『희망의 원리』, 2749. 블로흐의 성령론을 여기에서 살펴볼 수 있는데, 성령을 '에너지', '사랑의 끈', '갈망'으로 설명하고 있다. 이는 아우구스티누스가 성령에 대 해서 성부와 성자를 잇는 '사랑의 끈으로 묘사하는 견해와 유사하다.
28 에른스트 블로흐, 『희망의 원리』, 2750.

몰트만은 희망의 토대를 삼위일체 하나님과 하나님의 약속29과 계시에 두고 있다. 자연신학과 달리 하나님의 '약속'과 '계시'를 통해 희망을 인식할 수 있다. 하나님을 향한 희망은 하나님의 신실함과 계시를 통해 주어진 약속에 대한 확고한 신뢰에서 비롯된다. 블로흐의 인간의 무한한 발전 가능성과 유토피아적 미래희망을 위한 요청이 아니라 변함없고 신실한 하나님의 계시와 약속에 희망의 기반을 두고 있다. 몰트만은 종말론적 희망의 복음과 약속은 동일한 것이라고 말한다. 하나님을 향한 희망이 곧 복음이라는 점을 강조한다. 희망의 토대가 약속하시는 하나님께 있다.

계시를 약속의 관점에서 이해하는 또 다른 이유는 종교개혁자들의 신학에서 비롯한다. 종교개혁자들에 의하면 신앙의 상관개념은 계시에 대한

---

29 하나님의 약속이 무엇을 의미하는지 일곱 가지로 설명하고 있다. ① 약속은 아직 존재하지 않는 현실을 선포하는 말씀이다. 이와 함께 약속은 인간에게 약속이 성취될 그 미래의 역사를 향해 나아갈 길을 열어 준다. ② 약속은 인간을 미래에 매며, 역사를 이해할 수 있는 가능성을 열어준다. 약속이 열어주는 미래는 약속된 성취에 의해 가능해지고 결정된다. ③ 약속에 의해 결정되고 열려지는 역사의 본질은 동일한 것의 회귀에 있지 않다. 오히려 역사는 약속되었으나 아직 이루어지지 않은 성취로 기울어지는 분명한 성격을 지닌다. ④ 만약 말씀이 약속의 말씀이라면, 이것은 말씀이 아직 실현되지 못하고 지금 경험하는 현실과 이전에 경험하였던 그 현실과 모순된다는 것을 의미한다. ⑤ 그러므로 약속의 말씀은 주어진 약속과 성취된 약속 사이에 팽팽한 중간 지대를 만든다. 이와 함께 약속의 말씀은 순종할 수도 있고 순종하지 않을 수도 있는, 그리고 희망할 수도 있고 체념할 수도 있는 특별한 자유 지대를 인간에게 마련해 준다. ⑥ 만약 약속이 약속하시는 하나님과 동떨어져 있지 않고 오히려 그 성취가 하나님의 자유로운 신실함에 달려 있다면, 약속과 성취의 구조 안에서 역사적으로 검증되는 확고한 율법적 도식을 만들어 보려는 성급한 태도는 생겨날 수 없다. 오히려 성취는 참으로 약속의 말씀에 비해 상당히 놀랍고 새로운 요소를 포함할 수 있다. ⑦ 구약성서의 약속의 특별한 성격은, 약속이 이스라엘의 역사를 거치는 동안 실망이나 성취로 말미암아 폐기되기는커녕, 오히려 이스라엘의 경험적 사건을 통해 언제나 새롭게, 그리고 더 폭넓게 해석되었다는 사실에서 찾을 수 있다(위르겐 몰트만, 『희망의 신학』, 118-21).

표상(表象)이 아니라 하나님의 약속(promissio Dei)이다. 신앙과 약속은 상관개념이다(fide et promissio sunt correlativa). 신앙은 약속에 의해 생겨난다. 그러므로 신앙은 본질적으로 속이시지 않고 자신의 약속의 말씀을 신실하게 지키시는 하나님을 향한 희망, 확신과 신뢰이다. 종교개혁자들에 의하면 복음은 약속과 동일한 것이다.[30]

하나님의 약속은 그분의 존재만큼이나 분명하고 변함이 없다. 변함없는 불변의 성취를 담보한 언약 안에서 견고한 희망이 선다. 하나님의 약속은 이스라엘이라는 구체적인 민족의 역사 가운데서 계시되었다. 하나님의 약속은 이스라엘의 역사 가운데 현실로 경험되었다. "하나님의 약속은 역사의 지평을 열어준다. 여기서 '지평'이란 가다머(H. G. Gadamer)가 적절히 설명한 대로 '고정된 한계선'을 의미하는 것이 아니라 "우리가 들어가는 곳이요, 우리와 함께 이동하는 것"이다."[31] 이스라엘은 유목생활의 가운데서 약속의 하나님을 경험했고, 유목생활이 종결되었을 때에도 약속과 현실의 긴장 속에서 생활하는 독특한 약속의 삶의 방식을 계속해야 했다.

하나님은 이스라엘에게 자신을 언약의 하나님 '야웨'로 계시했다. 이스라엘은 언제나 역사 가운데 약속으로 드러낸 하나님을 신앙했다. 아브라함과 이삭 그리고 야곱에게 약속하신 하나님은 곧 신실하신 미래의 하나님이었다. 약속을 견지한 이스라엘은 다가오는 미래를 다른 존재에게 이양하지 않았고, 약속과 현실의 차이들을 보며 저항과 투쟁의 진전을 이루어갈 수 있었다. 약속에서 떠난 왜곡된 삶을 계시된 약속의 희망을 따라 수정하기 위한 몸부림이 지속될 수 있었다. "역사를

---

30 위르겐 몰트만, 『희망의 신학』, 53.
31 위르겐 몰트만, 『희망의 신학』, 121.

회상케 하고 새로운 역사적 경험을 가능케 하는 전승 과정은 오직 약속의 내용으로 부터만, 또 이를 통해 드러나는 사건의 미래로부터만 이해될 수 있다."[32]

몰트만에게 있어서 희망의 하나님 계시에 기반해 있다. 그는 하나님의 계시와 인식을 역사지평 가운데 이해하려 할 때 세 가지의 결론에 도달한다고 말한다. 첫째는 하나님이 자신을 '하나님'으로 계시하는 것은 그분이 자신을 언제나 동일한 분으로 드러내시고 그래서 언제나 동일한 분으로 인식될 때이다.[33] 둘째는 하나님의 계시는 하나님이 자신의 약속에 대한 역사적 신실함 속에서 자신을 하나님으로 입증하신다는 것을 의미하기 때문에, 하나님을 인식하는 것은 하나님을 재인식하는 것을 뜻한다고 하였다.[34] 마지막으로 약속의 현실적 적합성은 약속을 주시는 분의 신뢰성과 신실함에 있다.[35] 희망은 곧 하나님의 약속의 성취를 바라보는 것이다. 약속된 미래를 기대하는 일이다.

구체적인 계시의 내용에 대한 지식을 통해서 희망은 가능하다. 그리스적 로고스, 즉 영원한 현재를 드러내는 로고스가 아니라 희망을 주는 약속의 말씀 안에서 이스라엘은 하나님을 알게 되었다.[36] 몰트만은 말하기를 "구약성서와 신약성서에서 '약속'이 무엇을 의미하는지, 그리고 더 넓은 의미에서 약속에 의해서 규정되는 언어와 사고, 희망이 하나님과 진리, 역사와 인간 존재를 어떻게 경험하는지를 이해하고, 이를 위해 열려 있을 필요가 있다.[37]"고 말한다. 약속신앙은 주변의 이방신앙

....

32 위르겐 몰트만, 『희망의 신학』, 127.
33 위르겐 몰트만, 『희망의 신학』, 133.
34 위르겐 몰트만, 『희망의 신학』, 134.
35 위르겐 몰트만, 『희망의 신학』, 136.
36 위르겐 몰트만, 『희망의 신학』, 50.
37 위르겐 몰트만, 『희망의 신학』, 50.

과 뚜렷이 구분되는 고유한 진리이자 특징인 까닭이다.

기독교에서 하나님의 계시를 제거한다면, 아무것도 남지 않게 될 것이다. 약속은 미래를 지향하는 언어이며 성취 곧, 종말론적 희망을 핵심으로 삼는다. 하나님은 자신을 드러낼 때에, 계시로써 약속을 통해서 드러낸다. 언약백성이라는 말은 곧 희망의 약속을 가진 민족이라는 의미와 일치한다. 기독교가 종말론을 상실한다면, 현실체제에 대한 강화만 줄 뿐 약속의 미래로 향하는 역동성을 상실한 빈껍데기가 되고 말 것이다. 약속과 일치하지 않는 저항과 투쟁의 뿌리는 하나님의 계시와 약속에 있다. 인간의 필요와 충족을 위한 요청으로 시작되는 희망이 아니라 신실한 하나님의 약속의 계시에 근거한 희망이라는 점에서 블로흐의 희망과 차이를 지닌다.

무신론적인 희망, 즉 저항의 전범으로서의 예수를 이해하는 블로흐와는 달리 몰트만의 예수는 삼위일체 하나님 중 제2위의 하나님이다. 예수의 십자가를 악한 신의 억압과 투쟁으로 보지 않고, 아들 예수의 고통에 동참하는 아버지로 표현한다. 『십자가에 달리신 하나님』38에서 십자가는 단지 예수의 독립적인 고통과 아픔을 의미하지 않고 아들을 내어준 아버지의 고통을 함께 말하고 있다. 예수는 고통과 악의 문제를 짊어지셨다. 하나님이면서 동시에 인간인 예수는 삶과 죽음, 동일성과 차이의 모순, 십자가와 부활이라는 전혀 다른 차이를 극복하고 화해시켰다.

....

38 위르겐 몰트만, 『십자가에 달리신 하나님』, 김균진 역(천안: 한국신학연구소, 1999)에서 아들 예수의 고난에 아버지 하나님께서 동참하신다는 논의를 진행하고 있다. 몰트만의 〈신론〉은 하나님의 고난의 가능성으로부터 시작하고, 무감각한 신에 대한 이해는 헬라철학의 영향으로 성경에서 말하는 하나님에 대한 이해를 훼손한다고 보았다. 몰트만에게 있어서 〈신론〉은 고난에 동참하는 하나님이며, 고난을 자신 안에 가지고 계신 하나님이다. 예수의 십자가 사건은 삼위일체가 함께 동참하는 사건으로 보고 있다. 하지만 하나님의 초월성에 강조를 둔 전통적 〈신론〉에서는 몰트만이 말하는 방식으로 고난을 신의 '속성' 안에 가지기 보다는 '공감하시는 하나님'으로 보고 '신 존재론적 수난'은 불가능하다고 본다.

●

블로흐에게 예수는 전복의 전범이지만, 몰트만에게 있어서의 예수
는 화해와 사랑의 전범이자 하나님이며 인간으로 양자를 화해시키는
존재 곧, 중보자다. 몰트만에게 있어서 희망은 철저하게 예수 그리스도
에 기초해 있다. 예수를 빼고서는 희망도 종말론적 미래도 말할 수 없
는 까닭이다.

몰트만에게 있어서 기독교적 희망은 철저하게 기독론적이다. 왜냐하면 기
독교인들의 희망은 예수의 부활에 뿌리내리고 있기 때문이다. '단지 에필
로그에서뿐 아니라 처음부터 기독교는 종말론이고 희망이다.'는 그의 유
명한 주장은 오직 그것이 예수의 부활의 의미에 관한 주장이었기 때문에
가능했다. 몰트만은 또한 예수의 부활을 구약성경과 유대 신학적 배경에
서 해석한다. 기독교 신학의 유대적 뿌리를 재발견하는 것은 몰트만의 작
품에서 두드러지게 나타나는 특징이다. 이스라엘의 하나님은 미래를 여는
약속을 통해서 이스라엘에게 스스로를 계시하셨다. 이러한 맥락에서 십
자가에 달린 예수를 새 생명으로 다시 일으키신 하나님의 역사는 하나님
의 약속의 최종적이고 결정적인 사건으로 이해된다. 예수의 부활을 통해
서 하나님은 모든 죽은 자들의 부활, 모든 실재의 재창조, 의와 영광의
하나님 나라의 도래를 약속하고 있으며, 예수의 인격 안에서 그것을 실행
으로 옮김으로써 이 약속을 확증하셨다. 즉, 예수의 부활은 모든 실재의
종말론적 미래를 내포하고 있다.39

몰트만이 말하는 희망의 그리스도는 블로흐의 무신론적인 희망의
예수와 희망의 전범이라는 면에서 일치하지만 이해의 질적 차원에서
근본적으로 이해를 달리하고 있다. 예수에 대한 이해는 질적인 차이를

---

39 리처드 보캄, 『몰트만의 신학』, 김도훈·김정형 역(서울: 크리스천헤럴드, 2008), 25.

가지고 있다. 블로흐가 십자가를 악한 하나님에 대한 전복의 전형으로 보며, 부활을 메시아에 대한 그리움으로 해설하는 것과 달리 몰트만은 희망이 존재하는 이유의 근본에 '예수의 부활'이 있다고 본다. 십자가와 부활의 변증법적인 사건은 하나님께서 열어내실 새 창조가 경험하는 현재의 현실과 모순되는 것을 증명하는 것으로 보았다. 예수의 부활은 예언되고 약속이 성취된 가장 결정적인 사건으로 보고 있다.

몰트만은 블로흐의『희망의 원리』에서 말하는 메시아 정신을 수용한다. 몰트만의 희망의 신학에 있어서 중대한 영향을 끼친 것이 사실이다. 하지만 칼 바르트가 몰트만을 비난하면서 "『희망의 신학』은 블로흐의『희망의 원리』에 세례를 베푼 것"이라는 비판과는 달리, 메시아 사상에 대해서 수용적 입장을 취하지만 예수와 그리스도에 대한 무신론에 대해서는 정확하게 반대의 입장을 취한다. 블로흐와 몰트만 사이에는 예수에 대한 신앙과 불신앙의 근본적 차이가 존재한다.

몰트만은 블로흐의 철학에서 메시아 정신을 받아들이지만, 그의 무신론을 거부한다. 바로 여기에 "희망의 철학", "희망의 신학"의 공통점과 차이점이 있다. 양자는 본래 구약성서에서 유래하는 메시아니즘을 그들의 기초 (Grund)로 가지고 있지만, "희망의 철학"은 하나님 없는 메시아니즘 (messianism without God)을 주장하는 반면, "희망의 신학"은 하나님과 함께 하는, 하나님으로 말미암은 메시아니즘(messianism with and through God)을 주장한다.40

몰트만의 신학의 핵심은 기독론이다. 기독론에 대해서 다룬 책『십자가에 달리신 하나님』과 후에 기술된『예수 그리스도의 길』은 기독론

40 김균진, "희망의 하나님-희망의 종교,"「조직신학회 논총」제12집 (2005), 58-59.

에 대한 그의 발전을 보여준다. 초기 몰트만이 『희망의 신학』과 『십자가에 달리신 하나님』에서는 십자가와 부활을 통해서 개인 구원의 문제뿐 아니라 인간의 해방도 포함하는 정치적 해석을 한다. 『예수 그리스도의 길』에서는 보다 확장된 그리스도론을 기술하고 있는데, 3가지 강조점을 가지고 있다. 그는 '길'이라는 점에 강조를 둔다.

나는 이 책의 제목을 "예수 그리스도의 길"이라 정하기로 하였다. 이에 대하여 다음의 세 가지 이유가 주된 것이다. ① 길의 상징은 그리스도론의 목적을 향한 그리스도론의 과정적 요소와 방향을 시사한다. 이 상징은 탄생과 성령세례로부터 골고다에서 일어난 희생에 이르기까지 그리스도의 길을 나타낸다. 또한 이 상징은 부활로부터 다시 오심에 이르는 그리스도의 길, 영 가운데에서 이스라엘과 모든 민족들과 우주의 넓고 깊은 모든 곳에 이르는 그리스도의 길을 의미할 수도 있다. ② 길의 상징은 모든 인간의 그리스도론이 지닌 역사적 제한성을 의식화시킨다. 인간의 모든 그리스도론은 "길의 그리스도론"이지 "본향의 그리스도론"은 아직 아니다. 그것은 믿음의 그리스도론이지 눈으로 보는 그리스도론은 아직 아니다. 그러므로 그리스도론은 언제나 종말론의 시작이요, 종말론은 기독교적으로 이해할 때 언제나 그리스도론의 완성이다. ③ 모든 길은 그것을 걸어가도록 초대한다. "예수 그리스도의 길"은 그리스도론적 범주일 뿐만 아니라 윤리적 범주이기도 하다. 그리스도의 길을 걷는 자가 정말 예수가 누구인가를 알게 될 것이다. 예수를 하나님의 그리스도로 정말 믿는 자는 그의 길을 따를 것이다. 그리스도론과 그리스도 실천은 그리스도에 대한 총체적 인식에서 결합된다. 이전에 쓴 저서에서 보다 더 자세히 나는 이 저서에서 교의학과 윤리학을 결합시켰다.[41]

41 위르겐 몰트만, 『예수 그리스도의 길』, 김균진·김명용 역(서울: 기독교서회, 2007), 10-11.

몰트만에게 있어서 희망의 근거는 예수그리스도의 부활이다. 하나님의 약속이자 종말론적 약속의 사건의 성취가 바로 예수 그리스도의 부활이다. 예수 그리스도의 부활에서 희망의 선취가 드러난다. 예수 그리스도의 미래가 곧 인간의 미래다. "그리스도교는 하나님이 예수를 죽은 자들 가운데서 살리신 현실과 함께 서고 넘어진다. 부활 신앙이 아닌 그리스도교 신앙은 그리스도교적이라고 일컬을 수도 없고, 신앙이라고 일컬어질 수도 없다."[42]

몰트만이 제시하는 희망의 내용은 달리말해, '부활한 그리스도의 미래'다. 만일 우리가 부활한 그리스도의 미래가 제시하는 약속과 기대의 내용을 묻게 되면, 이미 구약성서에서 예언자들의 기대를 통해 내용적으로 분명한 윤곽을 갖춘 약속에 직면하게 된다. 약속의 형태는 그리스도의 고난과 죽음을 통해 결정되었다. 우리가 기다려야 하는 예수의 미래는 이미 그리스도 안에서 뿌리내리고, 약속되어지고 지시되어지고 있다.[43] 예수의 부활과 승천은 통치의 완성을 의미하지 않는다. 부활과 승천은 자유하게 될 미래에 대한 시작이자 보증인 셈이다.

그리스도를 통해 희망을 가진 이들은 생명의 승리를 바라본다. 부활을 기다리기 시작한다. 죽음이라는 현실과 타협하지 않고 몸의 구원을

....

42 위르겐 몰트만, 『희망의 신학』, 184. 에른스트 블로흐, 『희망의 원리』, 2754-55. 블로흐도 예수 그리스도의 부활과 도래할 하나님 나라의 내용은 기독교의 독창적이며 다른 곳에서 유래를 찾을 수 없는 신비로운 토대로 설명한다. "예수가 죽은 뒤 다시 부활한 사건은 종교의 역사상 하나의 유래를 찾기 어려울 정도로 신비롭다. 그렇지만 기독교에 의하면 세계가 어떤 기존하지 않은 새로운 나라로 완전히 변화되리라고 한다. 이러한 묵시록의 내용은 독창적인 것이다. 그것은 성서 외에는 어디서도 쓰인 적이 없다. 성서를 제외하면 어느 책도 이에 관해 조그만 암시조차 던지지 않았다. 무릇 성서는 어떤 기존하지 않은 새로운 나라에 관한 독창적 내용을 담고 있으며, 무엇보다도 인간 예수의 가르침을 최종적으로 들려주고 있다. 기독교는 바로 이러한 사항을 바탕으로 하고 있다."
43 위르겐 몰트만, 『희망의 신학』, 223.

기다리게 된다. 아직 발생하지 않은 몸의 구원을 기대한다. 현실과 희망에는 현저한 간격이 존재한다. 그럼으로 희망을 기대하고 믿는 이들은 결코 현실에 만족할 수 없으며, 희망의 미래 상태와 다른 현실의 고난을 뚫고 나아간다.44

몰트만은 예수 그리스도의 부활을 일러, "종말론적 부활"이라 부른다. 다가올 종말과 미래의 토대는 예수 그리스도의 부활에 근거하고, 그리스도의 부활에서 출발하기 때문이다. 예수 그리스도의 부활이 없다면, 기독교 종말론적 전망과 희망은 불가능하다. 그리스도의 부활이 없으면 신앙도 희망도 없다는 점에서 종말론의 근거는 기독론이다.

"그리스도께서 만일 다시 살지 못하셨으면 우리가 전파하는 것도 헛것이요, 또 너희 믿음도 헛것이며"라고 사도 바울은 선언한다(고전 15:14). 하나님으로 말미암은 그리스도의 부활은 바울에게는 물론 우리가 잘 아는 원시 기독교에 있어서 그리스도에 대한 신앙의 근거요, 따라서 그리스도의 교회의 근거이기도 하였다. 기독교 신앙은 사실상 그리스도의 부활과 함께 살거나 아니면 죽는다.45

'십자가'와 '부활'은 모순이다. 두 사건은 우리가 도저히 밝힐 수 없는 하나의 모순이다. 십자가라는 폭력은 죄로 얽힌 세계의 시간 속에서 일어났다. 부활은 장차 올 미래의 시간을 현시로 죽음을 폐기한 사건이다. 죽음과 생명이 한 분 그리스도에게서 이루어졌다. 죽은 자들의 부활이 그리스도와 함께 이미 시작되었고, 영원한 삶의 도래로 죽음의 폐기가 이미 일어나고 있다고 파악한다. 새 창조가 그리스도 안에서

---

44 위르겐 몰트만, 『희망의 신학』, 235-37.
45 위르겐 몰트만, 『예수 그리스도의 길』, 305.

죽음의 세계 한복판에서 시작되고 있다[46]고 말한다.

몰트만은 그리스도의 부활을 다른 여타의 부활과 질적으로 다른 부활로 구별한다. 야이로의 딸이나 나사로에게 일어난 다시 죽을 수밖에 없는 '재활'과 달리 전혀 새로운 삶, 죽음이 제거되기를 기다리는 종말론적 희망과 결합된 부활로 파악한다. 십자가의 죽음이 실제이듯 그리스도의 부활로 인해 다가올 '죽은 자들의 부활'도 실제이며, 부활신앙은 희망으로 존속한다 말한다.

"죽은 자들의 부활"이 "죽음의 폐기"를 뜻한다면, 부활의 희망은 죽음에 대항하는 희망이요, 살아 계신 하나님의 이름으로 삶을 참혹하게 거부하는 일에 대항하는 모순이다. "죽은 자들의 부활"이란 표현은 죽음의 치명성과 죽음의 전체성을 부인하지 않는다. 예수는 겉으로 죽은 것이 아니라 참으로 죽었으며 신체적으로만 죽은 것이 아니라 완전히 죽었다. 그는 사람들에 대해서만 죽은 것이 아니라 하나님에 대해서도 죽었다. "죽은 자들의 부활"은 사멸하며 지나가 버리는 모든 존재들의 새 창조가 그것과 함께 시작하는 하나님의 새로운 창조적 행동을 나타낸다. 이 종말론적 상징은 예수에 대한 모순되는 경험들에 대하여 적절하다. 왜냐하면 그것은 그의 죽음의 치명성을 부인하지도 않으며 그의 나타남에 있어서 그의

---

46 위르겐 몰트만, 『예수 그리스도의 길』, 316. 몰트만 종말론의 구조는 십자가와 부활의 변증법적 형태를 지니고 있다. 하나님의 약속과 우리의 현실은 상호 모순적인 모습으로 드러난다. 하나님께서 약속하신 나라는 가능성이 아니라 실제 드러날 미래의 나라이다. 약속과 현실, 즉 십자가와 부활의 모순의 복판에 동일하게 계신 예수 그리스도 안에서 약속된 미래의 희망, 즉 희망의 종말론을 확고하게 볼 수 있다. 김옥주는 "나아가 십자가에 못 박혀 완전히 죽은 예수는 부활한 예수와 동일한 분이다. 이러한 연속성은 하나님의 새 창조와 행위 안에 주어졌다. … 비록 현재는 죄, 고난, 죽음 그리고 악의 지배 아래 놓여 있을지라도 하나님의 새 창조 안에 변화하게 될 것이다"고 몰트만의 십자가와 부활의 변증법을 정리하고 있다. 김옥주, "몰트만의 종말론", 『종말론: 한국조직신학회 기획 시리즈 4』(서울: 대한기독교서회, 2012), 213-14.

살아 있음을 부인하지도 않기 때문이다. 그러나 "죽은 자들의 부활"이라고 하는 종말론적인 상징이 예수와의 경험에 적용됨으로써 본질적으로 변화되었다. "그리스도는 죽은 자들로부터 부활하였다."는 양식은 다른 죽은 자들이 아니고 예수만이 부활하였으며 모든 다른 자들에 앞서 부활하였다는 것을 말한다. 예언자들의 표상에 의하면 하나님은 "그의 날"에 죽은 자들을 부활시킬 것이다.47

예수 그리스도의 십자가48는 불의한 자들의 심판을 앞서 받음이다. 죽음과 심판을 십자가에서 선취한 것이다. 부활 역시 하나님의 영광과 생명의 부활을 미리 선취한 사건이다. 기독교의 부활신앙은 기쁨의 희망이다. 불확실하고 모호한 두려운 미래희망이 아니다. 심판을 기다리며 심리적 심문을 받는 두려움의 미래가 아니다. 왜냐하면 십자가에서 죽음과 심판을 이미 선취하였고, 심판하실 이가 십자가에서 죽고 부활하신 바로 그 분, 그리스도이신 까닭이다.49

몰트만은 그의 십자가 신학을 전개해 나가기 위해 에른스트 블로흐의 희망철학과 함께 아도르노(Th. W. Adorno)와 호크하이머(M. Horkheimer)의 부정의 변증법(Negative Theorie),50 변증법적 신학과 실존철학의 경

----

47 위르겐 몰트만, 『예수 그리스도의 길』, 318.
48 위르겐 몰트만, 『십자가에 달리신 하나님』, 김균진 역(서울: 한국신학연구소, 2002), 11. 몰트만은 자신의 신학의 출발과 여정에 있어 떠날 수 없는 것이 십자가 신학이었다고 말한다. 신학적 딜레마 속에 신음하며 삶의 희망을 잃고 현실 도피적 충동이 일 때마다 내면에서 깊숙이 떠오른 것이 바로 십자가신학이었다.
49 위르겐 몰트만, 『예수 그리스도의 길』, 320-21.
50 아도르노와 호크하이머는 1930년대 프랑크푸르트학파 1세대를 대표하는 사상가들이다. 2차 세계대전 이후에 1960~70년까지 10년 동안 독일학계의 비판이론시대를 이끈다. 그들의 비판이론은 단지 철학영역에 머물지 않고, 사회학, 정치학, 교육학, 미학과 더불어 교육정책 등의 다양한 분야에 영향을 끼쳤다. 아도르노의 저서는 〈부정변증법〉과 〈미학이론〉, 〈계몽의 변증법〉 등이 있다. 이종하, 『아도르노, 고통의 해석학』(파주: 살림, 2007), 80. "유토피아

험들과 내용들을 수용한다고 밝히고 있다.[51] 기독교 희망은 부정적 고통의 실존을 인정하지 않고서는 자유하게 하는 희망의 실현을 가져올 수 없기 때문이다. 그가 철학적 방법론을 가져온다고 해서 그의 십자가 신학은 전통적 신학을 벗어나는 것이 아니다. 몰트만은 루터의 십자가 신학을 계승하고 있다.[52]

그는 전통적 십자가 신학, 즉 초월적인 개념과 실존적이고 내재적인 개념을 융합하고자 한다. 몰트만은 교회의 새로운 전통 대신, 과거의 전통을 보존하고자 하는 노력을 기울이는 동시에 실존적 문제들을 끌어안는다. 신앙은 수직적 차원이나 수평적 차원의 양자택일이 아니라 서로 보완관계로 보았다. 그에게 있어서 십자가의 신학은 그리스도를 따르며 자신과 더불어 사회를 변혁하고자 하는 실천이다.[53]

십자가는 기독교신앙을 모든 세상의 이데올로기나 꿈꾸는 유토피아와 구분되는 지점이다. 철저한 기독교신앙이란 '십자가에 달리신 하나님'[54]과 관계하는 위험한 일이다. 이 관계는 우리를 둘러싼 주변질서와

는 더 나은 세계, 고통이 사라진 세계에 대한 구체적인 전체상을 보여주는 방식을 취할 수 없다. 유토피아는 개념적으로는 표현할 수 없는 비개념적인 것이다. 예술은 '부정적인 것'이 사라질 때까지 부정적 방식으로만 유토피아를 그려낸다."

51 위르겐 몰트만, 『십자가에 달리신 하나님』, 17.

52 Richard Bauckham, *The Theology of J. Moltmann*(Wiltshire: T&T Clark, 1996), 51. 버캠은 몰트만이 전통적 십자가의 구속의 역사를 전제하고 있다고 말한다. 현대신학의 고민 중 하나가 전통신학에 천착할 때 초월적 하나님으로 기울어지고, 사회와 실존의 문제를 다루는 내재주의에 무게를 두면 범재신론적 위험성에 봉착하게 된다는 부분이다.

53 위르겐 몰트만, 『십자가에 달리신 하나님』, 45.

54 Richard Bauckham, *The Theology of J. Moltmann*, 121. 몰트만은 『십자가에 달리신 하나님』에서 교회의 선교적 희망은 변증법적 사랑, 즉 그리스도의 십자가와 부활의 변증법적 희망에 동참함으로써만 세상에 참여할 수 있다고 말한다. "Then, with Moltmann's resoute turn to the cross in The Crucified God, the church's dialectical hope for the world is deepened by the addition of dialectical love. The church which finds its identity in identification with the crucified Christ can be involved in

조화를 주기보다는 묶이지 않는 자유를 준다. 그리스도를 따름으로 발생하는 자유다. 이곳에서 '고향이 없게'하고 '결함이 없게' 만든다.55

십자가 없는 기독론은 없다. 몰트만은 예수 그리스도의 십자가에서 하나님의 수난을 긍정한다. 고전적 유신론에서 신의 수난은 불가능하지만, 그는 십자가를 죄인들의 죄를 담당하시는 내재적 사건으로 파악한다.56 십자가 없이는 부활도 없다. 부활은 십자가뿐 아니라 그리스도의 인격과 삶, 복음 전부에 대하여 의미를 지닌다. 십자가에 달리신 바로 그가 부활하였고, 높임을 받았다. 십자가와 부활이라는 모순이 그리스도 안에서 용해되고 통일된다. 성도와 만물의 미래와 종말은 이미 부활에서 확증되고 있다. 종말론적 신앙의 관심 안에서 십자가와 부활을 이해해야 한다.57

....

the world only by identification with those with whom Christ on the cross identified. The principle of its life cannot be the love of like for like, but openness to those who are different, the vulnerability of love which identifies with others, and solidarity especially with the victims of society, the most wretched and the most hopeless. The church's critical openness to the world in hope gains new dimensions when combined with the openness of suffering love."

55 위르겐 몰트만, 『십자가에 달리신 하나님』, 62-64.
56 위르겐 몰트만, 『십자가에 달리신 하나님』, 283-84. 몰트만은 그리스철학의 '무감동성의 원리(apathy axiom)'에 영향을 받은 고전적 유신론의 하나님에 대한 개념을 거절하는데, 하나님의 본질을 훼손한다고 보았기 때문이다. 몰트만은 칼 바르트를 지나치게 그리스도 중심으로 해석하는 것을 경계하고, 삼위일체론적으로 십자가를 이해해야 한다고 강조한다.
57 위르겐 몰트만, 『십자가에 달리신 하나님』, 181.

미래와 종말

블로흐가 이야기하는 희망의 미래는 양자택일적이다. 완전한 유토피아의 실현이 아니면 절멸의 상태, 둘 중 하나이다. 미래의 희망나라에 대한 추구가 끊임 없이 있어 왔다. 하지만 블로흐의 시선에서 근대 서구의 이상향은 환상의 신기루이고, 현실의 행위가 빠진 피안적인 것이라고 비판한다.

이상은 언제나 세상과는 무관한 고결한 것으로 간주되었다. 일반 사람들은 전혀 이상과 접촉하지 못하고, 다만 거리감만 취했다. 그리하여 너무 멀리 떨어진 이상의 별에 도달하려는 것은 행위가 아니라, 〈불완전한 의욕 velleität〉일 뿐이었다. 다시 말해 이상이란 끝없이 근접하려는 단순한 환영 내지는 영원한 추구 속으로 이전된 무엇에 불과했던 것이다. 세상은 언제나 사악하게 존재했으며, 도덕적 이상은 멀리 천국에서 비로소 찾을 수 있었다.[58]

블로흐는 정태적이고 이미 한정되어진 이상은 참된 미래의 이상으로 보지 않는다. 〈이상에 대한 끝없는 근접〉하는 칸트이든, 〈세상과 동일한 어떤 이상 세계를 설정〉한 헤겔이든 모두 이상을 스스로 완성된 무엇으로 파악하고 있다. 이는 정태적인 특성일 뿐이라고 본다.[59] 블로흐의 희망은 미래를 향해 개방되어 있으며, 이상이 무엇이라고 규정하는 순간 이미 개방성을 상실한다고 보았다. 자유나 평등과 같은 이상들은 모두 계급 없는 사회, 즉 지금까지 이루어지지 않은 인류역사에서

....

58 에른스트 블로흐, 『희망의 원리』, 348.
59 에른스트 블로흐, 『희망의 원리』, 349.

낯선 자유의 나라의 이상를 위해 봉사한다.60 아직 이루어지지 않은 이상은 궁극적 종점이 되는 역사의 마지막 장으로 드러날 것으로 보았다.

블로흐는 역사적 결정론, 즉 역사가 처음부터 숙명적으로 정해져있고 정치적으로나 경제적인 투쟁들은 자동적으로 전개된다는 입장을 단호하게 거절한다. 인간의 노력여하에 따라서 얼마든지 변화할 수 있고, 다르게 역사가 전개될 수 있다고 보았다. 블로흐는 유토피아의 기본적 특성을 두 가지로 언급하고 있다. 구체적 유토피아는 경향성61의 영역에 머물러 있다는 것과 목표 가능성을 마련하기 위한 객관적인 토대인 '잠재성'을 포함한다. 어떤 이상을 불변하는 하나의 형태의 가능성으로 확정되지 않은 상태이다.62 어떤 상(像)으로 확정되는 순간 이미 그것은 희망의 성격을 상실하는 것으로 본다. 블로흐의 희망은 '가능성'으로 존재하는데, 궁극적 미래는 둘 중 하나, 즉 양자택일로 귀결된다고 파악한다.

---

60 에른스트 블로흐, 『희망의 원리』, 351-52.

61 박설호, 『꿈과 저항을 위하여』(서울: 울력, 2011), 31-34. '경향성'에 대한 이해는 철학자들마다 사용의 의미에 차이가 있다. 스피노자의 경우는 "열망(conatus)"의 의미로 사용했다. 모든 사물은 자신의 존재를 보존하려는 성향, 즉 열망을 지니는데 이를 '경향성'이라고 명명한다. 이 열망이 정신적인 노력일 경우에는 "갈망(voluntas)"으로 불리고, 정신적·육체적 노력을 함께 지닐 경우에는 "욕망(appetius)"이라 명명된다. 라이프니츠에게서 '경향성'이란 심리적·물질적 대상을 본능적으로 얻으려는 '열망(conatus)'과 구분하여 최고서는 추구하려는 '경향(Tendenz)'으로 보았다. 블로흐의 경우에 '경향성'은 주어진 공간 영역을 고려할 때, 잠재성과 반대되는 개념으로 사용하고 있다. 그는 경향성이 역사적 변화를 추동하는 한, 유토피아로 향하는 과정 내지 과도적인 의미를 지닌다고 보고, 경향성의 개념에서 개방적이고 역동적인 어떤 특성을 도출해 낸다고 보았다. 간략하게 말하자면 아직 현존하지 않는 목표 내용의 현존재인, '잠재성'과 구분되는 단어인 셈이다. 블로흐의 용어에 관한 보다 깊은 이해를 원하면, 위의 책, 29-80을 참고하라.

62 박설호, 『꿈과 저항을 위하여』(서울: 울력, 2011), 43.

유토피아는 〈아직 없음〉 그리고 이 세상 속의 없는 것의 변증법적인 변화를 포착하고 파악한다. 그러나 그것은 현실적 가능성 속에서 〈절대적으로 《없는 것》과 절대적으로 《모든 것》 사이의 개방적인 양자택일〉을 가로채지는 않는다. 결국 유토피아는 양자택일이라는 구체적 형상 속에서 〈모든 것〉이라는 존재를 찾기 위한 실험적 의지다.63

'절대적으로 없는 것'은 추구하고 희망하던 유토피아가 완전히 실패로 돌아가는 경우를 의미하고, '절대적 모든 것'이란 자유의 나라가 편만한 상태에 도달하는 것을 의미한다.64 구체적 유토피아의 완전한 실현이 이루어지거나 반대로 완전한 파멸의 상태와 절멸로 떨어지거나 둘 중 하나라는 것이다. 블로흐는 마르크스주의를 미래의 완성을 향해 나아가는 하나의 구체적 경향성으로 보았다.65 지금은 아직 폐쇄되지 않았고, 멸절의 상태에 도달하지 않았다. 그럼으로 오늘이라는 시간을 붙들어 살아야 한다.66 아직 완전한 절멸도, 완성도 다가오지 않았다. 절멸과 완성, 둘 모두의 가능성으로 미래는 개방되어 있다.

----

63 에른스트 블로흐, 『희망의 원리』, 641.
64 에른스트 블로흐, 『희망의 원리』, 642.
65 에른스트 블로흐, 『희망의 원리』, 614.
66 Carpe deim이라는 말은 '현재를 즐기라'는 말로 술집에서 내지르는 소리처럼 변질되어 버렸다. 원래의 의미는 '삶의 철학'을 담지 한 내용으로 삶이란 이전도 이후도 아니라는 데 뿌리 한 표현이다. 우리는 탄생 이전에 삶의 맛을 즐길 수도, 죽은 뒤에 그것을 즐길 수도 없는 까닭에, 가장 단순하고도 기초적인 의미에서의 하루를 경작하라고 명령한다. 우리는 지금, 바로 이 시간에 가장 구체적인 태도를 취해야 한다는 것이다. 탁월하게 행동하는 인간은 필요한 순간에 중요한 결정을 내리고, 주어진 절호의 기회를 절대 놓치지 않는다고 말하면서, 카이사르와 레닌을 예로 들어 언급한다. 〈오늘을 붙들어라〉는 구호는 블로흐에게 있어서는 순간은 스스로 아무것도 듣지 않고, 아무것도 보지 않은 채 언제나 지나치는 까닭으로 〈아직 의식되지 않은, 아직 이루어지지 않은 현재의 앞뜰〉일 따름이라고 표현한다. 블로흐의 '현재' 이해에 깊은 진술을 보려면, 에른스트 블로흐, 『희망의 원리』, 600-610를 참고하라.

유토피아는 실현의 마지막 단계에서 아직 현실로 화하지 않았기 때문에, 다시 솟구쳐 오른다. 그렇기에 그것은 〈없는 것〉과 같은 염세주의적 부정성으로도, 〈모든 것〉과 같은 낙관주의적 긍정성으로도 고착되지 않는다. 무조건적 놀라움 속에서 도사린 두 가지 유토피아 사이에는 결코 결정되지 않은 양자택일의 위험한 뒤섞임이 온존하고 있다. 다시 말해 아직 정해지지 않은 무엇은 객관에 합당하게 〈세계의 하류에 관한 문제〉 속에 도사리고 있다. 그럼에도 목표 내용의 낙관주의는 전망을 고려할 때 희망의 특성이 지닌 커다란 장점인 셈인데, 지금까지 한 번도 굴복당하지 않은, 지속적인 역사적 과정과 같은 개방성을 지니고 있다. 모든 낮은 아직 저녁에 이르지 않았으며, 모든 밤은 조만간 새벽을 잉태할 것이다. 인간이 갈구하던 선을 아직 쟁취하지 못한 것은 그 자체가 미래의 가능한 승리를 함축하고 있다.[67]

인간세계는 위험한 절멸의 상황들 속에서도 잘 이겨 나왔다. 펠로폰네소스 전쟁이나 히틀러와 같은 절멸의 위기들을 극복해 온 것이다. 앞으로 다가오는 전 지구적 환경문제와 인류종말의 위기가 올 수 있지만, 보다 낙관적인 시선으로 보려고 애쓴다. 절멸과 완전한 무(無)가 되는 공포와 두려움이 세계를 움직이고 더 나은 미래를 희망하게 하는 강력한 동력이 된다고 본다. 모든 현존재는 궁극적으로 아직 중개되지 않은 충만한 어둠의 순간 속에 위치하고 있다.[68]

블로흐에게 세계역사는 종말을 지향하는 과정으로 간주된다. 그가 지향하는 미래의 유토피아는 '아직 – 이루어지지 – 않은 것'에 대한 선취의 기능을 한다. 현존세계는 아직 완성되지 못한 현재와 끝나지 않은

----

67 에른스트 블로흐, 『희망의 원리』, 627.
68 에른스트 블로흐, 『희망의 원리』, 632.

과거와 더불어 가능한 미래를 매개하는 과정이다. 희망은 아직 성취되지 못한 자기 동일성을 향해 본질적인 충동을 가장 구체적으로 현현하는 기대정서이다. 희망은 과정존재이고, 고유한 긴장상태라고 할 수 있다. 미래의 유토피아는 현재 속 과정과 거리감을 가지지 않은 실존이자 현재다.

> 유토피아에는 최소한 희망의 현재, 혹은 유토피아의 현재가 내재해 있다고 한다. 유토피아가 더 이상 필요하지 않은 때는 마지막으로 지향하는 바를 달성한 후라야 하고, 또한 존재가 바로 유토피아인 순간이라야 한다. 한마디로 말해 희망의 근본적인 내용은 희망이 아니다. 유토피아는 희망이 파괴되도록 하지 않음으로써, 아무런 간격 없는 실존, 즉 현재가 된다. 유토피아는 오로지 인간이 도달해야 할 현재를 위해서 계속 작업한다. 그리하여 마지막에 이른 현재는 종말과 어떤 간격도 지니지 않은 무엇이다. 따라서 마지막에 이른 현재는 모든 유토피아적 거리감 속에서 깡그리 파괴되어 있다.69

블로흐는 헤겔의 변증법이 기초하는 논리적 관념론에 대해 비판하고 '과정'개념을 수정했다. 헤겔의 과정개념은 정태적이고 완성된 완료시제이다. 이미 잘 정리되어버린 구조 안에 고립되어 있다. 그럼으로 헤겔의 방법은 아직 진행 중인 세계의 본질을 드러내기에는 적합하지 않다. 헤겔의 절대정신의 전개과정은 역사적 발전은 저해하고, 질료적 현존재 운동에서 발생하는 새로움의 차원을 허용할 수 없게 한다.70

과정으로서의 세계는 논리적 또는 절대적 이념에 의해 운동하지 않

---

69 에른스트 블로흐, 『희망의 원리』, 646.
70 에른스트 블로흐, 『희망의 원리』, 531.

는 까닭이다. 유토피아의 상관개념이고 객관적 근거로서의 세계상은 아직 자신의 가장 내재적인 본질을 드러내지 않지만, 도처에서 동일성의 근원적인 물음을 해결하려는 관점으로 파악된다. 이러한 세계상은 '결핍'과 '과잉'의 공존 상태로 요약할 수 있다. 세계의 현존은 '아직-이루어지지-않은 것'의 관점에서 결핍의 상태임과 동시에, 가능성의 과잉상태이기도 하다.[71]

블로흐는 종말론적 지향과정에서 현실의 어둠과 아직-아님에 대한 이해는 유토피아적 미래와 긴장을 발생시킨다고 보았다. 그는 기독교에서 근본적인 저항적 요소를 발굴했다. 종교를 무조건 〈미신〉이나 〈이데올로기〉로 치부하는 통속 마르크스주의자들을 비판했다. 성경에 빼곡히 들어찬 내용의 핵으로 억압당하고 박해받는 이들의 〈탄식〉과 〈저항〉으로 보았다. 볼테르가 교회 전체를 매도한 것에 대해서 천박한 마르크스주의라고 비판한다.[72]

블로흐는 기독교 신비주의 안에 있는 꿈틀대는 저항의 동기를 피력한다. 에크하르트의 신비주의 사상은 토마스 뮌처에게 결정적인 영향을 주었는데, 이로 인해 사회변혁의 중요한 사건을 발생시켰고 훗날 마르크스 사상의 토대가 되었다고 본다.

에크하르트의 사상은 13세기 천년왕국설을 표방하던 칼라브레제(Calabrese) 수도원장인 피오레의 요아킴과 함께 이후 200년 동안 거대한 혁명을 일으키도록 작용하였다. 그 하나는 급진 후스파의 전쟁을, 다른 하나는 토마스 뮌처의 독일 농민전쟁을 가리킨다. 물론 두 사건이 추구한 최종 목표는 후세의 역사가들에게 명확하게 평가되지 못했다. 그러나 분명한 사실은

----

71 에른스트 블로흐, 『희망의 원리』, 166.
72 에른스트 블로흐, 『저항과 반역의 기독교』, 123.

다음과 같다. 즉, 신비주의가 퍼뜨린 일견 흐릿한 신앙의 안개는 지배계급에 결코 도움을 주지 못한 것이다.73

블로흐는 말하기를 "우리는 성서를 마침내 공산당 선언의 시각으로 다시 한 번 읽어야 할 것"74이라 강조한다. 성경의 근본적인 사상이 저항과 혁명이라는 것이다. 저항 없이는 희망은 없다. 미래의 기대와 현실의 차이를 극복하는 유일한 돌파구 현실의 방법이 바로 저항이기 때문이다. 미래의 유토피아적 가능성과 달리 현실은 숱한 결핍과 왜곡 현상으로 가득하다. 무엇을 거역해야 하는가는 무엇을 희망해도 좋은가와 직결된다. 희망이 없고서야 저항이 발생할 턱이 없다. 마찬가지로 현실의 악에 대한 저항이 없고서야 희망을 향한 발걸음은 불가능하다. 저항과 희망은 언제나 함께 갈 수밖에 없다. 현실의 결핍과 가능성의 과잉이 공존하는 현재는 종말론적 지향을 위해 저항을 지속해야 한다.

성경 〈욥기〉에 등장하는 욥이라는 인물은 전형적인 인내의 사람으로 묘사되어 있다. 하지만 블로흐는 욥의 노여움은 거세되고 인내만이 크게 부각되었다고 말한다. 〈욥기〉의 내용은 저항의 정신 대신 체제 순응적인 인내와 순종의 모습만 남겼다고 파악한다.75 욥기에 등장하는 신은 무능할 뿐 아니라 스스로를 방어하기에 급급한 신으로 출현한다.

〈욥기〉에서 자신을 방어하는 자는 야훼 신이다. 왜냐하면 자신의 정의로움은 가장 첨예한 형식으로 공격당하기 때문이다. 〈어째서 극악무도한 자들은 오랫동안 잘 살아가고 부를 축적하는가?〉 어째서 가난한 자들은

73 에른스트 블로흐, 『저항과 반역의 기독교』, 124-25.
74 에른스트 블로흐, 『저항과 반역의 기독교』, 132.
75 에른스트 블로흐, 『저항과 반역의 기독교』, 206-31.

굶주리고 있는가? 그 까닭은 가난한 자들이 신에 대해 불경하기 때문이
아니라, 부자들에게 고통당하고 노동력을 강탈당하기 때문이다. 그런데
도 야훼 신은 마치 아무 일이 없는 듯이 수수방관하고 있다.[76]

〈욥기〉에서 블로흐가 탐독해 낸 내용은 악한 신과 불의함에 대해
정의를 부르짖는 욥의 저항정신이다. 신에 의해 결정된 세상을 거절하
는 반역의 사상이다. 블로흐는 역사적 결정론을 철저하게 부정한다. 역
사가 처음부터 결정되어 있고, 정치와 경제의 투쟁은 자동적으로 진행
된다고 보는 견해를 배격했다. 그는 역사의 방향은 인간의 인위적 노력
에 의해서 얼마든지 변화될 수 있다고 보았다. 인간 주체는 저항하는
의지를 통해서 역사의 물꼬를 틀어막기도, 다른 방향으로 전환할 수
있다고 본 것이다. 세계의 변화는 주체 없이는 발생하지 않기에, 주체
의 변화는 세계의 변화와 연동되어 있다. 마르크스주의가 현 상태에
대한 비판과 저항으로부터 출발했지만 동구 수정주의자들에 의해서 덧
칠되어 왔기에 복원이 필요한 것처럼, 기독교 역시 덧칠을 제거하고
저항과 거역의 정신을 복원해야 한다고 말한다.

우리는 기독교 속에서 저항과 거역의 정신을 발견해 내야 한다. 구약성서
와 신약성서는 지금까지 사제들에 의해서 은밀하게 가필 수정되었다. 특
히 교회 체제와 권력에 도전하는 모든 문구들은 삭제되었고, 대신 야훼
신의 복수와 징벌에 관한 언급은 교묘한 방법으로 첨가되었다. 이는 무엇
보다도 사제들이 권력자들로부터 보호받고 교회 체제를 유지하려고 애를
썼기 때문이었다.[77]

....

76 에른스트 블로흐, 『저항과 반역의 기독교』, 209.
77 박설호, 『꿈과 저항을 위하여』(서울: 울력, 2011), 19.

블로흐의 유토피아 사상 속에 있는 희망을 바르게 파악하려면, 거역과 저항의 자세를 함께 고려하지 않을 수 없다. 인간의 갈망은 하나의 도피가 아니라 억압과 부자유, 결핍된 현실의 어둠을 전제하는 까닭이다. 블로흐의 희망에는 시작부터 저항의 요소와 정서가 함께 결합되어 있다. 가능한 미래를 위한 저항의 결단으로 종말론적으로 유토피아의 상태에 이를 수 있다는 희망이다.

투쟁 그 자체는 아직 어디서도 신뢰할 만한 근거로 채택되지 않았다. 왜냐하면 결정된 것은 아직 아무것도 없기 때문이다. 중요한 것은 〈그럼에도〉라는 부정과 저항의 태도 외에도, 과정과 미리 보이는 무엇의 개방성, 발표하는 무엇 그리고 가능성이다. 바로 여기서 항상 어떤 외침이 나타난다. 이것은 다름이 아니라 맹목적인 믿음보다도 희망이 더욱 절실히 필요하다는 사실이다. 희망은 만족하지 못하는 자세로 실천하는 행위이며, 객관적 경향성을 숙지하면서 구체적인 유토피아를 미리 포착하고 그것을 창안해 낸다. 나아가 희망은 구체적 유토피아를 만들 뿐 아니라 창조해 낼 수 있다.[78]

블로흐가 말한 미래는 불확정성이 특징이다. 역사적 결정론을 거절하고 끝없이 개방된 과정으로 역사를 파악하고 있다. 불완전한 현실과 가능한 미래를 매개하는 것이 희망으로 본다. 가능한 미래와 현실에 차이가 존재하지 않는 실천적 유토피아를 희망하고 있다. 미래는 확정되지 않았다. 그래서 '절대적으로 없는' 절멸이나, '절대적 모든 것'의 자유의 나라 둘 중 어디로 귀착될지 모른다. 아직 절멸이 현실이 되지 않았기에 미래를 희망할 수 있다 말한다.

....

78 에른스트 블로흐, 『저항과 반역의 기독교』, 450.

몰트만이 말하는 희망의 미래 근거는 하나님의 약속에 뿌리하고 있
다. 하나님의 성품, 즉 신실함에 신뢰로부터 희망의 미래를 길어낸다.
"희망의 확실성은 약속의 하나님의 신뢰성과 신실함으로부터 생겨난
다. 희망의 지식은 역사 속에서 이 하나님의 신실함을 기억하며, 여러
표상들, 즉 실제적 유토피아들 속에서 참된 성취를 미리 취한다."79
하나님은 당신의 백성과 언약관계 속에서 사귐을 가지고 약속을 통해
서 자신과 백성들을 묶으신다.

약속은 계약의 한 측면이다. 이 계약 안에서 하나님은 자신이 선택하신
백성과 사귐을 나누신다. 그렇기 때문에 약속은 선택에 근거해 있고, 선택
은 항상 약속의 역사 안으로 부른다. 하나님은 자신을 약속을 받은 자에
게 결속하시며, 그를 자신과 함께 묶으신다. 이 계약 안에서 하나님은 약
속에 신실하실 것임을 자유 가운데서 굳게 다짐하신다.80

몰트만은 하나님께서 언약을 통해 우리에게 요구하시는 순종은 신
뢰로부터 가능하다고 말하고, 더불어 체념하거나 절망하는 일은 죄라
고 이야기한다. "낙담과 절망은 죄일 뿐만 아니라, 실로 죄의 뿌리이기
도 하다."81 약속에 대한 기대는 가장 근본적인 악인 죽음까지도 극복
하는 희망이다. 왜냐하면 하나님은 언제나 산 자의 하나님이고, 죽음조
차 약속하신 분의 통치 아래 있기 때문이다.

야웨는 언제나 살아있는 자의 하나님이시다. 삶의 마지막 한계선에서 겪

---

79 위르겐 몰트만, 『희망의 신학』, 137.
80 위르겐 몰트만, 『희망의 신학』, 138.
81 위르겐 몰트만, 『희망의 신학』, 138.

는 고난으로 말미암아 이집트의 피안 사상이 수용되지는 않는다. 하지만 만약 죽음의 한계선이 야웨의 심판으로 이해된다면, 그분의 능력은 죽음까지도 넘어선다. 죽은 자들도 그분의 약속과 통치의 영역에 포함되어 있다고 인식될 수 있다. 죽음 자체도 그분의 손 안에서 되돌릴 수 있는 가능성으로 여겨지며, 그분의 활동에 한계를 설정하는 고정된 현실로 여겨지지 않는다. 만약 약속의 기대 지평이 죽음에서 경험되는 완전한 심판의 경험을 넘어서고 극복한다면, 그 약속은 종말론적인 것이라고 말할 수 있다. 기대의 지평이 오직 삶의 마지막 차단으로 느껴지는 한계선, 즉 죽음을 넘어가야만, 비로소 종말과 마지막, 궁극적 새로움에 이르게 된다.82

몰트만의 블로흐와 마찬가지로 고정된 종말론적 미래가 아니라고 말한다. 역사는 묵시사상가83들의 마지막 날의 환상처럼 정지되어 있는 정태적인 미래가 아니라 개방되어 있다. 약속과 현실의 차이와 약속된 미래가 성취되지 않는 것은 사람에게 원인이 있다. 하나님이 멀리 떠나 계시거나 희망 없는 깊은 어둠 속에 떨어지는 이유도 약속을 부정하는 인간에게 그 원인이 있다. 역사는 정지되어 있지 않고 역사과정

....

82 위르겐 몰트만, 『희망의 신학』, 149.
83 위르겐 몰트만, 『희망의 신학』, 150. 그는 묵시사상에 대해서 6가지로 정리해서 설명하고 있다. ① 묵시사상은 종교적, 결정론적 역사이해를 갖고 있다. 시대의 순서는 처음부터 확정되어 있으며, 역사는 점차로 야웨의 계획을 펼쳐나간다. ② 묵시사상에서 역사적으로 행동하시는 하나님과 대립하는 것은 악의 세력 아래 있는 '세계'이다. ③ 묵시사상은 선이 악을 이김으로써 창조 세계가 완성될 것을 기대하지 않고 선과 악의 분리를 기대한다. 그러므로 그것은 '악의 세력 아래 있는 세계'가 다가오는 '공의의 세계'로 대치될 것을 기대한다. ④ 심판은 하나님의 자유 안에서 회개를 통해서 취소될 수 있고 되돌릴 수 있는 것으로 여겨지지 않고 변경될 수 없는 운명으로, 되돌릴 수 없는(fatum irreparabile)으로 여겨진다. 운명은 확정되어 있고, 반드시 온다. ⑤ 예언자들은 이스라엘 백성의 한 가운데 있고, 그래서 백성의 역사 안에 있다. ⑥ 예언자들은 현재의 역사적 상황 안에서 매우 공개적인 입장을 취하면서 예언한다.

한복판에서 선포된 미래로 유동적이라고 말한다.

비록 야웨의 계획을 말하더라도, 그들의 의도는 세계의 신적인 운명에 관한 통찰이 아니라 그분의 역사적 신실의 확고함을 말하려는 것에 있었다. 그들은 심판과 역사를 야웨의 자유 안에서 보았으며, 그것을 불변적인 운명으로 보지 않았다. 그러므로 야웨의 계획은 '취소될 수 있는' 것이었다. 그리고 그들의 선포는 현재를 결단의 순간으로 만들었다. 이 결단은 하나님의 미래의 행위에도 영향을 끼칠 수 있다. 그러므로 묵시사상가들의 역사적 숙명주의와는 달리 우리는 예언자들이 바라보았고 증언하였던 역사의 유동성을 일컬어, '미래의 주님이 이스라엘과 함께 행하신 의도적인 대화'라고 말할 수 있다.84

미래의 상태는 정태적으로 머물러 있지 않고 개방되어 있다. 미리 예정된 것이 아니라 열려있고 유동적이다. 약속된 미래를 자유로이 성취하실 하나님의 신실함 대신에 태초부터 확정되어 있고, 역사가 점차로 드러날 것으로 보는 정태적이고 운명론적 미래를 거절한다. 몰트만은 18세기의 신학과 묵시사상 속에 멀리 계신 하나님을 신앙하는 이신론(理神論)이 숨어 있다고 파악한다.85 신앙과 불신앙, 선과 악, 선택과 유기, 의와 불의 모두가 고정되어 있는 운명론을 거절하고, 이동하는 약속의 역사적 지평을 통해 회귀가 아닌 더 나은 종말론적 미래를 기대할 수 있는데, 이는 약속을 종말론적으로 바라봄으로 가능하다.

이동하는 약속의 역사적 지평이 종말론적으로 도달하는 현실의 우주적

---

84 위르겐 몰트만, 『희망의 신학』, 150.
85 위르겐 몰트만, 『희망의 신학』, 152.

한계선은 고정되고 미리 결정된 실체로 간주되지 않을 수 있다. 오히려 그것은 스스로 움직이는 것일 수 있다. 종말론적인 것으로 바뀐 약속은 지금까지 발생학적으로 창조 세계와 우중 지칭되던 것의 한계까지도 돌파할 수 있다. 그러므로 종말은 시초의 회귀가 아닐 수 있고, 소외된 현실과 죄 많은 세상으로부터 순수한 태초로 복귀하는 것이 아닐 수 있다. 오히려 종말은 모든 시초의 상태보다 더 멀리 나아갈 수 있다.[86]

블로흐의 무신론적 희망과 양자택일의 미래와 달리 몰트만은 희망의 미래는 하나님에 대한 이해로부터 길어낸다. 몰트만에서 중요하게 다루어지는 하나님은 '오시는 하나님' 개념이다. 오시는 하나님은 약속을 통해서 인간으로 희망케 하는 존재다. 몰트만은 '아직-존재하지-않는'의 존재론으로 하나님의 존재양식을 파악하는데 도움을 얻은 것이 분명해 보인다. 하지만 블로흐의 존재론을 그대로 받아들이면, 하나님은 종말을 향해가는 경향성과 잠재성에 사로잡히게 되기 때문이다. 이런 까닭으로 몰트만은 블로흐와 구별된 미래개념으로 Futurum과 Adventus를 구분한다.

하나님은 미래를 존재의 속성으로 가지고 계신다고 본다. Adventus, 즉 종말론적 시간으로부터 현재로 침투해 들어오시는 분이시다. Futurum은 창조적 시간으로 '되는 것', 즉 흘러가는 시간을 의미하고 Adventus는 '오는 것', 즉 종말론적 시간을 의미한다. 전자가 과거에서 현재로 발전되는 미래다. 몰트만은 과거-현재-미래가 이어지는 창조적 시간을 가지고서는 새로운 미래를 이야기 할 수 없다고 보았다. Futurum은 가능성의 근거를 과거에 둠으로 현재를 변혁하기 힘들다고 보고, 미래에서 오는 변혁적인 시간인 Adventus에 집중한다.

---

86 위르겐 몰트만, 『희망의 신학』, 154.

독일어 "Zukunft"(미래)는 라틴어 futurum의 번역이 아니라 adventus 의 번역이다. 그리스어로 adventus는 "파루시아"(παρουσια)에 해당한 다. 세속 그리스어로 파루시아는 사람의 도착이나 사건의 발생, 축자적으로는 현재를 뜻함에 비하여, 예언자들과 사도들의 언어를 통하여 이 단어는 희망의 메시아적 의미를 갖게 되었다. 그리하여 파루시아에 대한 희망은 강림에 대한 희망(adventshoffnung)을 뜻하게 되었다. 신약성서에서 파루시아는 육을 취하고 있던 그리스도의 지나간 현재를 뜻하지 않고, 영광 가운데 나타날 그의 도래하는 현재를 뜻하기 때문이다.[87]

몰트만의 바르트가 생각한 세계 밖이나 시간 밖에 계신 하나님이 아니라 우리의 시간 앞에 계시는 하나님이라 말한다. 하나님은 미래를 존재의 속성으로 가지시고 미래에 계시지만, 지금 우리에게 미래의 약속을 통해 계시하실 뿐 아니라 만나신다. 우리는 하나님을 소유하지 못하고 희망으로 기다릴 뿐이다. 그리스도인들의 미래는 약속가운데

----

87 위르겐 몰트만, 『오시는 하나님』, 김균진 역(서울: 대한기독교서회, 2008), 63-64. 김정형, "종말의 시제로서 도래(Adventus): 위르겐 몰트만의 종말론적 미래 개념 연구"「조직신학논총」vol. 34. No,-(2012), 39-42. 김정형은 몰트만이 말하는 종말론적 시간을 아래와 같이 정돈하고 있다. 몰트만은 블로흐의 미래개념의 모호성을 비판한다. 블로흐가 미래의 유토피아 왕국과 관련하여 새로움(novum)의 범주를 올바르게 강조했지만, 유토피아의 미래를 지속적으로 futurum으로 이야기하는 것은 잘못이고, 자기모순이라는 지적이다.

헬라어	parousi,a[parousia]	fu,sij[physis]
라틴어	adventus	futurum
독일어	Adventliche Zukunft Zukunft Zukunft der Zeit	Futurische Zukunft Futur (der Zeit) Zeit der Zukunft
한 글	도래(혹은 도래하는 미래) 시간의 미래	미래(혹은 단순미래) 미래의 시간
영 어	advent-like future future of time	future(?) future time

이미 자신을 알리기 시작하며, 일깨워진 희망을 통해 현재 속으로 파고
들어오는 그리스도에게 있다.[88] 기독교 종말론의 미래에 관한 모든 진
술의 근거는 예수 그리스도의 인격과 역사(歷史) 안에 있다.

> 그리스도교적 종말론이 미래를 어떻게 말할 수 있는가? 그리스도교적 종
> 말론은 미래 일반에 관해 말하지 않는다. 그것은 분명한 역사적 현실로부
> 터 출발하며, 그 미래와 그 미래적 가능성, 그 미래의 힘을 알린다. 그리스
> 도교적 종말론은 예수 그리스도와 그의 미래에 관해 말한다. 그것은 예수
> 의 부활의 현실을 인식하고, 부활한 자의 미래를 선포한다. 그러므로 그리
> 스도교적 종말론에서 미래에 관한 모든 진술의 근거를 예수 그리스도의
> 인격과 역사(歷史) 안에 두는 것은 종말론적 정신과 유토피아적 정신을
> 판단하는 시금석이 된다.[89]

몰트만은 기독교 종말론의 근거가 예수 그리스도의 죽음과 부활에
대한 경험에 근거해 있으므로 회상된 희망, 즉 이미 경험된 십자가와
부활 속에서 확신을 건져낸다. 몰트만은 "기독교의 종말론의 근거는
그리스도의 죽음과 부활에 대한 경험에 있다. 우주적 종말론도 그리스
도의 이 회상된 희망의 틀 안에 있다. 우주의 죽음과 부활을 통하여
모든 사물의 기다려진 새 창조와, '새 하늘과 새 땅'에 이를 것이다."[90]
고 확신하고 있다.
구약성경에서 기대하는 축복과 평화, 공의와 생명의 충만함이 드러
나게 될 것이다(롬 15:8-13). 강자와 약자, 노예와 자유인, 유대인과 이

---

88 위르겐 몰트만, 『희망의 신학』, 24.
89 위르겐 몰트만, 『희망의 신학』, 23.
90 위르겐 몰트만, 『오시는 하나님』, 447.

방인, 헬라인과 야만인이 새로운 공동체에 결합하여 사랑의 능력 안에서 공동체의 선취가 일어났듯이[91] 완전히 의롭고 평화로운 시대가 도래할 것이다.

몰트만 역시 현대사회 속에서 기독교의 핵심을 종말론으로 이해하게 될 때, 자연스럽게 따라오는 것이 저항이다. 몰트만은 '탈출공동체'라는 중심개념을 이용하여서 '방랑하는 하나님의 백성'을 기독교의 현실로 파악하고자 했다.[92] "그런즉 우리도 그의 치욕을 짊어지고 영문 밖으로 나아가자, 우리가 여기에는 영구한 도성이 없으므로 장차 올 것을 찾나니(히 13:13-14)." 몰트만은 약속된 희망은 현실 악에 저항하는 순례자적 특성을 가지고 있다고 말한다. 나그네로서의 도상적 특징을 상실할 때, 기독교는 체제와 권력의 하수노릇을 하게 된다고 말한다. 공동체성이 무너져 내릴 때 기독교는 개인화되는 왜곡이 발생한다고 보았다.

교회는 과거에는 전혀 존재하지 않았던 새로운 종교적 형태를 지니게 되었으며, 신학적으로도 신약성서의 가르침에 따라서는 결코 꿈꿀 수 없었던 종교, 즉 사적인 종교(cultus privatus)가 되었다. 이 사회의 통합을 위해 절대자 숭배는 더 이상 필요하지 않게 되었다. 절대자는 단지 사회적으로 해방된, 자유로운 주체성 안에서만 추구되고 체험될 따름이다. '종교'는 공적, 사회적인 의무로부터 벗어나서 사적이고 자유로운 활동이 되었다. 19세기가 진행되는 동안 '종교'는 개인과 사사로움, 내면성, 경건의 종교로 변하였다.[93]

91 위르겐 몰트만, 『희망의 신학』, 354.
92 위르겐 몰트만, 『희망의 신학』, 328.
93 위르겐 몰트만, 『희망의 신학』, 334.

블로흐는 종말론적 희망을 상실한 교회는 본래적 성경해석을 버리고 체제 순응적인 권력의 하수인으로 전락하게 된다고 파악한다. 홀로코스트의 만행을 저지른 히틀러를 사상적으로 지지하고 지원한 독일교회를 권력의 하수인으로 타락한 교회로 보았다. 자본주의와 물질주의에 경도된 천박한 기독교의 현실 역시 전복성과 희망을 상실한 타락한 종교에 다름 아닌 셈이다.

몰트만은 오늘날 교회의 의무는 현재의 어둠과 좌절을 미화하는 일이 아니라, 현 상황이 고착되지 않도록 저항하는 일이라고 말한다. 악한 현실에 대해 불안하게 만들어야 하며, 역사의 과정 안에서 나쁜 상황이 호전된 상황으로 진행되도록 움직여가도록 애써야 한다고 보았다. 이런 역동성과 저항은 '희망'을 통해서만 지속적으로 공급될 수 있다.94 교회는 무엇을 지향해 가고 있는지를 지속적으로 물어야 한다. 무엇을 위해서 존재하는지 생각해야 한다. 몰트만은 교회는 자신의 유지를 위해 존재하지 않고 둘러싼 세계를 위함이라고 말한다.

신약성서가 교회를 '종말론적 구원 공동체'로 이해하고, 공동체의 소집과 사명을 종말론적 기대의 지평 안에서 말하고 있다는 것은 오늘날 널리 알려진 사실이다. 부활한 그리스도는 사람들을 부르고, 보내고, 의롭다고 인정하고, 거룩하게 한다. 그렇게 함으로써, 그는 세계를 위한 그의 종말론적인 미래 안으로 사람들을 모으고, 부르고, 보낸다. 부활한 그리스도는 언제나 교회가 기다리는 주님이다. 실로 교회가 그리스도를 기다리는 것은 이 세계를 위함이지, 자기 자신을 위함이 아니다. 그러므로 그리스도교는 자기 자신의 힘으로, 그리고 자기 자신을 위해서 살아가는 것이 아니라 부활한 자의 통치로부터 살아가며, 죽음을 극복하고 생명과 공의와 하나

94 위르겐 몰트만, 『희망의 신학』, 348-49.

님의 나라를 가져오는 자의 다가오는 통치로부터 살아간다.95

교회는 종말론적인 기대의 지평 안에서 선교를 통해서 인류를 대한 사회적 역할로 개입한다. 하나님의 나라와 다가오는 평화, 자유와 인간의 존엄은 종말론적인 기대 지평 안에서 일어난다. "교회가 인류를 섬기는 목적은 이 세계가 지금의 상태 그대로 머물러 있거나 보존되기 위함이 아니라, 이 세계가 변하여 자신에게 약속된 바로 그것이 되기 위함이다."96 모든 그리스도인들은 사도이다. 세계 속에서 사도직을 수행하는 사람들이다. 희망의 사도직을 수행함을 통해서 공동체는 참된 하나님의 교회로 서게 된다. 다가오는 기대와 희망, 즉 구원을 위해 봉사하고 허공을 나는 화살처럼, 미래를 향해 돌파해나가는 공동체가 된다.97

"신앙 속에서 하나님의 미래를 희망함으로써, 이 세계는 여기서 노동을 통한 자기 구원 혹은 자기 생산의 모든 시도로부터 해방된다. 그리고 이 세계는 오고 있는 하나님의 의의 빛 안에서 사랑과 섬김 속에 헌신한다."98 희망 없이는 사랑할 수 없다. 희망 없이는 믿음이 불가능하다. 멈추지 않는 기대로 살아내는 어두운 현실에 대한 저항적 동력은 희망으로 부터다. 십자가에 달린 그리스도의 미래 지평을 우리가 머물고 살아가는 어두운 세상 속에서 열어주는 것이 교회의 사명이 된다.

블로흐와 몰트만 모두 희망은 현실에 안주하지 않게 하고 현실 악에

----

95 위르겐 몰트만, 『희망의 신학』, 349.
96 위르겐 몰트만, 『희망의 신학』, 352.
97 위르겐 몰트만, 『희망의 신학』, 353.
98 위르겐 몰트만, 『희망의 신학』, 363.

순응하기보다 저항하게 한다고 말한다. 블로흐는 저항의 주체를 인간에게서, 그리고 열린 가능성에서 길어낸다. 이와 달리, 몰트만은 하나님의 약속된 미래에서 희망을 발굴하고 저항의 동력을 길어내고 있다.

하나님 나라와 교회

블로흐는 '하나님의 나라'라는 기독교적 표현대신에 '동일성의 고향'99이라는 철학적 표상을 사용한다. '동일성의 고향'이란 나와 자아와의 관계에서, 개인과 사회, 인간과 자연의 모순과 대립의 모든 문제들이 해결된 세계다. 인간이 자신과 이웃이 자연과 함께 완전히 화해되어 있는 상태이다. 블로흐는 "인간의 영혼 속에 〈아직 의식되지 않은 것das Noch−Nicht−Bewußte〉이 떠오르듯이, 그렇게 이 세상에서 〈아직 이루어지지 않은 것〉이 창조된다"100고 보았다.

진정한 창세기는 처음에 있지 않고, 오히려 마지막에 있다. 그리고 만약 사회와 현존재가 급진적으로 변하면, 다시 말해서 그 뿌리를 파악하게

------

99 강영안, 『신을 모르는 시대의 하나님』, 17-19. 강영안은 그리스도인들의 본향과 그리스도인들의 본향의 차이를 설명한다. "그리스 전통 중의 하나가 바로 노스탤지어(nostalgia)정신, 곧 고향(nostos)에 대한 그리움의 병(algia)입니다. 이러한 정신은 이후 19세기 유럽의 낭만주의에 큰 영향을 끼치게 됩니다. '고향으로의 복귀', '고향에 대한 동경'이 낭만주의의 근본적인 특징 가운데 하나인데, 그 전형을 오디세우스란 인물에서 찾을 수 있습니다. 오디세우스와 달리 아브라함은 자기가 태어나 자란 갈대아 우르나 하란으로 되돌아가지 않습니다. 그에게 고향은 과거에 있지 않습니다. 고향은 피와 살이 묻어 있는 과거의 땅이 아니라 하나님이 가라고 명령하는 미래의 땅입니다. 천국이 우리 그리스도인의 본향이라고 할 때 그 곳은 우리가 가 보지 못한 곳입니다."
100 에른스트 블로흐, 『희망의 원리』, 1270.

된다면, 진정한 창세기는 비로소 서서히 진척되기 시작한다. 그러나 역사의 뿌리는 노동하고, 창조하며, 주어진 환경을 변화시키고, 추월하는 인간이다. 만약 인간이 자신을 파악하고, 진정한 민주주의 속에서 소외 혹은 외화 없는 존재를 설명할 수 있다면, 세계 내에서 모든 것은 유년기에 비추었고, 그 속에서는 아직 아무것도 없었다. 그것은 고향이다.101

블로흐는 마르크스의 초기 저작에 담지 된 공산주의102 이론을 근거하여 자신의 유토피아 사상을 전개시키고, 세계과정의 종국에 펼쳐질 절대적인 '무'와 '모든 것' 사이에 열린 적합성만 존재한다고 보았다.103 블로흐의 절대적인 '무'는 유토피아의 좌절이자, 기독교에서 말

----

101 에른스트 블로흐, 『희망의 원리』, 3000.
102 칼 마르크스·프리드리히 엥겔스, 『마르크스 엥겔스 저작선』, 김재기 편역(서울: 거름, 1988), 22. "생산력을 공동으로 그리고 계획적으로 이용하기 위한 전체의 전반적 연합, 모든 사람의 욕망을 충족시킬 정도로 생산을 확대시키는 것, 한 사람의 욕망을 충족시키기 위해 다른 사람의 욕망을 희생시키는 상태를 제거하는 것, 계급 및 계급 대립의 완전한 폐지, 그리고 종전과 같은 분업의 제거, 산업교육, 활동분야의 교체, 모든 사람에 의하여 생산되는 소비용품의 이용에 모든 사람이 참가하는 것, 도시와 농촌의 융합 등에 의한 사회 성원 전체 능력이 전면적인 발전 – 이것이 사적 소유의 폐지가 가져올 주요한 결과들이다." 공산주의가 지향했던 계급사회의 타파는 본질적으로 인간주의, 즉 휴머니즘을 목표로 하고 있다. 카를 마르크스, 『경제학-철학수고』, 강유원 역(서울: 이론과실천, 2006), 230. "사회 자체가 인간을 인간으로 생산하듯이 사회는 인간에 의해 생산된다. 활동과 향유는 그 내용분만 아니라 그 현존 방식에서 보아도 사회적이며, 사회적 활동이며 사회적 향유이다. 자연의 인간적 본질은 사회적 인간에게서 비로소 존재한다. 자연은 여기에서 인간에 대해 인간과의 유대로서, 다른 인간에 대한 인간의 현존으로서, 그리고 인간에 대한 다른 인간의 현존으로서 존재하기 때문이며, 마찬가지로 인간적 현실의 생활요소로서, 여기에서 비로소 자연은 인간의 고유한 인간적 현존의 기초로서 존재하기 때문이다. 여기에서 비로소 인간의 자연적 현존은 인간에게 자신의 인간적 현존이 되었고, 자연은 자연에게 인간으로 되었다. 그러므로 사회는 인간과 자연의 완전한 본질통일이고 자연의 진정한 부활이며, 인간의 관철된 자연주의이고, 자연의 관철된 인간주의이다."
103 김진, 「블로흐의 희망 철학과 유토피아론」, 『사회철학대계2-사회주의와 자유주의』, 차인석 외, (서울: 민음사, 1993), 190.

하는 지옥의 상태다. 다른 한편으로 '모든 것', 즉 '자유의 왕국'은 유토피아의 성취의 확증으로 성경에서 말하는 하나님 나라다. 블로흐는 말하기를 "모든 것 자체는 진리 안에 이르게 된 인간과 인간을 위하여 성취할 수 있었던 성공된 세계와의 동일성을 의미한다.[104] 아직 결정되지 않은 많은 미래가 현실 속에 내재한 가능성에 의해서 변할 것을 기대한다. 경우에 따라서 가능성이 재앙을 불러올 수도 있지만, 행복한 상태가 도래할 것에 대한 희망역시 지닌다. 좌절보다 행복을 선택할 수 있다는 희망을 품을 수 있다.

유토피아에 대한 논의는 오래된 것이다. '유토피아'(utopia)라는 개념은 이중적 의미를 지닌다. 그리스어의 $ov-\tau o\pi o\varsigma$ 로 이 세상에 존재하지 않는다는 의미와 함께 더 나은 세상에 대한 가능성의 의미를 담지한다. 현실적으로 존재하지 않는다는 의미와 함께 존재하지 않음으로 인한 갈망과 희망의 가능성이 함께 내포된 개념이다. 유토피아의 개념에 대한 논의는 만하임(K. Mannheim)이나 워링턴(J. Warrington)과 한소트(E. Hansot)에 의해서 발전된 논의들이 이루어져왔다.[105]

....

104 김진, 「블로흐의 희망 철학과 유토피아론」, 190.
105 손철성, 『유토피아, 희망의 원리』(서울: 철학과 현실사, 2003), 15-43. 만하임(K. Mannheim)은 '유토피아'를 기존질서를 파괴하는 현실 초월적 방향에만 설정함으로써 현실적 이데올로기와 구별해 버렸다. 이에 비해 한소트는 '고대-유토피아'가 개인적인 변화를 추구하는데 까지 나아가는 것이라면, '근대-유토피아'는 사회구조의 변화에까지 확장된 유토피아로 구분해 내고 있다. 그러므로 한소트의 유토피아 이해는 현실 변화의 동력이 되며, 보다 나은 삶을 향한 현실적이고 구체적인 삶의 구조-변혁과 관계한다. 이런 입장은 만하임의 초월적 유토피아 개념과 뚜렷하게 구별된다. 『세계체제분석』의 저자 이매뉴얼 월러스틴(Immanuel Wallerstein)의 또 다른 저작 『유토피스틱스 또는 21세기의 역사적 선택들』, 백영경 역(파주: 창작과비평사, 1999), 11 이하에서 '유토피아'의 개념을 실현 불가능한 개념으로 이해되는 것을 방지하기 위해서 새로운 용어를 발굴해 내는데, 그것이 '유토피스틱스(Utopistics)'이다. 'utopia' 용어 뒤에 붙은 어미 '-istics'는 실제 가능성이 있는 대안적인 탐구활동이라는 의미를 가지고 있다.

플라톤의 『국가』106로부터 시작해서 토마스 모어의 『유토피아』, 그리고 캄파넬라의 『태양의 나라』107와 프란시스 베이컨의 『새로운 아틀란티스』108에 이르는 이상적 국가에 대한 담론들은 단지 초월적 이상향에 머무르지 않고, 마르크스와 같이 사회의 변혁과 혁명을 통한 새로운 신세계를 추구하는 구체적인 변혁의 핵심동력의 역할을 해왔다. 이미 블로흐가 파악한대로, 이미 실현된 사회는 더 이상 유토피아가 아니

....

106 플라톤, 『국가』, 천병희 역(파주: 도서출판 숲, 2015), 434-44. 플라톤은 철인들이 국가를 통치하는 이상세계를 꿈꾸었다. "말하자면 진정한 철학자들이 여러 명이든 한 명이든 국가의 권력을 장악해야 하네. 그러면 그들은 오늘날 명예로 간주되는 것들을 비천하고 무가치한 것으로 여겨 경멸하는 반면, 올바른 것과 올바른 것에서 비롯되는 명예들을 가장 높이 평가할 것이네. 그리하여 그들은 정의를 가장 중요하고 가장 필요한 길라잡이로 삼아 정의에 봉사하고 정의를 증진시키면서 국가의 질서를 바로 잡아갈 것이네. … 우리가 논의한 국가의 정체는 가장 빨리 그리고 가장 쉽게 실현될 것이네. 그리하여 그 국가는 스스로도 행복을 누리겠지만, 그런 국가를 이룩한 민족에게도 최대의 이익이 될 것이네."

107 토마소 캄파넬라, 『태양의 나라』, 임명방 역(서울: 이가서, 2012). 이탈리아 남부의 가난한 도시에서 출생한 캄파넬라는 14세 때, 토마소라는 성직명을 받고 도미노코 수도회 소속이 된다. 16~17세기의 아리스토텔레스적 중세철학의 성향에 저항하고 유대인들과의 토론을 벌였다는 죄목으로 투옥과 고문을 당하게 된다. 스페인의 식민지로 전락한 남부 이탈리아에서의 해방운동과 태양의 나라의 최고통수권자이며 형이상학자인 교황을 중심으로 한 하나님 나라의 건설을 위한 꿈을 담았다. 토마스 모어와는 달리 실제적이고 정치적인 담론이 담겼다는 점에서 차이를 지닌다. 당시 마키아벨리가 이탈리아 통일을 염원하기 위해 기록한 저작들과 궤를 같이 한다.

108 프랜시스 베이컨, 『새로운 아틀란티스』, 김종갑 역(서울: 에코리브르, 2002), 89-90. 베이컨이 소설에서 언급하고 있는 벤살렘 왕국은 아직 알려지지 않는 미지의 나라로, 기술발전을 통해 건설될 기독교적 유토피아다. 산업화 초기를 살았던 인물이었기에, 기술발전의 지속적 진보가 제2의 에덴동산을 가져다주고, 모든 질병과 노동 없이도 배부르게 될 과학 천년왕국을 이야기한다. 게다가 범죄가 없는 인간성의 온전함까지 더해지는 하나님의 통치 아래 놓인 평화의 나라를 펼쳐놓고 있다. 기술 없이 미개함과 질병과 기근 속에 놓인 세계를 계몽하라는 근대적 시선을 드러내고 있다. "나의 아들이여, 신이 그대를 축복하기를. 또 내가 그대에게 설명한 내용에 대해서 신의 축복이 있기를. 그대는 이 내용을 책으로 출판함으로써 세상의 다른 나라들도 계몽할지어다. 외부세계에 알려지지 않은 미지의 왕국인 우리는 하나님의 품에 안겨 있느니라."

라는 사실은 일방적 유토피아 추구가 가져오는 폭력성을 고발한 디스토피아적 고발들을 통해서도 이미 파악되었다. 예브게니 자마찐의 『우리들』109과 올더스 헉슬리의 『멋진 신세계』110와 조지 오웰의 『1984년』111 등이 그 대표적 작품들일 것이다. 실제적으로 주체적 지상낙원으로의 유토피아를 꿈꾼 북한의 현재 상황이 디스토피아의 생생한 현실을 보여준다.

블로흐는 마르크스를 극찬하는데, 이전의 낭만적이고 화려하지만 추상적인 유토피아를 넘어서서 구체적 유토피아를 제시하는 까닭이다. 가상적 유토피아적 목표, 즉 소설에 담긴 내용만으로는 현실화와 거리가 멀다. 마르크스는 구체적인 유토피아의 모습으로 사회주의 국가를 건설하기 위해 구체적이고 체계적인 설계를 만들어 낸다. 과거의 추상적 유토피아의 취약점을 극복한다. 마르크스의 대표작 『자본』에서 이윤추구의 비밀과 이윤분배의 복잡한 경제 영역의 비밀들을 풀어낸다.

----

109 예브게니 자마찐, 『우리들』, 석영중 역(파주: 열린책들, 2006). 올더스 헉슬리와 조지 오웰의 디스토피아적 작품들에 자극을 준 디스토피아 소설의 효시로 불린다. 과학문명이 최고조에 달한 29세기를 배경으로 사회 속에 '나'는 상실되고 오직 '우리'만 존재하는 단일제국의 세상에서 개인은 번호로 불리고, 은혜로운 분(?)의 통치 속에서 식사와 잠자리까지 유리로 된 건물 안에서 철저히 감시받는 삶을 살아가는 모습을 섬뜩하게 그려낸다.
110 올더스 헉슬리, 『멋진 신세계』, 이덕형 역(서울: 문예출판사, 1998). 기술문명의 발전과 과학의 진보가 낙원과 같은 유토피아를 가져올 것이라는 기대와 달리 반작용, 즉 디스토피아적 세계를 가져올 수 있다는 경고를 담아내고 있는 소설이다. 전체주의 사상과 결합된 과학혁명으로 사람은 과학기술 아래 노예가 되고 인간의 존엄까지 상실되는 끔찍한 비극을 예고하고 있다.
111 조지 오웰, 『1984년』, 김병익 역(서울: 문예출판사, 2006). 영국문학의 최대걸작으로 꼽히는 작품으로 전체주의 세상 아래서 인간의 자유와 존엄이 짓밟히는 비극적인 미래상을 그려낸 소설이다. 대형(Big brother)이 지배하는 세상의 도래로 국가에 의해 조종되는 세상, 개인의 완벽한 말살이 일어나는 무시무시한 미래를 예견하고 있다. 마지막 문장이 섬뜩하다. "누구나 '대형'을 사랑할 것이다. 그리고 삶과 자유와 행복의 추구가 포함된 인간의 권리를 주장하는 진취적이고 개화된 사회는 지나가 버린 역사가 될 것이다."(373)

이를 통해 가치 교환과정과 교환 가치 속에서 상품의 변증법을 발견한다. 마르크스는 자본가들이 잉여 가치를 쥐어짜는 방식으로 이윤을 창조하고, 다른 자본가들과 제휴하여 평균적인 이윤을 보장하는 기이한 제도를 생산해 낸다는 것을 발견하였다. 이러한 분석을 통해 그는 긴장과 유토피아, 혁명으로 이어지는 역사의 변증법 이론을 창조하게 된다.[112]

그는 유토피아의 미래 지향성을 경제를 통해 증명하고, 유토피아가 막연히 추상적으로 기리던 바람직한 사회의 성취는 생산 방식과 교환 방식의 전복으로 실현화 될 수 있다는 것을 간파하게 된다. 주어진 현실에 대한 섬세하고도 치밀한 분석을 통해서 보다 더 나은 미래를 실현시켜 갈 수 있다고 보았다. 엥겔스가 미래 유토피아의 일반적인 의미를 〈자유의 나라〉로 설정한 것과 달리 마르크스는 〈계급 없는 사회〉로 설정[113]하면서, 구체적인 국가의 모습을 설계할 수 없었다. 그는 미래를 추상적인 유토피아로 화려하고 추상적으로 표현하지 않고, 구체적인 실현과정인 "경향성"과 미래의 더 나은 유토피아에 대한 "잠재성"을 남겨두었다. 유토피아의 터전에 충실한 셈이다.

과정을 중시하는 구체적 유토피아는 마르크스주의의 시각으로 인식되는 현실 속에 두 가지 기본 요소로서 내재해 있다. 그 하나는 〈경향성 Tendenz〉으로서, 보수주의적 사고나 세력에 부딪혀 파기되는 유토피아의 긴장 관계를 가리킨다. 다른 하나는 〈잠재성Latenz〉으로서, 이 세상에서 아직 실현되지 못한 객관적이자 현실 가능한 유토피아의 상관관계를 가리킨다. 이렇듯 경향성과 잠재성이 전달되고 새롭게 의식되는 곳이라면,

112 에른스트 블로흐, 『희망의 원리』, 1263-64.
113 에른스트 블로흐, 『희망의 원리』, 1265.

어디서나 유토피아의 터전은 마련될 수 있다.[114]

사회적으로 성취되는 유토피아는 과학 기술의 유토피아, 예술과 종교영역[115]에서 나타나는 〈예측된 상Vorschein〉을 통해서 정확하게 드러난다. 환상이나 미신이 결코 아니다. 마르크스주의는 착취와 수

....

114 에른스트 블로흐, 『희망의 원리』, 1269.
115 블로흐는 후대 마르크스주의자들의 종교성 폐기에 대해서 단호하게 비판적이다. 왜냐하면 종교에 주는 유토피아의 상(像)은 엄혹한 현실에 저항하고 새로운 미래유토피아를 열어가는 데 심대한 영향을 줄 핵심을 보유하고 있기 때문이다. 그는 간과되었던 인물인 아우구스티누스를 언급한다. 아우구스티누스는 역사 속에서 진행되는 유토피아, 즉 하나님 나라로 '교회'를 중심하여 언급하지만, 초월적 유토피아를 현실에 성취하고자 하는 강렬한 이상을 표출한다. 에른스트 블로흐, 『희망의 원리』, 1021. 블로흐는 아우구스티누스의 『신국론』이 유토피아적이라고 주장할 수 있는 이유를 초월적 종말의 미래를 개방적으로 '희망'하기 때문이라고 말한다. 아우구스티누스의 초월적 사고는 유토피아의 특성과 부합되고 있다. 왜냐하면 그것은 인간 역사의 창조적인 희망과 결속되어 있으며, 마주침, 위험 그리고 승리를 내포하기 때문이다. 그러므로 그것은 이미 고착되어 있고 결정되어 있는 순수한 초월이 아니다. 따라서 아우구스티누스의 〈신의 국가〉는 마치 위험하게 솟아난 날카로운 바위 조각 같이 현존하는 것이다. 다시 말해서 그것은 기존의 역사가 종말을 고할 때 비로소 유토피아로서 존재한다. 에른스트 블로흐, 『희망의 원리』, 1032. 블로흐의 시선에서 아우구스티누스가 말하는 '신의 나라'는 인간의 노력이나 열의에 의해서 열리는 나라가 아니라, 오직 신의 은총으로 말미암아 이루어지는 나라다. 에른스트 블로흐, 『희망의 원리』, 1030. 신의 가호에 의해서 이루어지는 나라라면 '유토피아'로 바라보기가 힘이 들지만, 블로흐는 아우구스티누스의 '신국(神國)'이 유토피아가 되는 이유로, 정태적이지 않고 미래개방적인 종말론적 미래-희망 때문임을 지적한다. 미래에 대한 희망의 기대는 기독교의 안식일과 제의에서 잘 드러난다. 미래의 기대를 가지고 고착되지 않고 정형화 되지 않는 역동적 미래나라를 대망하는 것 자체가 유토피아인 셈이다. 에른스트 블로흐, 『희망의 원리』, 1032. 블로흐는 아우구스티누스의 종말론적 사상이 13세기의 피오레의 요아킴에게 지대한 영향을 주었다고 말한다. 블로흐는 정통기독교에서 아우구스티누스를 해석하는 방식을 지양하고, 대신 젊은 시절의 아우구스티누스가 깊이 몸담았던 마니교적 이원론에 입각한 '선의 나라'와 '악의 나라'라는 대립적 시각으로 지상의 역사를 파악한다. 대립적이고 쟁투하는 미래를 향한 변증법적인 전진이 역사의 전진이며, '신의 나라'에 대한 완전한 나라에 대한 갈망과 희망이 유토피아의 원천으로 파악한다.

직적 계급구조, 종속관계가 근본적으로 사라지는 사회적 유토피아로 가는 첫 번째 출구인 셈이다.116 마르크스가 말한 대로 인간의 노동이 외적 폭압에 소외되지 않고 궁핍함으로 고통 받지 않는 자유의 나라다.

'자유의 나라'는 마르크스에서부터 유래된 개념이지만, 블로흐는 마르크스를 넘어서고자 한다. 경제적·정치적 문제만이 아니라 블로흐에게 있어서는 염려와 걱정의 모든 문제까지 관심의 범주에 포함된 까닭이다. 블로흐의 목표는 공산사회의 모습이 아니다. 공산사회 역시 무(無)와 죽음의 문제를 극복하지 못하기 때문이다. 사회주의적 혁명은 많은 변화를 가져오는 것이라고 극찬하지만, 부정적인 현상들을 바로잡고 교정할 수 있음에도, 현존하는 가장 위험한 무(無) 자체를 극복하지 못하기 때문이다.

블로흐에게 있어서 천국은 사람들이 꿈꾸는 자유의 나라다. 구체적 유토피아117를 담지한 무신론은 기존의 권력 지향적 종교를 파괴하고 궁극적으로는 신 대신이 인간을 위한 종교에로 나아가게 한다.118 블로흐는 무신론의 공헌은 기득권의 음흉한 모략을 드러내는 것으로 설명한다.

무신론은 거의 간파될 수 없는 권력의 신에 대한 두려움을 떨치는 데에 일익을 담당했다. 나아가 무신론이 온갖 끔찍하고 음험한 행위들을 파기하는 데 도움을 준 것도 사실이다. 봉건 당국은 이른바 신의 뜻에 따른다

....

116 에른스트 블로흐, 『희망의 원리』, 1271.
117 에른스트 블로흐, 『희망의 원리』, 1082. 블로흐는 추상적이고 관념적인 유토피아에 대해 매우 비판적이다. 그가 추구하고 설계하고 있는 이상향은 구체적인 질서를 통한 변화다.
118 에른스트 블로흐, 『저항과 반역의 기독교』, 456.

고 공언하면서, 자신의 권력을 고수하기 위한 목적으로 온갖 잔악한 행위
들을 자행하지 않았던가? 무신론이 지니고 있는 이러한 영향력은 매우
크다. 말하자면 무신론은 상기한 신권주의의 음흉한 이데올로기를 예리하
게 밝혀내는 데 큰 힘을 발휘한 것이다.[119]

블로흐는 거대한 유토피아의 출현이 아직도 남아 있는데, 무신론적
기독교가 신적인 비밀을 드러냄으로 신 중심에서 인간중심의 미래 유
토피아를 개방하는데 공헌한다고 말한다.

분명히 말해서 이 세상에는 아직도 거대한 유토피아의 출현이 남아 있다.
그것은 승리를 거두지 못한 부정적인 것에서부터 경향적으로 그리고 잠재
적으로 최상의 상태로 이행되는 무엇이다. 주지하다시피 무신론은 〈신적
인 무엇〉에서 〈군주 내지는 최상의 권력을 지닌 존재로 실체화되어 있던
실질적 상〉을 추출해 내도록 자극하였다. 이로써 무신론의 고유한 가치를
보상받게 되었다. 무신론은 바로 이러한 유형을 개방하면서, 그 속에 자리
하고 있는 〈신적인 무엇〉에 관한 마지막 유일한 비밀을 우리에게 분명하
게 제시해 준 것이다. 이러한 마지막 비밀은 인간에 관한 것이다. 이는
무엇을 말해주는가? 기독교 그리고 이후의 기독교 사상 속에는 인간인
우리가 추구해야 하는 자유의 나라가 담겨 있다.[120]

블로흐는 마르크스의 교회에 대한 이해를 옳다고 평가했다. 기득권
과 체제유지의 위치에 서서 하부구조를 지배하는 논리를 생산했다고
보았다. 이미 조키아노 피오레가 언급한 성부, 성자, 성령 시대 중에

119 에른스트 블로흐, 『저항과 반역의 기독교』, 464.
120 에른스트 블로흐, 『저항과 반역의 기독교』, 471-72.

성자의 시대는 여전히 교회를 통한 승려계급이 존재하는 시대로 파악한다. 체제유지를 위한 현실의 변화나 구체적 유토피아 보다는 피안적이고 추상적인 유토피아를 생산하고, 불의한 현실 아래서 인내와 순종을 강요하는 주체였다. 조키아노에 의하면 내세적 그리스도의 나라는 존재하지 않는다. 오직 이 땅에 실존할 뿐이다.

그의 생각에 의하면 원시 기독교 이후로 참된 기독교는 거의 매몰되고 삭제되고 곡해되어온 사실이다. 예수는 새로운 세상을 가져오는 분이거나 예배나 위안만을 목표하지 않고, 현실에 직접적인 영향과 변화를 가져오는 혁명가이다.

그리스도의 나라는 조아키노에 의하면 오직 지상에 존재할 뿐이다. 조키아노의 이러한 생각은 원시 기독교 이후로 거의 사장되어 온 것이다. 예수는 하나의 새로운 세상을 구원하실 분이며, 기독교는 예배나 위안만을 목표로 하는 것이 아니라, 바로 현실에 직접적인 영향을 끼친다는 것이었다. 궁극적으로 조아키노는 신비적 민주주의를 통해서 주인과 소유권이 없는 나라가 생겨나게 되리라고 믿었다. 세 번째 복음과 그의 나라는 바로 이와 다름이 없으며, 예수 자신도 우두머리임을 포기하고, 스스로를 〈친구들의 자유〉 속에 완전히 용해시키려 하였다.121

마르크스의 교회에 대한 평가에 동조하는 블로흐는 체제 순응적이고 유지를 위한 도구들을 생산하는 교회에 대하여 비판한다. 마르크스가 종교를 민중의 아편으로 파악한 것처럼, 나쁜 권력의 착취를 정당화하는 수단으로 전락했다고 보았다. 왜곡된 기독교가 주입한 '죄의식'은 형벌 같은 현실에서도 인내를 종용 받고 저항 없이 순응하게 만드는

----

121 에른스트 블로흐, 『희망의 원리』, 1038.

노예정신을 만들고, 착취에 정당성을 부여하는 원리가 되었다고 비판한다.

《기독교의 사회적 원칙들은 고대의 노예 제도를 정당화하였고, 중세의 노예적 신분제도를 찬양하였다. 또한 기독교의 사회적 원칙들이 (때로는 인상을 찌푸리기도 하였지만) 필요한 경우에는 프롤레타리아에 대한 억압을 옹호한 사실은 두말할 나위가 없다. 사람들은 지배 계급과 피지배 계급이 그대로 온존해야 하는 필요성을 역설하였으며, 《지배자들은 자선을 베풀고, 피지배자들은 경건하게 살아야 한다》고만 주장했을 따름이다. 기독교의 사회적 원칙들은 마치 교구청의 관리가 그렇게 믿고 있듯이, 《이 세상의 모든 죄악은 천국에서 그 대가를 치르게 된다》고 말하면서, 내심 계급 차이에서 나타나는 죄악이 이 지상에 존속하고 있는 사실을 용인하였다. 기독교의 사회적 원칙들은 억압자의 저열한 착취 행위를 다음과 같은 두 가지 수단으로 동조한 셈이다. 그 하나는 가난하고 착취당하는 사람들이 원래 원죄나 그 밖의 죄를 저질렀기 때문에 현재의 현실에서 당연히 처벌받고 있다는 생각이다. 다른 하나는 구세주가 깊은 사려 끝에, 선택된 기독교들에게 내린 시련이라는 것이다.[122]

블로흐는 사도 바울 이후로 계급 사회에서 드러나는 나쁜 지배논리에 기독교는 타협해 왔다고 말한다. 교회를 국가정치 형태로 지니고 있는 바티칸의 모습은 파시즘의 전체주의와 통한다고 보았다.[123] 서방

----

122 에른스트 블로흐, 『희망의 원리』, 1042.
123 에른스트 블로흐, 『희망의 원리』, 1043. 블로흐는 자신이 살았던 시대의 교회에 대해 날카롭게 비판한다. 비판의 핵심은 불의한 현실에 침묵하고, 권력에 야합하는 파시즘적 태도이다. 말씀에 따라 진리와 정의를 구하지 않는 교회는 세상에서도 비판과 타도의 대상이 될 수밖에 없으며, 하나님 나라를 살아가는 희망의 증인이 될 수 없다.

의 교회가 체제 순응적인 도구가 되어간 것에 비하여 동방의 교회, 즉 러시아 정교회를 중심으로 스콜라 철학의 노선을 따르지 않았다. "러시아 교회는 러시아 정교의 최고 관청에 의해서 간섭당하지 않은 채, 생명력을 이어 가고 있었다. 특히 조아키노 피오레의 사상이야말로 지속적으로 그리고 입을 통해서 러시아의 전 지역에 전파되었다."124 말한다. 서방교회가 지배계층의 도구화로 폐쇄되어 간 것과 달리 동방교회는 개방성을 유지해 나갔다고 본 것이다.

블로흐의 유토피아는 자유의 나라다. 그의 무신론은 인간의 자율을 위한 전제다. 악한 하나님의 통제에서 벗어나 인간중심의 계급 없는 사회에 대한 열망, 즉 구체적 유토피아다. 블로흐의 교회에 대한 평가는 마르크스에 동조하여 냉정하고 차갑다. 파시즘의 꼭두각시가 된 서방교회를 한다. 하지만 동시에 동방교회가 지니고 있는 간섭당하지 않는 개방성에 희망을 걸고 있는 시선도 살펴볼 수 있다.

블로흐와 몰트만의 차이는 선명하다. 미결의 문제로 남은 죽음과 무의 위협은 동일성의 고향을 위협하고 있다. 실제로 완성에 대한 확신을

124 에른스트 블로흐, 『희망의 원리』, 1045. 김영재, 『기독교교리사』(수원: 합신대학원출판부, 2009), 400. "13세기에 이르러 피오르(Fiore)의 요아킴(Joachim)이 새로운 예언서를 내어 요한계시록에 나타나는 사건들과 서술들을 역사에 나타나는 인물 및 사건과 맞추어 일일이 설명하려고 하였다. 이러한 예언서의 영향으로 출중한 황제를 메시아로 보려는 운동이 파급되었다. 요아킴은 역사를 성부의 시대, 성자의 시대, 성령의 시대로 구분하면서, 예수의 재림과 더불어 제3의 성령의 시대가 시작된다고 하고서, 1260년이 바로 그 해라고 하였다. 요아킴은 자신의 묵시록을 '영원한 복음'(evangelium aeternum)이라고 불렀다. 그가 죽고 난 이후 반세기만에 메시아 운동은 '영원한 복음'이라는 이름으로 널리 번져나갔다. 이 메시아 운동의 특징 가운데 하나는 메시아적인 황제를 대망하는 것이었다. 그리하여 사람들은 출중한 군주가 나타나면 메시아로 여겼다. 특히 독일에서는 사람들이 프리드리히 2세(Friedrich II)를 메시아로 생각하였고 그가 죽고 난 후에도 부활하여 다시 올 것이라는 황당한 기대도 가졌다. 이상적인 정치를 펴서 가난한 자들에게 부와 희망을 나누어주고 성직자들을 벌할 것이라는 프리드리히의 부활신앙은 15세기까지 지속되었다."

가질 수 없는 것이 블로흐 희망철학의 한계다. 현실을 극복하기 위한 구체적인 가능성으로써의 희망과는 달리 몰트만은 예수 그리스도의 부활과 더불어 미래로부터 오시는 하나님으로 인해 실현될 희망을 강조한다. 하나님의 신실하신 언약과 오시는 하나님으로 말미암아 만물은 새롭게 될 것이고 죽음과 무는 극복될 것이다. '희망의 신학'은 '희망의 철학'이 풀지 못하는 근본의 문제들을 해결한다. 하나님의 오심과 함께 실현되는 하나님의 나라는 죽은 자들의 부활과 종말에서 현재를 향해 "보라 내가 만물을 새롭게 하노라"고 말씀하시는 하나님의 새 창조를 통해서 블로흐의 유토피아적 기획의 한계를 넘어선다.

하나님 나라를 희망하는 사람은 십자가에서 죽음을 넘어선 부활에 동참하는 희망을 따라 고난도 기꺼이 감내한다. 교회는 그 자체로써 구원이 아니라 세계를 교회로 만들어가는 일, 즉 다가오는 세계의 구원을 위해 봉사함으로 하나님 나라를 구체적으로 실현시켜 나간다. 예수를 믿는다는 것은 곧 하나님 나라를 믿는다는 것과 동일하다. 하나님 나라와 예수를 뗄 수 없는 까닭이다. 예수는 하나님 나라를 가져왔다. 성찬에서 빵과 포도주를 통해서 하나님 나라를 미리 먹고 마신다. 더 이상 억압이 존재하지 않는 생명으로 가득한 샘(우물)이다.

그리스도의 식탁과 교제가 이루어진 곳에는 죄인과 세리도 초대되었다. 블로흐가 꿈꾸는 계급 없는 자유의 나라는 그리스도 안에서 실현되고 있다. 함께 먹고 마심을 통해 계급과 분열의 골을 매웠다. 배척당하고 소외되는 이들이 환대받으며 가난한 이들과 어린아이들이 수납되는 나라이다. 하나님 나라는 미래적임과 동시에 현재적이다. 완성될 하나님 나라는 아직 도래하지 않았지만, 예수를 통해서 구체적으로 현실 속에 주어짐을 통해 현재 가운데 누린다. 하나님 나라는 내세적임과 동시에 현실적이다. 예수가 부활이전에 십자가를 피해가지 않은 것처럼, 현실의 어둠과 고난을 외면하지 않는다. 하나님 나라는 하나님의 일임과 동시에 우리의 일이기도 하다. 현실에 안주하지 않게 하고, 현재를 넘어서 초월하게 한다.

하나님 나라는 구체적으로 현실을 바꾸고 실현시켜가야 할 과제를 우리에게 전달한다. 가정과 남녀, 부모와 자녀, 사람과 사람 사이에 비인간적인 요소들이 제거되고 화해케 만드는 구체적인 일이다. 정치에서 정의가 실현하기 위해 힘쓰고, 경제적 정의를 애써 도모해 가는 일이다. 문화와 모든 영역에서 하나님 나라의 실현을 위해서 교회는 하나님 나라로 삶의 모든 부분을 길들여 가야 한다.

몰트만은 교회에 대한 이해에 있어, 교회 안에 갇혀 있는 편협한 교회, 즉 교회 자신을 위한 교회를 거절한다. 개인의 영성적 차원과 이기적인 고립의 상태로 머물지 않고 종말론적인 선취를 세상의 한복판에서 이루어가야 한다고 말한다. 몰트만은 교회론을 독립적으로 다루지 않는다. 교회론만을 분리해서 다룰 수 없는 까닭이다. 삼위일체론적인 관계 속에서125 세상을 보존하시고 협력하며, 통치해 나가는 하나님의 역사라는 큰 맥락에서 구체적인 교회의 자리와 관계성이 확보된다. 더불어 기독론적인 기원과 하나님 나라의 종말론적 목표를 가지고, 성령의 능력 아래에서 희망과 현실의 차이를 매워나가는 긴장 속에 교회는 놓여 있다고 파악한다. 교회는 피안을 위한 공동체가 아니라 현 세계의 질퍽한 현실에 저항하고 위기와 도전에 직면하여 응답하는 걸음들을 걸어 나가야 한다고 보았다.

교회가 세상을 향하여 전달하는 메시지는 '종말론적 희망'이다. 몰트만은 『희망의 신학』에서 종교개혁에서 강조된 말씀 중심, 믿음 중심,

---

125 미로슬라브 볼프, 『삼위일체와 교회』, 황은영 역(서울: 새물결플러스, 2012). 볼프는 삼위 하나님의 공동체성에 근거하여 교회의 공동체성의 회복을 탐색한다. 이기적인 파편화를 화해시키고 공동체성의 회복을 삼위일체에 근거하여 설명하고 있다.

칭의에 대한 강조에 묶여서 약속과 희망과 미래를 말하고 세상 한복판에서 선교하는 교회의 위상을 잃어버렸다고 말한다. 약속으로 열려진 미래를 상실한 교회는 희망 속에서 현실이 주는 갈등을 이겨내기 힘들다. 희망은 낙관적인 미래에 대한 몽상이 아니라 그리스도의 부활을 믿는 희망이 교회를 역사 속 고통을 견디어내게 한다. 교회는 역사를 향해, 세계로, 미래로 자신을 열어젖힌다. 교회는 자신을 위해 존재하지 않고 세계와 역사를 향해 개방한다.126 교회가 자기를 위해 살고 존재하는 순간 교회는 교회되지 못하고, 폐쇄되어 버리고 만다. 우상이 되고 마는 것이다.

몰트만은 『십자가에 달리신 하나님』을 통해서 고난과 순종을 통해서 고통 중에 머물고 버림받은 세상을 향하여 개방한다고 말한다. 이상직은 몰트만이 『십자가에 달리신 하나님』에서 발전시킨 교회론을 두 가지로 언급한다.

> 몰트만이 〈십자가에 달리신 하나님〉에서 발전시킨 교회론은 첫째, 고난과
> 순종을 통해 하나님 아버지께 영광을 돌리는 교회론이다. 그러므로 교회
> 는 그리스도의 고난을 따라 이 세상의 버림받은 사람들을 향하여 자신을

----

126 Jürgen Moltmann, *The Church in the Power of the Spirit: A Contribution to Messianic Ecclesiology*, (London: SCM Press, 1975), 69, 163. 몰트만이 강조하는 교회에 대한 이해로는, 교회로 불러 모으고 교회 자체의 유지를 위한 공동체는 폐쇄적이고 교회다. 복음선포를 교회가 가진 하나님 나라를 위한 중요한 방편으로 인정하면서 동시에 종말론적이고 메시아적인 친교공동체의 급진성을 잃어버려서는 안 된다고 보았다. 이런 맥락에서 「하이델베르크교리문답」에서 말하는 교회론을 비판하고 있는데, 사람이 교회를 위해 존재하지 않고, 사람이 교회를 위해 존재한다는 것에 대한 비판으로 보인다. 몰트만은 교회를 보편왕국의 도래를 위한 여러 기관 중 하나로만 파악한다. 교회의 중요성을 인정하면서도 세상 역사 안에 다양한 제도들을 인정하고 있다. 몰트만의 세계종교들과도 활발한 대화를 통해서 '하나님 나라'를 향한 메시아적 지향을 공유할 수 있다고 생각했다.

개방한다. 가난한 자들과 자신을 동일시하심으로 하나님 아버지께 영광을 돌렸던 예수와 같이 교회도 이 세상의 낮은 자들과 자신을 동일시함으로 하나님께 영광을 돌려야 한다. 이러한 동일시는 '고난 받는 사랑'으로 자신을 개방하는 것이라고 말할 수 있다. 둘째, 해방된 교회와 해방을 시켜주는 교회, 곧 하나의 정치적인 교회론이다. 여기서 말하는 정치적이란, 예수 그리스도 안에 나타난 하나님의 메시아적 자유의 복음이 선포될 때마다 그것은 권력의 갈등을 낳는다.127

　몰트만은 『성령의 능력 안에 있는 교회』에서 삼위일체론적 교회론으로 발전된 모습을 드러낸다. 『희망의 신학』에서 강조한 '종말론적인 교회론'과 『십자가에 달리신 하나님』에서 '그리스도론적 교회론'을 중심으로 삼았다. 『성령의 능력 안에 있는 교회』에서는 성령론적 교회론으로 발전시켰다. 몰트만의 교회론은 교회 안에 갇히기를 거절하고 세계를 향해 개방하는 교회론을 전개한다. 현 세계를 위해 다가올 희망의 미래에 저촉되는 현실에 저항하는 공동체가 교회라고 보았다. 교회의 실천원리는 하나님의 주권과 함께 억압받는 이들과 동일시함으로 교회가 세상 속에서 더욱 열린 공동체가 되어야 함을 강조했다.

　몰트만이 자신의 교회론에서 강조하는 것은 크게 세 가지이다. 첫째, 계층을 통해 계급화 된 현실체계에 안주하지 않고 변화하고 미래를 향해 개방하는 교회다. 현실에 갇혀 있지 않고 제도 안에 머물러 있기를 거절한다. 고난 받는 세상에 자신을 개방하며 함께 공동체를 형성해가는 교회이다. 둘째, 사제계급이나 목사가 성령의 은사를 독점하지 않는 교회다. 모든 구성원들이 함께 동참하는 평등 지향적 공동체이다.

----

127 이상직, "몰트만의 교회론: 하나님의 영광과 세계의 해방을 위한 교회론," 「조직신학회 논총」 제12집 (2005), 224-25.

만인제사장적이다. 모두가 동참하여 봉사(diakonia)하는 교회다. 은사의 독점이 사라진 교회이다. 마지막으로 제도화되고 수직화 된 교회가 아니라 친교공동체이고, 선교하는 교회이다. 지역의 울타리에 묶이지 않고 세계의 지평에로 열려있어, 봉사와 선교로 하나님의 선교(missio Dei)에 동참하는 교회, 하나님 나라를 건설해가는 교회이다.

교회는 종말론적인 공동체로서 성례에 참여한다. 교회는 그리스도의 부활을 근거하여 하나님의 나라를 기다리는 공동체로 성찬에서 떡과 잔을 통해 희망을 먹고 마신다. 그리스도의 오심을 기다리며, 현실을 변혁하고 하나님 나라에 부합한 삶을 전개해 나간다. 그리스도의 파송에 순종하여서 구체적인 실천과 어둠의 현실에서 십자가를 지는 일을 감당한다. 이는 그리스도의 부활을 통해서 완성된 나라를 기대하는 희망하는 까닭이다.

만약 이미 전술한 종말론적 그리스도론에서 출발하고, 역사를 하나님의 미래의 역사로 이해한다면 그 정치적 비유와 사회적 유비들은 후진(後進)하는 응답의 성격뿐 아니라 동시적으로 전방을 향한 선취의 특징을 띤다. 공동체가 정치적, 사회적 행위 속에서 그리스도에게 상응하고자 하는 시도는 동시에 하나님의 왕국을 선취케 한다. 그러나 그 선취는 아직 하나님의 왕국 그 자체는 아니다. 이는 다만 역사의 제한된 가능성 속에서 하나님 왕국의 실제적인 중재를 뜻하는 것이다. … 이 세상이란 하나님의 왕국을 기다리는 대합실이 아니다. 또한 아직 하나님은 하나님의 왕국 그 자체도 아니며, 단지 지상으로 내림하는 하나님의 왕국을 위한 전장이요, 건축장이다. 그럼에도 우리는 새로운 순종과 창조적인 뒤따름을 통해 이미 지금 그 왕국의 정신 속에서 살 수 있다. … 미래적 왕국의 중재 행위는 무엇보다 성례전을 역사 속에서 그리스도교적으로 집행한다. 그러므로 아직 하나님의 왕국 그 자체는 아니지만 교회와 선포와 성례전이 하나님

왕국을 성사적(聖事的)인 방법으로 생생하게 현화한다.128

블로흐와 몰트만은 개방적이고 열려있는 공동체에 대해서 일치하는 견해를 가졌다. 블로흐가 마르크스의 교회의 폐쇄성에 대한 비판과 제도화되고 권력자들의 지배논리의 도구가 된 교회를 비판한 것에 동의하지만, 모든 교회가 다 폐쇄되고 지배자의 논리 속에 빠져들지 않았다고 보았다. 서방교회와 달리 동방교회에서 세상 속 열린 공동체로써의 교회의 전형을 발굴하고 있기 때문이다. 블로흐의 저항하는 공동체는 희망의 미래와 비교하여 왜곡된 현실을 직시하고 왜곡된 권력에 항거하는 몰트만의 교회론과 일치하는 면이 크다. 하지만 블로흐에게 있어서는 무신론적이고 구체적인 유토피아의 전형으로 교회를 보았다면, 몰트만은 주권적인 하나님의 사역에 동참하는 교회로 파악하는 점에서 차이를 드러내고 있다.

블로흐가 꿈꾸는 구체적 유토피아의 실현은 성경에서 말하는 하나

---

128 위르겐 몰트만, 『정치신학 정치윤리』, 조성로 역(서울: 대한기독교서회, 1992), 226-27. 몰트만은 본서에서 세속영역과 영적 영역을 확연하게 분리해 버린 루터의 두 왕국설에 대한 비판과 능동적인 참여를 개진하는 칼빈-츠빙글리-고백교회의 개혁파적 입장과 바르트의 입장을 설명하고(169-211), 207, 부활하신 그리스도와 승리하신 주의 통치의 입장에서의 환호 이전에, 부활의 영광 이전에 있었던 십자가에 대한 깊은 성찰이 필요하다고 주문하고 있다. "그리스도인들은 현실 속에서 그리스도의 부활의 영광보다는 십자가를 보다 직접적으로 공유하고 있다. 신앙의 승리에 대한 확신이란 다름 아닌 십자가 아래서의 확신이다. 그러나 실상 바르트는 그리스도 왕권에 관해서는 극히 희소하게 언급하며, 단지 '그리스도 통치'에 대한 석명(釋明)으로 족하게 여긴다. 하지만 바르트학파의 설에 상충되며 부분적으로는 바르트 자신의 입장과도 상치되는 진정한 그리스도의 통치란 한 왕의 그것과 같은 것이 아니라 강함으로써 보다는 약함으로 인해 승리하시고, 십자가 위에서 대리적 고난(stellvretretendes Leiden)을 받으심으로 통치하는 십자가에 못 박히신 자의 지배라는 것이 강조되어야 한다. 그리스도의 고난과 십자가에 대한 생생한 회상이 없는 한, 그리스도의 왕권설은 한낱 개가적(triumphalisch)이며, 신성적이어서 곧 자기 의인화(Selbst-rechtfertigung)에 빠지고 만다."

님 나라에서야 비로소 실현될 수 있다. 가능한 미래와 현실의 차이를 만들어내지 않는 현재에 대한 갈망은, 성취된 미래인 보이는 복음이 성만찬 안에서 맛보는 형식으로 이미 실현되고 있다 하겠다. 이제 블로흐와 몰트만의 희망지평의 차이를 정돈해 보자.

블로흐와 몰트만의 희망지평 정리

위르겐 몰트만
JÜRGEN MOLTMANN

ERNST BLOCH

에른스트 블로흐

Chapter 6

희망의 두 지평

블로흐와 몰트만의 희망지평 정리

Chapter 6

우리는 앞서 블로흐의 사상적 배경으로 '페르시아 이원론', '아리스토텔레스의 물질철학'과 '마르크스의 유물론'을 통해 추출된 그의 희망개념을 3가지로 논했다. 첫째가 가능성과 미래개방성이고, 둘째는 갈망으로의 요청성이며, 마지막으로 현실에 대한 불만과 긴장을 내포한 아직-아님의 희망이다. 이어 몰트만의 희망의 근거로 세 가지를 살폈다. 첫째가 하나님의 약속이고, 둘째는 역사속의 이스라엘과 마지막으로 예수 그리스도의 부활이 기독교 희망의 근거로 보았다. 파악된 희망의 근거를 통해서 발굴된 몰트만의 희망개념은 하나님의 약속에 따른 '기다림'과 '예수 그리스도의 미래', '의와 생명의 미래', '하나님 나라의 미래와 인간의 자유'로 살폈다. 블로흐와 몰트만의 희망개념은 이 세계의 두 가지 큰 희망에 대한 지평이라고 말할 수 있다. 소설이나 갈망의 상(像)으로 남아있는 모든 다양한 기대와 갈망의 지류들은 블로흐가 말하는 희망의 지평 속에서 포함1된다고 할 수 있다.

---

1 블로흐는 그의 대작 『희망의 원리』 5권에서 치열하게 문화와 정치, 예술과 건축과 문학에

이어서 '희망의 근본 뿌리'가 되는 '하나님에 대한 이해와 예수에 대한 이해의 차이'를 논했다. 다음으로 '미래와 종말'에 대해 이야기했고, 마지막으로 '하나님 나라와 교회'에 대해 비교했다. 희망의 두 지평은 현실의 문제에서 도피하지 않는다. 구체적인 현실의 문제를 바꾸고자 하고, 희망의 미래와 다른 현실의 어두움을 극복하고자 애쓰는 점에서 동일하다. 구체적인 유토피아와 구체적 하나님의 나라라는 입장에서 두 사람 모두 '정치'와 '환경', '사회'의 현실의 문제에 치밀하게 대면한다. 하지만 두 사람 사이에는 근본적인 지평의 차이가 존재한다. 블로흐는 현실의 갈망과 굶주림에서 출발한다. 현실의 어둠에서 먼 미래의 희망을 바라본다. 굶주림과 갈망으로 그려진 미래를 향해 개방된 시선으로 가능성의 미래를 응시한다. 반면, 몰트만이 말하는 희망은 미래에서 오는 것이다. 약속되어진 미래로부터, 미래의 하나님으로부터 현실세계를 뚫고 들어오시는 하나님으로 인해 현실은 변화고 변화되어 갈 것을 바라본다.

블로흐와 몰트만 모두 어둠의 현실을 직시하고 저항해야 한다는 점에서 일치한다. 하지만 희망을 길어내는 토대와 시간의 방향성에서 차

....

이르는 모든 영역에서 희망의 내용들을 채굴하고 증류해낸다. 그는 희망과 갈망이 모든 것을 생성시키는 동력이라고 보고 있다. 〈1권〉에서는 밤 꿈과 비교되는 낮 꿈의 갈망과 아직 의식되지 않은 것과 가능성의 카테고리들과 계층들을 탐사한다. 〈2권〉에서는 낮 꿈에 대한 보다 정밀한 탐사와 소설, 영화, 연극에 담지 된 꿈과 희망의 내용들을 발굴하고 있다. 〈3권〉에서는 치료기술과 사회제도, 알라딘과 연금술과 같은 과학기술의 유토피아와 건축학 속에 녹아 있는 유토피아, 에덴과 엘도라도, 신대륙과 같은 지리적 유토피아와 예술의 모든 표현들의 근저에 놓여있는 유토피아적 희망을 끄집어낸다. 〈4권〉에서는 윤리와 음악, 그림과 종교와 동방에 대한 환상 등으로 설명되는 유토피아와 희망을 이야기하고 〈5권〉에서는 그의 또 다른 저서 〈저항과 반역의 기독교〉에서 다루고 있는 내용과 유사한 '하나님 없는 하나님 나라'에 대한 내용과 희망의 소재로써 마르크스와 인간성을 다루고 있다. 『희망의 원리』는 자칫 읽어내기 힘든 산만한 글로 보여질 수 있지만, "희망"이라는 핵심 개념을 중심해서 읽어낼 때, 전반적인 흐름을 제대로 파악해 나갈 수 있다.

블로흐와 몰트만의 희망지평 정리

이를 지니는 것을 볼 수 있다. 블로흐의 희망은 미래를 향해 열어내는 반면, 몰트만은 약속된 미래로부터 현실의 어둠을 밝혀가고 있다. 우선 블로흐의 희망지평을 정리하고, 그 한계를 살펴보자.

블로흐의 희망지평

블로흐는 유대 신비주의와 메시아론의 전통 위에 있으면서도 전통적인 하나님을 부인한다. 기독교 전통에서의 '상속'과 함께 '단절'을 동시에 추구하고 있는 셈이다. 하나님의 나라를 추구하면서도, 하나님 없는 하나님의 나라를 설계한다. 이는 다름 아닌 전통적 하나님이 사라진 인간중심의 자유나라이다.[2] 페르시아 이원론을 통해서 성경을 전복적으로 해석하고 악한 하나님으로부터 구분되는 인간의 자유를 확보하고자 했다. 하나님 없는 하나님 나라의 핵심적인 전범을 예수 그리스도에게서 찾는다.

블로흐의 신에 대한 이해는 결국 희망적인 미래를 설계하기 위한 열린 변증법적 방법론이다. 어둡고 깜깜한 세상과 현실에 대한 솔직한

....

2 지그문트 프로이트의 인간의 근본문제는 성애적인 '리비도'에서 시작한 것과 기계적이고 정태적인 "밤 꿈"에 대한 견해에는 신랄한 비판을 가했지만, 프로이트의 "인간모세와 유일신"에서 다루고 있는 오이디푸스적이고 전복적인 인간적 종교이해는 닮았다. 프로이트는 유대교의 기원을 이집트의 유일신교인 아텐교로 본다. 야훼와 엘로힘을 다른 신으로 보는데, 야훼는 피에 굶주린 무시무시한 화산신으로 파악한다. 시내산에서 모세가 죽임을 당하고(부친살해가설) 모세를 기념하는 종교의례가 발생했다고 읽어낸다. 선신(善神)과 악신(惡神)의 이신론(二神論)적 구성도 닮았거니와 꿈을 종교역사에 적용하는 점에서도 희망으로 종교를 파악하는 블로흐와 닮았다. 프로이트의 종교이해에 대한 보다 깊은 내용은 지그문트 프로이트, 『종교의 기원』, 이윤기 역(파주: 열린책들, 2007), 253-428에 담긴 세 논문, "이집트인 모세", "모세가 이집트인이었다면", "모세 및 모세의 백성과 유일신교"를 참고하라.

인정과 함께 기독교와 성경 안에 있는 전복적인 사유의 전범으로 예수를 주목한다. 예수에게서 부정적 현실을 넘어선 미래의 희망을 본다.

예수에 대한 이해에 있어서 블로흐는 성경에서 드러나는 예수는 전형적인 저항의 전범이다. 형성되어 있는 그대로를 유지하는 보수가 아니라 전복적인 변형을 꿈꾸는 존재로 파악한다. 에즈라와 느헤미야에 의한 구약성경의 왜곡과 함께 바울에 의한 현실체제에 순응하는 예수의 모습은 편집된 것으로 보았다. 숨길 수 없는 전복과 저항의 모습들은 성경 곳곳에 돌출되어 있고 숨길 수 없다고 말한다. 예수의 십자가와 부활, 승천은 악한 하나님인 아버지의 권좌를 탈환한 저항의 전형으로 보았다. 왜곡된 기독교와 성경의 속살은 저항과 전복적 이야기로 가득하다고 본 것이다. 현실에 굴종치 않고 더 나은 세상을 갈망하며 투쟁하는 전범들을 기독교와 성경에서 블로흐는 길어내고 있다.

하나님은 결국 인간이 희망하는 것을 바라보기 위한 투사이지 실존하는 하나님이 아니다. 블로흐는 신화와 이단적 사상을 인정받는 전통과 다른 또 다른 전통으로 본다. 권력과 체제를 걸머쥔 이들에게서 이단으로 정죄되었을 뿐이라는 것이다. 이들의 끊임없는 투쟁을 보다 나은 미래를 열어내는 인간의 행진으로 본다.

그러므로, 블로흐의 희망은 무신론적 희망이다. 결정된 미래나 정해진 내일은 희망이 아니라고 말한다. 정해졌다는 것은 이미 갇힌 것이요, 신앙과 신화에 구속되는 일인 까닭이다. 그에게 있어 전통적인 기독교에서 말하는 신이 존재하는 신앙이라면 바른 신앙이 아니다. 무신론이야 말로 진정한 희망의 신앙인 셈이다. 블로흐는 어둠의 현실을 부정하지 않는다. 죽음을 직면하는 일도 피하려 하지 않는다. 죽음에 직면하고 어둠을 직시하는 일이야 말로 가장 희망을 향한 전진을 주는 사건으로 파악한다. 절망적 순간도 절망일 수 없다. 왜냐하면 아직 미래는 열려 있기 때문이다. 죽음과 그 너머의 미래는 아직 오지 않았다.

그래서 희망할 수 있다 말한다. 무언가에 포섭되지 않는 더 나은 미래, 가능성이 블로흐의 희망이다.

블로흐는 아리스텔레스 물질철학의 좌파적 이해를 통해서 '가능물질'을 발굴한다. 아직―아닌―존재론을 통해서 가능성과 미래를 개방한다. 새로운 가능성에 대한 끊임없는 추구 속에서 구체적인 희망으로 그는 마르크스주의를 주목하였다. 마르크스 유물론을 통해서 세계변화의 구체적 유토피아를 보았다. 문학이나 심리학적인 유토피아가 아니라 구체적이고 현실적이며 객관화된 가능성을 발굴했다. 마르크스주의의 변증법적 발전과정은 아직 결정되지 않았지만, 아직 절멸이 다가오지 않았음으로 더 나은 가능성의 희망은 미래로 개방되어 있는 셈이다.

블로흐는 희망의 출발을 어둠의 현실, 갈망으로부터 시작한다. 희망은 심리학자들이 말하는 마음의 상태나 형이상학적인 무엇이 아니라 구체적 현실에 대한 갈망이다. 먹고 살만했던 중산층의 도시, 비엔나3에서 시작된 프로이트의 성애적인 '리비도'에서부터 문제의식이 발생하는 것이 아니라 가난하고 굶주린 가장 근원적인 결핍과 갈망에서부터 희망은 시작된다. 그러므로 희망은 구체적이고 지극히 현실적이다. 심리학적인 마음의 상태가 아니라 하부구조에서 상부구조의 전복적이고 변혁적인 갈망이 구체적 희망이다. 자유를 상실한 노예 상태에서 인간자유가 확보되는 완전의 상태를 갈망하고 요청하게 되는 것이다.

---

3 블로흐는 오스트리아의 유복한 도시에서 발생한 프로이트의 '밤 꿈'은 진정한 실존의 바닥인 굶주림에서 출발하지 않았다고 본다. 성애적(性愛的) 리비도에서의 출발한 몽상적인 출발은 구체적인 희망을 산출해내지 못하고 추상적인 심리적 상태에 머물게 할 뿐이라고 본다. 그는 '밤 꿈'에 대비되는 구체적인 '낮 꿈'을 제시한다. 비엔나는 심리학으로 유명한 도시이다. 비엔나 1학파로 '프로이트'가 있고, 2학파로는 자아실현을 추구하는 '아들러'가 있는데, 최근까지 자기계발을 호응하는 사람들로 인해서 각광받고 있다. 더불어 비엔나 3학파는 빅토르 프랑클(Victor Flankl)을 주축으로 아들러의 자아실현과 '행복주의'를 비판하는 '의미철학'을 전개하고 있다.

굶주림이 근본적인 문제의식이었고 이를 극복하고 넘어서는 세계를 갈망했다.

아직—아님은 긴장을 발생시킨다. 아직 이루어지지 않는 미래는 확증적이지 못하다. 아직 끝이 아니기에 미래는 열려 있고 양자택일의 궁극적 상태로 진행해 가는 과정이다. 희망의 뿌리에 있어, 요청적이다. 미래를 향해 개방된 희망이 없다면 현실의 도덕적 삶과 과정의 이유와 동기부여가 힘들 것이다. 계급적인 어둠의 상태에 놓인 현실에서 미래에 대한 희망이 존재하지 않는다면, 저항하고 바꾸면서 새로운 미래에 대한 과정의 투쟁이 불가능할 것이기 때문이다. 새로운 미래를 향해 전진해 나가기 위해서 희망은 요청되어야만 한다.

미래에 있어서 절멸 아니면 완전한 상태라는 양자택일로 열려 있다고 파악한다. 결정론적이고 정태적인 것을 거절하고 미래를 향해 현재를 선택하는 책임이 인간에게 있다고 본다. 종말에 대해서 블로흐는 역사적 결정론을 철저하게 부정한다. 역사가 처음부터 결정되어 있고, 자동적으로 진행된다고 보는 견해를 배격했다. 역사의 방향은 인간의 노력에 의해서 얼마든지 변형될 수 있다고 보았다. 인간 주체는 저항하는 의지를 통해서 역사의 물꼬를 틀어막기도, 다른 방향으로 전환할 수 있는 열린 세계로 종말을 이해했다.

블로흐는 마지막 날의 상태를 희망하는 것과 현실에 차이가 없는 시대를 갈망한다. 하지만 둘 중의 하나가 될 것이라고 내다보았다. 희망의 나라가 완전하게 펼쳐지거나 완전한 절멸로 절망의 상태에 이르거나 둘 중 하나가 될 것이라고 보았다. 하지만 성경은 블로흐가 말한 두 가지 상태 모두가 다 성취될 것이라고 말한다. 마지막 심판의 날에 모든 인생은 남김없이 둘 중 하나의 상태에 처하게 될 것이다. 완성된 하나님의 나라를 살거나 절망의 음부로 들어가거나 둘 중 하나의 상태가 될 것이다. 이를 가르는 분기점은 부활하신 예수 그리스도를 소유했는가에 달려 있다. 블로흐가 갈망하는 계급이 없는 유토피아는 성령으로 인하여 교회에서 선취되며, 장차 올 하나님의 나라에서 완성된 모습을 드러낼 것으로 보았다.

블로흐의 희망사상의 토대는 이원론적 신학에 기초한다. 페르시아 이원론 속에서 성경을 선과 악의 대립의 역사로 본다. 사귐과 상호침투가 아니라 대항이며 전복이다. 아버지와 아들은 오늘날 성경에 기록된 방식처럼 순응하는 아들이 아니다. 저항하며, 악한 하나님을 극복하려는 전복적인 내용들로 가득했다. 하지만 의도적 편집과 짜깁기로 사라졌다고 말한다. 에즈라와 바울에 의해 왜곡되고 편집된 예수의 모습과 달리 성경의 속살은 투쟁으로 가득 차 있다는 것이다. 그의 인간학적 신학은 몰트만이 성경에서 말하는 약속에 근거한 희망이 아니라 인간 스스로가 왜곡된 현실을 극복하고 넘어서려는 '요청'에 기반한 희망을 정초한다.

블로흐의 희망개념이 담지하고 있는 미래와 종말은 아리스토텔레스 좌파 물질철학에 기반한다. 현실을 떠나 형이상학적인 희망이 아니라 구체적이고 현실적인 과정질료의 발굴을 통해서 아직—아님의 존재론을 정초했다. 아직 이루어지지 않은 가능성 속에서 미래에 대한 희망은 자리를 확보할 수 있기 때문이다. 현실은 아직 절멸의 상태가 아니고 아직 열려 있는 가능성으로 가득 차 있다. 이 세상이 아직 무언가로 결정되지 않은 상태이기에 미래와 종국은 아무도 모른다.

미래와 종말은 양자택일이 가능한데, 칸트가 열망했던 최고선이 실현되는 종국적 유토피아가 실현되거나 아니면 절멸에 이르게 될 것으로 보았다. 블로흐는 칸트의 실현 불가능한 최고 선 실현의 한계와 동일한 한계를 가진다. 가능성과 개방은 무언가가 성취되고 나면 더 이상 가능성도 개방성도 존재하지 않기 때문이다. 그러므로 블로흐의 미래와 종말은 확정이 없는 가능성으로 특징지워진다.

블로흐는 구체적인 유토피아사상으로 마르크스주의를 예로 들었다. 가능성은 막연한 미래가 아니라 아직－아님의 과정을 통해서 실현될 미래적 현실을 지향했다. 그가 마르크스를 극찬한 이유는 아직－의식되지 않는 미래와 실현되지 않은 미래를 구체적으로 적시하지 않음으로 미래사회상을 개방시켰다는 점을 긍정적으로 보고 있다. 계급적 종속관계가 사라지는 나라, 노동이 소외되지 않고 가난과 궁핍으로 고통당하지 않은 자유의 나라를 기대했다. 블로흐는 공산주의가 궁극적 미래를 가져올 것으로 보지 않았다. 죽음과 무(無)라는 근본적인 악을 넘어설 수 없기 때문에 공산주의의 무신론 대신에, 인간을 위한 종교를 긍정한다.

하나님 나라에 대해 블로흐는 '하나님 나라'라는 기독교적 표현대신에 '동일성의 고향'이라는 철학적 표상을 사용하는데, '동일성의 고향'이란 나와 자아와의 관계에서, 개인과 사회, 인간과 자연의 모순과 대립의 모든 문제들이 해결된 세계를 의미한다. 완전한 화해의 상태이다. 하나님 나라를 가져오는 주체를 하나님으로 보지 않고, 인간으로 본다. 궁극적으로 하나님 없는 하나님 나라, 구체적으로 계급과 나눔이 없는 인간과 인간이 공평과 평화로 완전에 이르는 상태를 희망했다.

그는 교회에 대해서는 마르크스의 주장에 일부 동의한다. 마르크스는 교회는 체제 순응적이고 지배자의 논리를 대변하여 내세를 위해서 인내를 요구하는 상부구조에 결탁하는 기관으로 파악했다. 이는 교회의 타락으로 서구 교회의 모습으로 이야기한다. 그는 독일의 히틀러 정권의 하수 노릇한 교회의 모습에서 지배자의 논리에 순응하는 희망 없는 교회를 보았다. 하지만 그는 서방교회와 달리 동방의 교회, 러시아 정교회에서 지향하는 아직 열려있는 교회의 모습에서 가능성을 보았다.

블로흐 희망지평의 한계

인간적이고 철학적 희망이란 세계의 어둠과 고통의 현실을 극복하기 위한 오랜 대안의 역사를 품고 있다. 블로흐는 전쟁의 참상 후에 절망에 사로잡힌 세상을 향해 미래의 희망의 불을 전달한 프로메테우스와 같은 인물이다. 블로흐는 인간의 존재의 본질을 '희망'으로 보았다. 인간이란 희망하는 존재 그 자체라는 말이다. 구체적인 희망에 대한 그의 담론은 몰트만을 통한 신학의 영역만이 아니라 음악, 예술, 건축, 사회구조와 문학, 정치에 이르기까지 다양한 부분에서 광범위하게 영향을 미치고 있다. 아리스토텔레스 유물론, 마르크스주의와 메시아사상, 칸트와 헤겔을 아우르는 광범위한 내용의 통섭으로 형성된 그의 희망에도 한계는 분명하다.

블로흐는 비엔나 1학파인 프로이트를 비판하면서 역사를 가능하게 하고, 더 나은 미래를 희망하게 하는 인간의 기본욕구를 '리비도'가 아니라 '굶주림'으로 파악했다. 실제로 지금도 풀리지 않는 가난의 문제, 굶주림의 문제는 실재하는 문제이고, 이보다 긴박한 사회적 문제는 없다고들 말한다. 하지만 인간의 기본욕구를 '빵의 문제', 즉 '굶주림'으로 파악한 것은 20세기의 현실에서 근본적인 문제의식이라고 볼 수 있지만, 굶주림이 해결되고 윤택해진 서구사회나, 한국사회에 적용하기에는 한계를 가진다. 역사를 가능하게 하고 구체적인 나은 미래를 희망하는 데로 나아가는 동력의 발판을 '굶주림'으로 삼는 것은 시대적 한계를 그대로 드러낸다. 굶주림이 해결되면, 더 이상 다른 것을 희망하지 않을 것인가? 희망하게 하는 동력이 굶주림이라고 말하기에는, 이 문제를 넘어선 사회 속에서는 더 이상 무의미하게 되는 한계를 가지고 있다.

블로흐의 종말론, 즉 궁극적인 미래에 대한 이해에도 한계가 있다.

블로흐는 마지막 종국을 '동일성의 고향'이 이루어지고 모든 것(Alles)이 이루어지거나 아니면 절멸로 무(Nichts)가 될 것이라는 양자택일을 이야기했다. 양자택일의 결론으로 이루어질 때까지 변증법적인 무한지속을 이야기한다. 블로흐는 미래에 도래할 완성과 절멸에 대한 선택의 기준에 대한 언급이 없다. 어떻게 해야 절멸에 이르지 않고, 모든 것이 이루어지는 데에 이를 수 있는지 구체적으로 제시하지 못한다. 이루어질 수 있다는 확실성을 말할 수 없다는 점에서 칸트의 한계와 동일하다.

설사 동일성의 고향이 이루어지고, 모든 것이 성취된다 하더라도 문제는 남는다. 완성이 이루어지게 될 때는 더 이상 '희망하는 인간'이 존재하지 않게 될 것이기 때문이다. 굶주림이 해결된 세상에서는 더 이상 굶주림이 희망의 동력이 되지 못하는 것처럼, 완성의 때가 도래하게 되면 갈망하며, 희망하는 존재는 더 이상 존재일 수 없게 된다. 결국 동일성의 고향과 모든 것의 완성은 이상에 불과할 뿐일 수 있다는 한계를 드러내는 셈이다. 이제, 몰트만의 희망지평을 정돈하고, 그의 희망지평의 한계도 살펴보자.

몰트만의 희망지평

몰트만은 희망의 근거를 하나님의 약속에서 찾는다. 신실하신 하나님의 약속은 변함없이 성취되었는데, 그 사실은 역사속의 이스라엘 안에서 구체적으로 드러났다. 성취될 미래에 대한 약속이 곧 희망의 근거이자 출발인 셈이다. 약속은 하나님으로부터 주어지는 것이며, 오시는 하나님께서 행하실 미래 행위에 대한 예고이다. 아직 실현되지 않는 현실을 약속받음으로 기대를 가지고 미래를 향해 희망하며, 희망의 약속과 다른 현실 속에서 구체적으로 행동하며 기다리게 한다. 현재는 아직-아님의 상태이므로 희망의 약속과 현실은 모순 상태에 놓여 있다. 아직 이루어지지 않는 긴장 속에 위치하면서 살아가는 것이다.

약속은 신실하신 하나님으로 인해서 성취되어질 것이다. 인간은 약속을 기다리되, 넋 놓고 기다리는 것이 아니라 구체적인 약속의 희망을 가지고서 현실변혁의 의무를 다하면서 약속의 성취를 기다린다. 희망과 믿음은 나뉠 수 없는데, 희망이 믿음의 내용인 까닭이다. 믿음은 희망으로 인해서 현실의 한계를 초월하고 넘어선다. 희망은 믿음을 성숙시킬 뿐 아니라 새로움과 활력을 불어넣는다. 현실의 어둠과 고난의 현실을 극복하게 하는 힘이다.4 가장 구체적인 방식으로 드러난 약속의 성취이자 미래 희망의 근거가 되는 사건은 그리스도의 부활이다.

몰트만은 희망할 수 있는 결정적인 근거는 그리스도의 부활에 있다. 하나님의 약속은 예수 그리스도의 부활에서 결정적으로 집약된다. 부활은 죽음의 엄혹한 현실을 부수는 종말론적 사건이자 하나님의 약속의 성취로서 미래 자체를 선취하는 사건이다. 그는 기독교 종말론의 뿌리를 그리스도의 부활에서 찾는다. 예수의 부활에서 종말론적 희망의 근거를 본다.5 몰트만이 말하는 희망과 블로흐의 희망 사이의 근본적인 차이는 희망의 토대, 즉 기초이다. 블로흐에게는 십자가가 없다. 십자가가 없기 때문에 부활도 존재하지 않는다. 하지만 몰트만이 말하

----

4 Jürgen Moltmann, *Theologoy of Hope*, trans. James W. Leitsch(New York: Harper and Row, 1967), 16.

5 Jürgen Moltmann, *God in Creation*, trans. Margaret Kohl(Minneapolis: Fortress Press, 1993), 180. 몰트만은 블로흐의 '초월 없는 초월'는 참된 희망일 수 없다고 파악했다. 인간의 참된 희망은 구체적인 역사적 사건인 예수 그리스도의 부활에서부터 희망의 실체가 제공된다고 보았다. 블로흐의 희망이 지금 여기에 현존하기보다 잠재하는 '가능성'이라고 본 것과 달리 몰트만은 부활에서 "지금도 계시고, 전에도 계셨고, 장차 오실 분(계1:4)"으로 지금도 오고 계신 분 안에서 참된 소망이 있다고 강조한다.

는 기독교 희망의 핵심은 십자가에 있고, 부활에 있다. 십자가와 부활은 모순이다. 십자가의 예수와 부활한 예수에는 차이가 없다. 동일한 예수이다. 십자가와 부활의 모순은 예수 그리스도 안에서 해소된다. 예수 그리스도의 부활에서 죽음을 넘어선 미래를 본다.

블로흐가 예수를 이신론적(二神論的) 저항과 전복의 전범으로 파악하는 것과 달리 몰트만은 삼위일체 가운데 공동체로 머무시는 예수로 하나님과 인간 사이의 화해의 전범으로 파악한다. 신실한 약속의 성취에서 희망의 기초를 파악하고, 예수의 십자가와 부활에서 희망의 미래를 본다. 십자가와 부활이 예수에게서 묶인다. 부활은 종말론적 약속의 성취이자 미래의 선취이다. 달리말해 부활에서 이미 종말론적 미래를 확신할 수 있다. 부활하신 그리스도와의 교제는 영원한 생명에 대한 살아있는 희망을 보게 한다.

몰트만의 희망의 뿌리는 십자가와 부활이다. 더불어 언약에 신실하신 하나님, 변함없는 하나님의 성품과 그의 약속에서 희망을 확신할 수 있다. 하나님의 신실함과 계시를 통해 주어진 약속에 대한 확고한 신뢰에서 비롯된다. 블로흐가 인간의 무한한 발전 가능성과 유토피아적 미래희망을 위한 요청한 것과는 달리 신실한 하나님의 계시와 약속에 희망의 기반을 두고 있다. 몰트만은 종말론적 희망의 복음과 약속은 동일한 것이다. 인간의 갈망과 굶주림 속에서 요청되는 희망이 아니라 계시된 하나님의 약속이 희망의 뿌리다. 몰트만의 희망의 미래는 하나님의 약속에 근거해 있고, 미래로부터 오시는 하나님께 의존되어 있다. 오시는 하나님과 약속의 성취를 기다리지만, 현실적인 참여 없는 기다림이 아니라 완전한 성취의 미래를 적극적인 현실 참여로 기다린다.[6]

---

6 위르겐 몰트만, "희망의 하나님, 미래를 위한 삶," 「기독교사상」vol. 48. No. 7, (2004), 23. "그리스도를 믿는 신앙은 단순히 대림절에만이 아니라 언제나 확신에 차있는 희망이며,

몰트만의 희망개념에서의 종말은 만유의 구원을 지향한다.7 몰트만이 따르는 헤겔의 변증법 원리에 따라 '부정적인 것의 부정'의 원리에 입각해서 종말은 모든 부정적인 것이 모두 부정되는 만유의 회복의 상태이다. 미래의 완전한 종말의 상태를 희망하는 일은 세계로부터의 도피나 어둠의 현실에서 도망하지 않는다. 오시는 하나님에 대한 대면은 어둠의 세상을 향해 개방하고 투쟁하여 현실을 바꾸어 가는 과정에 동참하도록 이끈다.8

몰트만은 하나님 나라는 하나님의 오심과 함께 실현될 나라다. 죽은 자들의 부활과 종말에서 현재를 향해 "보라 내가 만물을 새롭게 하노라"고 말씀하시는 하나님의 새 창조를 통해서 가능성으로 남고, 죽음

....

앞을 지향하고 다가오는 미래를 준비하는 삶이라고 할 수 있습니다. 미래는 기독교에 단지 연관된 것만이 아닙니다. 그것은 오히려 신앙의 결정적인 내용입니다. 그를 찬양하는 노래들이 주제이며, 그 빛 가운데서 그에 대한 모든 환상이 그려질 수 있는 아침의 여명입니다. 우리가 부활의 신앙을 갖고 있다면 우리의 신앙은 곧 그리스도 신앙이기도 한 것입니다. 신앙이란 부활하신 그리스도의 현재 가운데 사는 것이며 '하늘의 뜻이 땅에서 이루어지듯' 다가오는 하나님 나라를 향해 확장되는 것입니다. 오시는 그리스도를 기대하는 가운데 우리의 모든 일상의 경험을 만들어 갑니다."

7 믿음 없는 이들에게도 구원이 있는가? 하는 몰트만의 입장에 대한 논의는 김명용, "몰트만(J. Moltmann)의 종말론," 「장신논단」vol. 22. No.; (2004), 127-49를 참고하라.

8 Richard Bauckham, *The Theology of J. Moltmann*, 108-10. 몰트만의 희망에는 십자가와 부활의 변증법적 요소가 중요하게 자리 잡고 있다. 죽음과 생명의 모순, 현실과 희망의 모순, 십자가와 부활의 모순의 중심에 동일하신 그리스도가 있다. 『희망의 신학』에서는 십자가로 출발하여 부활과 구속받지 못한 세상과 미래를 향해 나아가지만, 『십자가에 달리신 하나님』에서는 반대로 약속과 부활로부터 십자가와 십자가에 달리신 예수와 동일시되는 세상을 향해 되돌아서는 방향이 제시되고 있다. "in *Theology of Hope*, Moltmann's thought moved forward from the cross to the resurrection and the future of the world. It moved from the unredeemed state of the world, with which Jesus on the cross was identified, forward to its eschatological salvation. But in *The Crucified of God* Moltmann turns back from the promise and the resurrection to the cross and the world with which the crucified Jesus is identified."

앞에서 무화(無化)의 위험을 가진 블로흐의 유토피아적 기획의 한계를 넘어선다. 칸트의 요청철학이 지닌 확정불가능의 한계를 극복한다. 기독교는 자기 자신을 위해 존재하지 않고 자신을 넘어서는 것으로 산다. 교회는 교회 자신을 위해 존재하지 않고, 하나님과 세계를 위하여 살아낸다. 곧 하나님 나라를 위한 삶이다. 기독교는 자신의 힘으로 살아내지 않고, 부활한 그리스도의 다스림 아래에서 살아간다. 죽음을 이기고 생명과 공의의 하나님 나라를 가져오는 그리스도의 통치 아래서 살아간다.

세계를 위해 살아가는 교회는 곧 하나님 나라를 위한 교회이다. 세상을 향해 파송 받은 교회는 봉사와 어두운 현실에 대한 실천적 저항과 참여 속에서 그리스도의 몸으로 존재할 수 있다. 하나님 나라를 희망하기에 현실의 고난에도 기꺼이 참예한다. 하나님 나라의 실현은 단순히 영혼의 구원이나 악한 세상으로부터의 개인 영혼의 구속과 평안을 의미하지 않는다. 정의로운 사회의 실현과 인간의 참된 인간됨, 인류와 온 피조물들의 화해를 포함하는 나라이다.

몰트만이 말하는 희망, 즉 미래와 종말은 오시는 하나님으로 인해 열리는 세계다. 재림(파루시아)은 마지막 특정한 어떤 시간에만 오시는 사건으로 고착되어 있지 않다. '강림', 즉 지속적으로 미래로부터 오시는 하나님으로 파악한다. 바르트처럼 시간 밖에 절대 타자로 머무는 분이 아니라 시간 앞에 계시는 분이다. 그의 미래의 근거는 하나님의 약속에 뿌리하고 있다. 약속된 미래는 단지 약속을 계시하는 것으로 그치는 것이 아니라 오시고 만나신다.

미래를 존재의 속성으로 지닌 하나님은 약속된 미래와 다른 현실의 어둠 속으로 오시는 분이다. 약속된 희망을 통해서 열린 미래를 향해서 어둠의 현실에 저항하게 한다. 희망의 기독교는 희망의 사도직을 받은 사람들로서 약속된 미래를 위해서 봉사하고 수고하는 공동체로서 가게 된다.

몰트만은 하나님의 약속에 근거하여 의와 생명의 미래를 희망한다. 희망은 현실 도피적이지 않다. 부활을 통해 선취된 종말의 미래로 인하여 어둠의 현실에 기꺼이 저항하고 싸운다. 예수를 믿는 것은 곧 하나님 나라를 믿는 일, 즉 희망하는 것과 동일하다. 예수가 십자가를 외면하지 않은 것처럼 미래의 희망은 현실의 어둠과 고난에서 도피하지 않는다. 불의하고 어두운 현실과 투쟁하고 싸우게 된다.

교회는 계급화 된 현실체제에 순응하지 않고, 미래를 향해서 끊임없이 공동체성을 회복해 간다. 제도 안에 머물러 있기를 거절하고 고난받는 세상에 자신을 개방한다. 교회는 교회 자신을 위해 존재하지 않으며, 더 큰 세상을 위해 참여하는 자가 된다. 성령의 은사를 독점하는 수직화 된 계급적 구조가 전환되어 수평적인 친교 공동체가 되며, 세계를 향하여 선교하는 교회로 서게 된다.9 달리 말해 하나님의 나라를 건설해 나가게 된다. 약속된 의의 미래를 희망하는 교회는 미래의 현실적 선취를 위해 선교에 가담하는 공동체가 된다.

희망하는 삶은 현실에 안주하지 않는 삶이다. 정태적이고 고정된 모습에서 멈추지 않고 종말론적으로 전진하게 하는 힘을 희망은 공급한

---

9 위르겐 몰트만,『세계 속에 있는 하나님』, 곽미숙 역(서울: 동연, 2009), 334-42. 기독교의 선교개념은 이전에는 세 가지 형태로 발전해왔다고 말한다. 하나는 기독교제국의 형태로 진행되어 19세기의 문화선교는 아프리카에 아시아의 식민지 건설의 형태로 드러났다. 둘째는 교회의 확장으로 그리스도의 천년왕국과 같은 국가와 문화의 세속화로 나타났고, 마지막으로 기독교 회심으로 복음화를 통한 선교의 형태가 등장했다고 파악한다. 몰트만은 이제 전혀 다른 형태의 선교를 제시하고 있는데, 이전의 공격적인 선교형태의 '침투'가 아닌 '초대'의 방식을 제안한다. 하나님의 미래로의 초대로 미래를 희망의 복음과 사랑의 디아코니아를 실현하자는 초대를 이야기한다. 주님은 '기독교'를 주창하지 않으셨고, 교회의 지배도 발생시키지 않으셨다. 대신 폭력과 야만의 세상 복판에 생명을 가져오셨고, 소외된 이들과 상처 입은 죄인들을 초대하셨다.

다. 어둠이 머무는 현실에 안주하지 않고 종말론적인 삶을 향해 미래로 자신을 개방하게 만든다. 하나님의 약속은 우리로 현실에 안주하지 못하게 한다. 순례자의 삶을 떠나게 하며, 약속된 미래를 향해 끊임없이 전진하게 만든다. 몰트만의 말대로 희망하지 않는 일은 불신앙이다. 믿음의 내용을 소망하지 않는 것은 믿지 않는 것과 마찬가지다.

하나님 나라는 예수 그리스도와의 관계 속에서 현재적으로 경험된다. 더불어 미래의 완성을 고대한다. 하나님 나라는 세상으로부터 출현하는 것이 아니라 하나님으로부터 온다. 그 나라는 예수를 통해서 이 세상 한복판에서 임하여 있고, 완성을 향해 실현되어가는 과정 속에 있다. 그러므로 현재성과 미래성이 동시에, 차안성과 피안성이 동시에 확보되는 나라이다. 하나님 나라는 예수의 일임과 동시에 예수 안에서 사람이 동참하는 나라이다. 선교적 봉사와 저항을 통해서 하나님 나라의 일에 참여한다. 이제 몰트만의 희망지평의 한계를 살피고 결론으로 나아가고자 한다.

몰트만 희망지평의 한계

몰트만은 2차 세계대전 이후로 가장 활발하게 활동하는 프로테스탄트진영의 신학자다. 그가 남긴 숱한 저작들에서 신학의 세계 내 가용성과 필요성을 잘 증명하고 있다. 현존하는 신학자들 중에 이론과 실천을 종합하려는 시도를 전개하되, 확고한 신학적 토대 위에서 겸손과 개방성에서 비롯된 대화적 태도를 상실하지 않으면서 작업한 인물이 과연 몇이나 될까? 몰트만은 지속적인 세계 내 문제를 직시하며 씨름하고, 신학적 성찰로 대화하며 응답하는 겸손과 능동적 태도를 지속해왔다. 이론적인 신학의 토대를 정립하여 분리되어 있는 정태적 신학에서 동태적이고 세계 시민적 정신으로 사회문화 모든 문제에 대한 깊은 관심과 신학적 대응에 관여했다. 몰트만은 삼위일체론과 더불어 성령론과 종말론의 중심적 위치를 재고했고, 신학과 실천의 종합을 끊임없이 고민한 공헌이 있다. 더불어 미래의 약속이 현재에 구체적으로 어떻게 실현되는지를 적시하지 못하는 한계와 만유구원론으로 전개되는 점, 후기로 갈수록 성경주해의 면밀성에서 한계를 보여주고 있다. 우선 몰트만의 공헌부터 살펴보자.

삼위일체론에 있어 서방의 일체에서 삼위로 전개하는 방식과 동방의 삼위에서 일체로 전개하는 삼위일체론 사이에 균형을 시도한다는 점에서 좋은 역할을 했다. 몰트만이 기여한 가장 중요한 교의학적 부분은 삼위일체론이라고 할 수 있다. 삼위일체론적 기독론과 성령론의 전개는 서방신학과 동방신학의 분리를 봉합하는 제안에 이르기까지 나아간다. 성령론이 기독론에 종속되는 서방교회의 전통을 극복하면서, 기독론과 성령론 모두를 삼위일체론적 구성 안에서 신학을 전개시킴으로 동·서방 신학의 화해를 도모했다.[10] 한국교회에 만연한 단일신론적 이해나 양태론적 삼위일체론을 극복하는 일에 칼뱅과 동일하게 기여한 바가 크다 하겠다. 몰트만이 비판한 테르툴리아누스에서부터 칼 바르트와 칼 라너에 이르는 니케아-콘스탄티노플의 신앙고백을 떠난 일신론적 삼위일체론에 대한 비판[11]은 정당하다 하겠다.

....

10 John Calvin, *Institutes of the christian Religion*(Philadelphia: Westminster Press, 1967), 120-28. 칼뱅은 일체중심의 서방적 삼위일체 전통과 아울러 고대 교부들 가운데 갑바도키아 교부들의 삼위일체론을 수용하여 삼위에 대한 강조를 더불어 설명한다. 중세시대 교회의 영으로 전락되고, 아우구스티누스의 견해를 발전시켜 성부와 성자를 잇는 사랑의 끈 정도로 파악되던 성령의 하나님 되심을 바르게 복원했다. 그래서 칼뱅은 성령의 신학자로도 불린다. 동·서방의 강조점을 융합하고 있다는 점에서 칼뱅과 몰트만은 닮았다.

11 위르겐 몰트만, 『삼위일체와 하나님의 나라』, 159-85.

몰트만은 삼위일체론은 이론적 교리로만 남겨두지 않고 실천적으로 적용시켰다. 나지안주스 그레고리의 삼위일체 유비인 아담과 하와 그리고 셋이라는 최초의 가족에서 삼위일체 하나님의 유비를 발견했다는 점을 인정하면서, 삼위일체론을 사귐의 공동체로서의 교회와 가족, 더 넓은 공동체의 실천적 지평으로 확대시켰다. 김명용은 몰트만의 사회적 삼위일체론의 실천적 적용을 큰 공헌으로 평가하고 있다.

> 몰트만의 삼위일체론은 동방교회 안에 존재하고 있는 삼위일체 신학의 원래의 모습을 발견해서 이를 성서에 나타난 삼위일체 하나님의 모습에 견주어서 새로이 체계화시킨 삼위일체론인데, 터툴리안과 어거스틴에 의해 형성된 일신론적이고 군주신론적인 서방교회의 삼위일체론을 크게 수정시키고 있다는 점에 큰 공헌이 있다. 그리고 삼위일체론을 가정과 교회와 사회와 정치적 영역에 이르기까지 세상을 변혁시키는 실천적 교리로 정착시켰다는 점에 큰 공헌이 있다고 보아야 할 것이다.[12]

몰트만은 기독론 역시 언제나 성령론과 함께 이해되어야 한다고 말한다. 예수의 출생에서부터 광야의 시험으로 이끌리심, 구속의 사역과 이적들 그리고 십자가와 부활에 이르기까지 성령 하나님의 역사를 빼놓고 설명할 수 없다. 성령에 대한 소홀한 이해는 성경의 풍성함을 제거한다. 아들을 보내신 아버지와 십자가에 아들을 외면하고 버리신 아버지의 모습을 빼놓고서 십자가를 말할 수 없다. 삼위일체론적인 신학의 전개는 성경해석과 본문을 다루고 설교하는 사역자들에게도 중요한 렌즈를 제공한다.

12 김명용, "몰트만(J. Moltmann) 신학의 공헌과 논쟁점", 「장신논단」vol. 20. No.-, (2003), 129.

더불어 몰트만의 초기 3부작, 즉『희망의 신학』,『십자가에 달리신 하나님』,『성령의 능력 안에 있는 교회』를 통해서 십자가와 부활의 변증법적 해석을 십자가와 부활을 함께 해석해 낸다. 십자가와 부활의 모순을 그리스도 안에서 해결되었다. 예수 그리스도의 부활은 종말론적 관점에서 해석되고, 십자가는 신정론의 관점에서 해석되어서 변증법적인 사랑과 고통의 현실을 당한 이웃을 향한 연대를 통해 세상을 향해 열린 교회론을 전개해 나간다. 부활을 통해 교회가 종말론적 약속에 따라 세상의 미래를 향해 개방하고, 십자가를 통해 버림받은 불신자들을 향한 관용과 포용적 태도를 요구한다. 현실의 상황을 외면하지 않고 세상의 악과 구조, 부조리한 현실에 저항할 수 있는 공적신학과 공공윤리에 대한 많은 통찰력을 제공한다.

리챠드 버캠이 지적했듯이 몰트만에 대한 대부분의 비판들은 몰트만의 저작에 대한 부주의한 독서나 오해에서 비롯되고 있다고 말한다.[13] 그의 신학방법론은 열린 대화를 통해서 다양한 원천으로부터 좋은 통찰들을 자신의 것으로 소화하여 창의적으로 전개하는 열린 신학이다. 성경에 기반하여 출발하지만 열린 대화를 통한 방법론이 주는 현실참여와 세상의 고통의 문제에 대한 해결, 연대로써 가지는 유익과 함께 문제현실과 깊이 대화하고 대화상대의 원리들의 수용을 통해 성경적인 원천적 토대를 희석시켜갈 위험이 동시에 존재한다. 몰트만은 성경의 약속, 십자가와 부활의 복음의 토대 위에서 광범위한 현실참여에 대한 대안과 방법을 제시하는 공헌을 했다.

2차 세계대전 이후로 낙관적 희망을 언급하기를 꺼려하는 시절에 블로흐의 자극도 있었지만, 기독교 희망을 신학의 전면부에 내세워 전개한 점과 종말론을 신학의 주변부에서 중심으로 옮겨 놓은 것은 신학

---

13 리챠드 버캠,『몰트만의 신학』, 9.

전반에 좋은 영향을 준 것으로 인정해야 한다. 더불어 교회가 불의한 사회 안에서 악과 폭력에 대항하여 감당해야 할 선교적 사명과 하나님 나라를 현시해야 할 구체적인 대안들을 끊임없이 제시한다는 점에서 화석화된 신학과 신앙을 넘어서도록 도전한다. 이런 몰트만의 지속적인 신학 실천적 투쟁은 그가 공헌한 종말론에 근거해 있다.

몰트만이 가지고 있던 기독교 희망은 종말론적 미래개념을 통해서 오시는 하나님, 하나님 나라의 도래와 예수 그리스도의 파루시아를 증언한다. 그리스도의 오심에 대한 기대, 즉 '파루시아'는 단순 미래가 아니라 도래하는 미래다. 그 날을 다가오고 있지만 단순한 기다림이 아니라 오늘을 새롭게 살아가며, 종말론적인 시간으로 살게 하는 종말론적 희망의 힘이다. "초월과 내재", "이미와 아직" 사이의 변증법적 긴장관계를 균형 있게 읽어내고 있다.14 몰트만의 종말론적 시간개념은 역동적인 하나님에 대한 이해와 종말론적 오늘을 살아가는 성도들과 교회에게 고통과 악이 현존하는 세계 내에서 불의와 싸우며 저항하면서 갈 수 있는 신학적 이론과 힘을 제공한다.

몰트만은 삼위일체론에 대한 재고에 공헌을 했음에도 불구하고 삼위 하나님을 상호침투(perichoresis) 혹은 상호내재, 사귐에 대한 지나친 강조로 인해서 동일본질(unity)의 약화로 이어질 수 있다는 우려가 있으나, 실제로는 희랍적인 단일 존재론을 성경적인 관계적 존재론으로 읽을 수 있는 길을 열었다는 점에서 파악하는 것이 더 객관적일 것이다. 다만 몰트만이 취하고 있는 삼위 하나님의 역사에의 개방성이 "삼위일체론적 범재신론"으로 귀결되지 않을까 하는 염려는 정당한 것으로 여겨진다.15

---

14 김정형, "종말의 시제로서 도래(Adventus): 위르겐 몰트만의 종말론적 미래 개념 연구", 57-58.

15 존 쿠퍼, 『철학자들의 신과 성서의 하나님』, 김재영 역(서울: 새물결플러스, 2014), 387-421. 쿠퍼는 몰트만의 삼위일체론을 "상호 내재적 범재신론"으로 규정하고 있다. 몰트만을

물론 조심스럽게 그의 사상을 따라가게 되면, 몰트만의 범재신론은 신이 현실적인 계기(actual occasions)에 의해서 형성되어 가는 가변적이고 우연적인 존재임을 강조하는 화이트헤디안적인 과정신학의 범재신론과 구별해야 한다. 몰트만은 전통적 신론에서 강조하는 하나님의 초월성을 거절하지 않기 때문이다. 삼위 하나님의 초월을 포기하지 않으면서, 본성적 내재와 피조물과의 사귐의 조화를 부단히 시도하기 때문에, 신은 규정되지 않은 미래로 일방적으로 떠밀리지 않기 때문이다.

몰트만의 또 하나의 공헌은 종말론의 위치재고이다. 개인적 종말에 대한 국면을 넘어서, 세상 끝에 있는 종말에 대한 논의를 세상 속에 임한 하나님 나라의 도래와 실현에 초점을 맞춘 실천적 종말론을 전개한 점이다. 종말론의 역사적 차원을 체계화시키고, 현실 도피적이고 숙명론적인 왜곡된 종말론을 교정했다. 더불어 19세기 낭만주의적인 자유 신학자들의 역사인식을 비평하면서 희망의 역사를 전개시킨다. 희망의 역사의 특징은 현실의 미래가 아니라 그리스도와 함께 창조하는 미래다. 해서 세상의 불의한 구조와 불완전성에 대하여 끊임없이 저항

비판하면서 헤겔의 변증법에 영향을 받아, 아우구스티누스와는 대비되는 신플라톤주의, 즉 플로티누스를 따르고 있다고 파악한다. 쿠퍼가 파악한 대로, 몰트만이 헤겔의 변증법에 영향을 받는 것은 사실이다. 더불어 몰트만이 전개하는 삼위일체론의 근저에는 동방신학, 즉 갑바도키아 교부들의 삼위일체론과 "니케아신경", "아타나시우스신경"이 놓여 있다. Philip Clayton, "Panentheist Internalism: Living within the Presence of the Trinitarian God," *Dialog: A Journal of Theology*, Vol. 40, Number 3(Fall, 2001), 212. 크레이튼은 범재신론에서 말하는 하나님을 하나님은 피조물과 상관없이 존재하는 초월자이시며, 창조자이심을 굳게 견지하면서도 세상을 향한 목적을 가지고 지속적으로 세계와 관계하며 자율성을 만들어 가시는 하나님으로 이야기한다. 범재신론(만유재신론)에 대한 막연한 오해로 인해서 범신론과 구분하지 못하는 태도들도 본다. 범재신론의 보다 정확한 정의는, 하나님께서 세상 안에 존재하시지만, 하나님께서는 세상을 초월하여 계심에 대한 명확한 구분이 있다는 점에서 범신론과 완전히 구별되며, 하나님의 초월성과 전능성을 거절하는 과정신학의 범재신론과 구별되어야 한다. 하나님 안에 만유가 포함된다는 것은 하나님과 만유가 동일하다는 이야기와 다르기 때문이다.

하는 특성을 지니게 된다. 이는 정치 신학적 맥락으로도 이어진다. 칼 슈미트(Carl Schmitt)와 같이 기존제도를 위한 정치신학과 구별되는 왜곡된 현실과 불의에 저항하는 정치신학16을 성립시켰다.

몰트만의 공헌들을 위에 적시한 몇 가지만으로 총괄하기에는 어려움이 있다. 그의 공헌은 더 많이 다루어져야 하며 발굴되어야 할 이유가 있다. 더불어 몰트만의 한계를 논해보면, 우선 몰트만은 삼위하나님의 내재적 일치와 함께, 인류와의 화해와 일치, 만물의 회복으로 나아가고 이는 인류의 보편적 구원론으로까지 이어진다. 보편구원의 근거를 하나님의 사랑으로 파악한다. 몰트만은 지옥과 형벌은 하나님의 사랑과 모순된다고 본다. 몰트만이 나아가는 미래의 종국은 만물의 회복이며, 그리스도 십자가를 만민을 위한 속죄의 근거로 보고 있다. 영원한 형벌과 지옥을 부정하며 마귀까지도 정화의 과정을 거쳐 회복될 것을 주장하는 만유회복에 대한 오리게네스의 전통은 나이안주스의 그레고리우스(Gregorius Nazianzus)와 닛사의 그레고리(Gregorius Nyssa), 중세의 스코투스 에리게나(Scotus Erigena)를 거쳐 스웨덴보르그(Swedenborg)와 현대의 슐라이어마허로 이어졌다.

몰트만은 삼위하나님의 상호침투(Perichoresis) 안에 서로를 위해 존재하는 사회적 삼위일체론을 전개시켰다. 그는 택한 백성을 구원하시는 경륜적 삼위일체로부터 내재적 삼위일체를 파악할 수 있다고 말하면서도 사회실천과 구체적 적용에서 내재적 삼위일체를 그대로 대입하

---

16 위르겐 몰트만, 『정치신학 정치윤리』, 조성로 역(서울: 대한기독교서회, 1992). 몰트만의 정치신학은 칼 슈미트의 기존 정치권력을 정당화하는 정치신학에 반대하여 -이는 실제로 히틀러 정권을 정당화하는 신학체계로 사용되었다 - 하나님 나라의 빛에서 억압적이고 불의한 체재에 대한 비판적 질서를 추구하는 정치신학을 전개해나가고 있다. 이러한 몰트만의 정치신학은 쿠티에레츠(G. Guitierrez)의 '해방신학'을 비롯하여, '여성신학', '흑인신학' 우리나라의 '민중신학'에까지 영향을 미쳤고 실천적으로 민주화에 기여했다.

는 모순을 범하고 있는데, 이는 삼위일체론의 전통을 벗어나는 주장이다. 또한 그의 만유재신론적 비전은 하나님 안에 이미 존재하는 세계와의 상호침투(mutual interpenetration)로 성취될 것으로 내다보고 있다. 몰트만의 이런 자발적 만유재신론(voluntary panentheism)은 하나님의 창조를 부정하고, 세계가 하나님을 창조했다고 주장하는 과정 신학적 범재신론과 구별되어야 한다.17 몰트만은 성경에서 그 근거를 찾고 제시하지만, 성경해석의 정밀하지 못함을 지적하지 않을 수 없다. 몰트만은 성경이 말하는 '제한속죄'의 계시를 넘어 십자가를 모든 인류에로 확대하는 오류를 범하고 있다.

이러한 만인, 만유구속으로의 확대는 버캠이 지적한 것처럼, 몰트만의 천년왕국에 대한 이해가 상징으로 그치지 않고 역사 속에서 실현될 역사적 천년왕국(historical millenarianism)으로, 구체적이고 실질적인 왕국으로 이해한 것을 문제점으로 잘 지적하고 있다.18 바르트가 예수 그리스도의 십자가로 말미암아 일부가 아닌 모든 사람과 화해되었다는 객관적 화해론, 즉 만인화해론을 보다 확대 발전시켜 몰트만은 '만유구원론'으로 나갔다고 볼 수 있다. 몰트만은 십자가의 사역은 바르트가

---

17 박찬호, "몰트만의 만유재신론적 비전에 대한 비판적 고찰"「개혁신학」제14호(장로회신학대학교 세계선교연구원, 2003), 195-98. 이승구는 그의 소논문 "사회적 삼위일체론의 위험성과 가능성"「신학정론」제28권 2호(합동신학대학원대학교, 2010), 408-30에서 몰트만의 만유재신론에 대한 논의와 함께 사회적 삼위일체론의 가능성을 균형 있게 논하고 있다. 몰트만의 보편구원론적인 정향과 세 위격에 대한 지나친 강조로 동일본질을 해치는 정향과 더불어 사회구조의 유비로 삼위일체를 설명하려는 형태로 치우칠 위험을 경고하고 있다. 하지만 동시에 이승구는 삼위를 선명하게 드러내는 사회적 삼위일체론을 거절할 필요가 없으며, 삼위간은 구별과 함께 동일본질의 동시강조로 위험성을 극복할 수 있다고 말한다. 더불어 사회적 유비도, 범재신론의 핵심인 하나님과 인간의 질적 차이를 분명히 함으로써 다시 말해, 삼위간의 관계성과 사람들 사이의 관계성의 질적 차이를 분명히 함으로써 유익을 얻을 수 있다고 말한다.

18 Richard Bauckham, *God will be all in all*(Edinburgh: T&T Clark, 1999), 134-47.

말한 대로 화해에 그친 것이 아니라 지옥의 파괴까지 포함하는 것으로 파악했기 때문이다.

하지만 오리게네스나 몰트만의 주장과 달리, 성경은 부인할 여지없이 희망의 종국, 완전한 하나님의 나라를 긍정할 뿐 아니라 블로흐가 언급하는 절멸의 상태, 완전한 파멸의 상태에 대해서 말한다. 도무지 출구 없는 영원한 형벌의 상태, 불이 꺼지지 않고(마 3:12), 낙원의 상태와는 반대되는 세세토록 계속되는 영원한 고통(마 25:46)을 선언하고 있다. 성경에서 명확하게 가르치는 미래는 불멸의 상태다. 영원한 복락과 영원한 형벌이 뚜렷하게 대조된다. 성경에서 가르치는 참된 희망은 그리스도 밖에서는 존재하지 않는다. 천하에 구원을 얻을 만한 다른 이름을 주신 일이 없는 까닭이다(요 14:6; 행 4:12). 블로흐가 바라는 완성의 상태는 그리스도 안에서 이루어지고, 그가 말하는 절멸의 상태는 그리스도 밖에 있을 때 도래할 것이다. 절멸인 이유는 다시는 희망을 말할 수 없는 회개와 희망의 여지가 존재하지 않는 상태에 들어가기 때문이다.

만일 만유의 회복이 모든 이들에게 미치는 것이라면, 하나님의 아들이 저주와 심판을 당하시고 십자가에 매달림을 설명할 길이 없어지게 될 것이다. 영원한 멸망과 형벌로부터의 구원을 위한 대속의 죽음이 아니라면, 십자가는 무의미한 이벤트에 지나지 않을 것이다. 예수 그리스도의 죽음과 아들을 내어주신 이유는 자기 백성을 지옥과 형벌에서 건져내고 하나님의 나라를 선물하시기 위함이다. 창조에서 의도하신 대로 하나님의 영광에 참예하도록 하시기 위함이다. 성도들이 희망하는 영원한 생명과 하나님의 나라의 완성은 지옥의 심판과 진노를 당하신 예수 그리스도의 십자가를 전제하고 있다.

더불어 몰트만은 블로흐를 위시한 여타의 철학에서 생성된 희망의 근거를 비판하면서, 오직 언약의 형태로 계시하신 미래에 약속에 근거한 희망의 근거를 제시하며 변혁될 세상의 미래를 제시한다. 종말론적인 정의가 성취되며, 인간성의 회복과 인류의 화해, 온 피조세계의 평화가 실현될 것을 말한다. 몰트만의 주장처럼 현재로부터 생성되어가는 것(becoming)이 아니라 다가옴(coming)으로 성취되는 것이라면, 구체적으로 미래의 약속이 어떻게 현재에 영향을 미치는지 설명해야 한다. 하지만 이에 대한 구체적인 설명이 존재하지 않는다.

몰트만의 교회의 사명과 하나님 나라에 대해 적극적인 태도를 제시한다. 제3세계에서의 투쟁과 해방신학, 우리나라에서는 민중신학에 대해서 열린 태도를 가지고 있다. 흑인신학은 물론이고 여성신학과 생태신학에도 열린 자세로 전개해 나가고 있다. 그가 제시한 대로 화해와 화목, 평화를 위해 교파간의 일치와 종교간의 대화에도 적극적이다. 그가 이미 밝힌 대로 신학방법론은 주어진 삶의 정황가운데 성경적인 신학적인 해답을 고민하여 제시해 나가는 것이다. 이런 열린 태도가 주는 장점이 없지 않다. 세상의 복판에서 보다 구체적으로 하나님 나라를 현시할 수 있는 기회를 줄 것이기 때문이다. 하지만 이와 함께 발생하는 문제도 만만치 않다. 열린 대화를 통해 교파간의 일치, 종교간의 광폭의 대화와 일치의 추구는 교회가 지닌 진리의 거룩성에 손상을 가져올 수 있다. 교회의 거룩성은 교회가 지닌 속성, 즉 통일성과 보편성까지 사도성에 바탕하고 있다. 사도들이 전한 성경에 기반한 진리의 일치 없는 연합과 일치는 성경적 일치로 보기 힘들기 때문이다.

성경적인 희망이란 그리스도 안에만 있다. 기독교 희망이란 언제나 성경에 기초해야 한다. 이런 의미에서 성경에 대한 바른 주해와 해석은 중요하다. 몰트만은 교의와 이론을 전개함에 있어 창조, 삼위일체, 성령과 종말의 논의를 구약과 신약에 바탕하여 충실한 본문이해와 석의로 진행하여 간다. 하지만 몰트만의 후기저작들에서 보여 지는 성경해석과 역사 비평적 석의는 치밀하지 못하고, 비평 없는 단순한 본문인용으로 뒷걸음질 하고 있다.[19] 하나님의 말씀에 출발하기보다 철학적 사유나 인간본위의 사고에서 출발할 때 성경에서 가르치는 말씀의 교의에서 멀어지고 계시를 넘어선 성경과 다른 이론이 제작되게 된다. 몰트만은 초기 3부작에서 보여주었던 성경석의의 치밀성이 후기에는 약화된 점은 아쉽다. 신옥수는 이런 몰트만의 한계를 지적하면서 철학적 분석방법론에 의지하지 않음으로 인한 논리적 엄격성의 결여를 언급한다.[20]

이상의 결론을 통해서 블로흐와 몰트만의 희망지평의 차이를 논했다. 더불어 블로흐의 희망이 가지는 한계를 적시했고, 몰트만이 가진 약점과 한계에 대해서도 살폈다. 이러한 한계에도 불구하고 블로흐는 일생을 희망을 연구하는 데 기꺼이 허비했고, 몰트만은 기독교의 핵심인 희망을 신학의 중심으로 가져왔고 이를 토대로 실천적 신학을 광범위하게 전개했다. 희망이 기독교의 핵심이 분명하다면, 블로흐의 희망철학의 한계와 몰트만의 희망신학의 한계를 극복하면서 보다 성경적이고 개혁신학에 바탕한 희망신학을 전개시킬 수는 없을까? 두 지평의 쟁점비교와 정돈을 통해서 블로흐와 몰트만의 희망지평의 공통점과 차이점을 적시하고, 두 희망사상가의 한계를 보완하는 입장에서 개혁주의 희망신학을 제언하는 것으로 논문을 마무리하고자 한다.

---

19 Richard Bauckam, *Theology of Jürgen Moltmann*, 25-26.
20 신옥수, "몰트만 신학방법론의 구조와 특성" 「장신논단」vol. 43. No,-(2011), 125-26. "그의 신학적 진술 스타일은 때로 에세이나 이야기식으로 전개된다. 즉 몰트만 신학은 방법론적인 철학의 스타일이 아니라 종종 치밀한 소설처럼 읽혀진다. 그래서 "개념적인 부정확성이나 느슨함"과 "논리적 엄격성"이 결여되어 있는 경우도 있다. 몰트만은 윙엘(E. Jungel)과 판넨버그(W. Pannenberg) 등 다른 동료 독일 신학자와는 달리 철학적·분석적 방법에 의존하지 않음으로써 때때로 논리적 비약이나 개념의 모호성을 보여주며 신학적 주제를 다루는 가운데 그 안에서 종종 발견되는 내적 갈등과 긴장의 요소가 드러난다."

평가와 제언

위르겐 몰트만

JÜRGEN MOLTMANN

ERNST BLOCH

에른스트 블로흐

Chapter 7

희망의 두 지평

Chapter 7

평가와 제언

블로흐와 몰트만 희망지평의 평가

앞서 전개한 블로흐와 몰트만의 희망의 핵심을 정돈하고 결론으로 넘어가는 것이 좋을 것이라 여겨진다. 두 사람의 사상의 핵심인 희망이해에는 공통점과 함께 차이점도 자리한다. 앞서 논의한 사유들을 통해 두 사람의 희망의 동일점과 상이점을 나열해 본다. 우선 공통점을 말해보자.

첫째, 기독교의 핵심을 희망으로 이해한 점이다. 블로흐는 성경에서 현실의 어둠에 저항하고 새로운 희망을 열어내기 위한 사유의 핵들을 길어낸다. 전통적 성경해석의 틀을 깨뜨리고 페르시아 이원론적 해석으로 독창적인 전개로 나아가지만, 모세와 욥, 특별히 예수 그리스도를 희망의 전범으로 파악한다. 블로흐는 반 기독교적이지 않고, 자신의 희망의 사유들의 중요한 사유들을 성경에서 발굴했다. 예수 그리스도에게서 정태적인 현실부정의 프로메테우스를, 몰트만은 약속의 메시아의 출현과 십자가와 부활을 통한 종말의 선취를 그리스도 중심으로 풀어

낸다. 블로흐가 성경을 희망의 완전한 미래에 포함시켰다는 점에서 포이어바흐나 마르크스와 구별된다.1

둘째, 두 희망 모두가 구체적인 현실을 바꾸는 희망을 의미한다. 막연하고 관념적인 희망과는 상관없다. 미래를 희망하고, 희망하는 미래와 현실과의 거리를 매우기 위해 저항하고 노력하는 구체적인 현실 참여적 희망이다. 희망이 현재의 동력이 되고, 아직−아닌 현실에 주저앉지 않고 어두운 현실과 세계를 향해서 개방하고 저항하는 자세를 가진다. 이런 유사성 때문에 칼 바르트는 '희망의 철학에 세례를 베풀었다.'고 비판하기도 했다.

이런 공통점들은 몰트만이 블로흐의 철학을 그대로 수용했기 때문에 나타난 결과가 아니다. 몰트만이 블로흐의 희망의 철학에 깊은 자극을 받은 것은 사실이지만, 블로흐의 희망철학에 기독교적 도색을 가한 것이라고 말하기 어렵다. 몰트만은 블로흐에게서 희망에 대한 광범위한 발굴의 열정에 깊은 감명을 받은 것은 사실이지만, 몰트만은 충실히 성경에서 희망의 신학을 구성해가는 까닭이다. 그는 기독교의 핵심이 되는 희망에 대한 담론과 종말론이 신학의 핵심으로 다루어지지 않는 점에 주목했고, 희망의 신학을 전개했다.

셋째, 현실참여적인 공통점뿐 아니라 유대주의−메시아니즘적 배경을 블로흐와 몰트만 모두가 가졌다. 몰트만은 구약에서의 하나님의 약속과 성취라는 메시아사상과 함께 사상적 배경을 면밀히 살폈다. 구약에서 신약으로 이어지는 약속과 성취의 역사, 이스라엘의 역사를 살피

----

1 하인쯔 봄, 『절망의 세대』, 121. 블로흐의 희망은 하나님을 상정하지만 결국 철저하게 인간중심적이다. 희망의 전체 역사 과정의 고유한 추진력은 몰트만이 근거하는 "오시는 하나님"에 있지 않고 인간의 힘에 있다. 신이라는 지배적 상층부의 억압으로부터 해방되어야 한다는 블로흐의 역사 인식과 인간중심성은 마르크스와 포이어바흐와 같은 맥락이지만, 성경과 메시아사상에서 미래상을 길어낸다는 점에서 구분된다.

고, 그리스도의 부활에서 그의 희망은 기초하고 있다. 부활은 곧 미래에 도래할 하나님 나라, 즉 종말의 완성에 대한 확증이며 증거이기 때문이다. 몰트만은 블로흐가 희망의 철학적 주제에 마르크스주의라는 구체적인 현실변혁의 동력을 결합하여 구체적 유토피아를 설계한 것에 자극을 받았다. 세상에서 진리와 정의를 구하고, 불의에 저항하는 기독교의 희망이라는 고유하고도 변혁적인 주제를 다시금 회복해야 한다고 보았다.

넷째, 아직—아닌 것에 대한 선취의 희망의식도 닮았다. 블로흐에게는 과거와 아직 절멸되지 않은 현재를 통해서 미래를 본다. 아직 결론을 맺지 않은 개방적 미래 때문에 아직—아니—존재하는 것을 인식함으로 통해서 계속적인 변혁의 과정을 지속할 수 있다고 보았다. 몰트만역시 만물을 새롭게 하실 하나님의 약속, 이미 성경에서 신실하게 약속하신 바를 이루어 오신 하나님의 일하심의 과거의 기억 속에서 미래희망의 전거와 토대를 가진다. 과거의 이스라엘의 역사 속에서 일하신 신실하신 하나님은 미래의 하나님으로 인식된다. 약속과 계시를 통해서 하나님의 미래에 대한 선취로써 가장 구체적으로 드러난 사건이 예수 그리스도의 십자가와 부활의 사역이다.

다섯째, 변증법적인 방법론이다. 블로흐는 부정의 변증법을 통해서 미래를 개방하고 열어내었다. 몰트만은 독특한 십자가와 부활의 변증법적을 통해 종말론적인 개방성을 설명한 것은 몰트만의 중요한 공헌이라고 할 수 있다.[2] 그리스도의 부활은 죽은 자들의 부활로 종말론적

----

2 Richard Bauckham, *The Theology of J. Moltmann*, 26-27. 버캠은 몰트만의 중요한 공헌을 세 가지로 설명하고 있다. 하나는 성경적인 신앙과 현실세계를 연결할 수 있는 해석학적 구조를 열어 놓은 것이고, 다른 하나는 기독론을 중심하여 변증법적이고 종말론적인 개방성을 획득했다는 점이다. 또 하나는, 몰트만 후기저작의 특징으로 신론의 재구성, 즉 삼위일체론적인 재구성작업을 지속적으로 감행했다는 점을 큰 공헌으로 평가하고 있다. 형

하나님 나라의 선취로 파악된다. 도래할 약속의 미래는 현재에서 이미 시작되고 있는 것이다. 약속된 미래를 현실로 소급하여 누린다. 이를 가장 선명하게 보여주는 의식이 성만찬이다. 성만찬은 과거의 십자가에서의 어둠의 해결과 함께 미래에서 도래하는 아버지의 나라에서 먹고 마실 미래를 현재에서 누리는 일이다.3

마지막으로, 블로흐와 몰트만 모두 종말론적이고 미래 지향적 사상을 가지고 있다. 이런 공통점의 발생 이유는 둘 모두가 메시아사상을 희망에 담론의 중요한 내용으로 삼고 있는 까닭이다. 블로흐는 마르크스의 유물론을 따라 구약성경에 나타난 메시아사상을 무신론적이고 유물론적 사고로 가공하여 전환시킨다. 블로흐는 단순하게 마르크스주의를 수용한 것이 아니라 창조적으로 변용하는데, 헤겔 철학과 기독교 메시아니즘을 통합시켜 사상을 전개시켜 미래를 향한 개방성을 확보한다. 몰트만 역시 메시아사상에서 하나님의 신실한 언약과 성취를 기반으로 오시는 하나님에서 희망의 근거를 확보한다. 근본적인 차이를 가지지만 메시아사상에 근거하여 종말론적이고 미래 지향적인 사상을 발

....

이상학적이고 절대타자로 머무시는 신론에 의문을 제기하고, 능동적으로 참여하시는 하나님으로 파악한다.

3 위르겐 몰트만, 『절망의 끝에 숨어 있는 새로운 시작』, 122-27. 몰트만은 기독교의 희망이론은 예수 그리스도와 그의 미래에 대해 말하는 것으로 그리스도의 강림, 죽음, 부활에 대한 회상 속에 기초하며, 부활하신 그리스도의 오심을 선포한다고 말한다. 기독교의 희망의 기초를 유일회적인 그리스도의 대속의 죽으심과 부활에 대한 회상에 기초하며, 이러한 회상은 기독교적 희망의 광활한 지평을 열어준다고 파악한다. 십자가에 달리신 그리스도의 부활에 근거하여 그리스도 안에서 미래를 가진다면 믿는 이들의 일깨워진 희망 속에서 그리스도의 오심은 이미 현재 속으로 들어온다고 이야기한다. "이 능력들은 그리스도의 약속하는 미래로부터 우리의 현재 속으로 들어오며, 우리를 새로운 살아 있음(neuer Lebendigkeit)으로 가득 채운다. 그리스도와의 교통 속에서 우리는 오시는 하나님의 나라의 맛보기(Vorgaben)와 앞당겨 옴(Vorwegnahmen)을 경험하게 된다. 이론적으로 말해, 희망은 긍정적인 것의 선취(Antizipation)로 인해 생동하며, 이리하여 자신을 부정적인 것의 부정으로 이해한다. 이로써 긍정적인 것과 부정적인 것, 이 양자는 서로 결합하게 된다."

굴했다는 공통점을 가진다.

몰트만과 블로흐의 희망의 공통점과 함께 섞일 수 없는 근본적인 희망지평의 차이가 엄존하고 있다.

첫째, 블로흐의 희망철학은 아직 절멸되지 않은 가능성, 아직—아님의 존재론에 근거하여 미래를 희망하고 개방한다. 하지만 몰트만은 아직 완성되지 않았다는 점에서 개방된 미래와 미래에 대한 선취의식으로의 희망을 누리지만, 동시에 이것은 가능성이 아니라 실제의 선취라는 점에서 근본적인 차이를 가진다. 성만찬에서 먹고 마시는 빵과 포도주는 미래의 의식적 선취를 넘어, 미래의 실재를 먹고 마시는 일이다. 언약에 신실하신 하나님, 죽음을 이기신 주께서 자신의 주심을 먹고 마시는 일이다.

아버지의 나라에서 먹고 마실 것에 대한 약속을 의식적 선취만이 아니라 살아계신 주의 주심을 실재 먹고 마시는 일이다. 미래에 있어서도 양자택일의 '가능성'과 미래에서 오시는 하나님에 대한 약속의 신실한 측면을 강조한 것에서 차이를 지닌다. 몰트만도 과정을 중시한다. 미래와 현실의 차이를 변혁시켜 나가고, 개입하시는 하나님과 함께 세계 변혁의 과정을 다룬다. 하지만 양자택일의 가능성과는 달리 완전한 회복과 자유의 나라를 확실하게 가져온다는 점에는 차이를 지닌다.

둘째, 블로흐와 몰트만의 차이는 무신론적 접근과 유신론적 접근에서 근본의 차이를 가진다. 블로흐의 희망은 결국 사람이 이루어가고 추구해 나가는 희망이다. 블로흐의 희망에는 십자가도 부활도 없다. 아직—아님의 절멸치 않은 가능성이 있을 뿐이다. 블로흐의 희망의 핵심은 예수 그리스도가 아니다. 저항의 전범이며, 프로메테우스적인 현실을 극복하는 인간이 자리 잡고 있다. 어찌 될지 모르는 종국을 향한 꺼지지 않는 불멸의 정신으로 전진하는 도전하고 극복하는 인간이 중심에 서 있다. 이와 달리 몰트만은 철저하게 그리스도 중심이다. 희망의 핵은 예수 그리스도의 십자가의 부활에 있다. 이는 희망의 근본적 차이로 이어진다.

셋째, 인간의 가능성에 대한 인정과 부정의 차이다. 블로흐는 인간에게 가능성이 존재하는 한, 절멸에 이르지 않고 가능한 미래가 열려 있는 이상, 희망은 있다고 말한다. 미래지평의 개방성에서는 동일함을 지니지만, 미래의 희망을 확보하는 방식에서는 차이를 가진다. 블로흐에게 있어서는 아직 이루어지지 않은 가능성이 희망을 확보하는 방식이지만 몰트만은 하나님의 언약에서 희망을 토대를 마련한다. 또한 미래의 완성에 대한 보증으로 '부활'이 있다.

절멸에 이르지 않은 현실과 아직 나타나지 않은 미래의 가능성을 근거로 희망을 위한 과정을 전개해 나가는 것과 달리4 몰트만은 오시는 하나님으로 인해서 미래를 열고 희망의 과정을 전개해 나간다는 점에서도 구분된다. 몰트만은 예수 그리스도의 십자가에서 인간적 희망의 죽음을 이미 선언하고 있다. 십자가란 죽음이다. 인간의 희망과 가능성에 부정이다. 십자가와 부활의 변증법은 죽음과 생명, 저주와 축복, 버림과 건짐, 무(無)와 유(有)라는 건널 수 없는 사태의 변화를 이야기한다. 부활의 전제는 십자가이며, 생명의 전제는 사망이다. 인간의 가능성, 희망에 대한 절멸, 부정이 없이는 참된 희망은 없다. 기독교의 희망

----

4 블로흐의 '희망'의 한계는 성경에 근거하고 있는 몰트만의 토대인, '부활'이 없다는 데 있다. 죽음은 결코 '아직-아님'이 될 수 없기 때문이다. 죽음은 절대적인 부정성이다. 죽음은 모든 것을 무화(無化)시키는 무차별적인 어둠이다. 오직 죽음의 사망을 가져오는 부활(고전 15:26, 50-58)만이 생명과 희망을 위협하는 모든 어둠을 극복하는 참된 희망이다. 기독교의 희망은 죽음을 극복 불가능한 대상으로 여기지 않는다. 버캠의 표현대로 기독교의 급진적인 희망의 태도는 부활에 대한 확신과 희망으로부터 온다는 표현은 적절하다. Richard Bauckham, *The Theology of J. Moltmann*, 45-46.

희망의 두 지평

●

258

이란 십자가를 통과한 부활의 희망이기 때문이다. 기독교의 희망은 여타의 모든 희망과의 근본적 차별은 여기에 있다. 인간적 가능성이 십자가에서 죽지 않고는 성경에서 약속한 부활의 희망을 가질 수 없다.

블로흐는 성경과 유대－메시아니즘에서 하나님의 이름을 구상하지만 어디까지는 미래의 이루어질 '인간상'을 바라본다. 하나님이라는 절대자가 없는 모든 사람이 자유를 지닌 나라를 꿈꾼다. 포이어바흐가 하나님과 종교를 인간의 희망을 투사한 것으로 이해한 것과 유사하다. 인간이, 인류가 희망의 중심에 있다. 블로흐의 성경에 대한 재해석은 신 중심적 체제에서 인간중심의 전복적 체제를 성립시키기 위한 해석이다. 신 중심의 기독교를 인간중심의 기독교로 바꾸기 위해 시도한다. 예수는 참된 저항의 인간이며, 구약의 악신을 극복한 승리의 전범이 된다.

몰트만에게 있어서 희망은 가능성이 아니다. 인간에게서 희망의 근본을 발굴해 내지 않는다. 도리어 십자가를 통해 인간에게는 희망이 없음을 전제한다. 블로흐는 이전의 관념적이고 추상적인 희망을 비판했다. 정태적이고 수동적이며, 시대에 사로잡혀 구체적인 미래를 제시하지 않는 희망에 대해서도 비판적 태도를 취했다. 아리스토텔레스의 유물론철학과 마르크스주의에서 구체적인 희망의 단계를 착안하고, 함께 칸트가 주창한 인간성의 완전한 회복이 머무는 본향을 갈망했다. 하지만 그의 희망도 어디까지나 앞선 유토피아와 천년왕국적인 가능성의 희망에 머무른다.

블로흐와 몰트만의 근본적인 차이는 십자가에 있다. 블로흐도 굶주림을 말하고 처절한 악의 상태를 직시한다. 하지만 근본적인 죽음을 의미하는 십자가와는 근본적으로 다르다. 십자가는 죽음이다. 절벽이다. 가능성이 전무(全無)한 곳이며, 처절한 절망이다. 기독교의 희망은 가능성이 아니다. 가능성이 있는 곳에는 참된 희망이 존재할 수 없다.

출구가 있고 돌파구가 조금이라도 있는 곳에 진짜 희망이란 없다. 아직도 '살아 있음', '아직—아님'의 희망은 가능성의 희망이다. 아직 완전한 절망에 이르지 아니한 희망이다. 그러나 십자가는 희망이 죽은 곳이며, 완전한 절망의 바닥을 의미한다. 죽음의 바닥에 이르지 아니한 희망, 절망의 가장 깊은 곳을 모르는 희망은 기독교 희망이 아니다. 달리 말해, 십자가가 없는 희망은 기독교 희망일 수 없다.

블로흐와 몰트만의 희망지평의 차이는 이렇듯 근본적이다. 몰트만에게는 블로흐가 말한 미래, 즉 양자택일의 세계가운데 절멸의 세계가 이미 십자가에서 선행되어졌다. 십자가에서 인간의 희망도 죽었다. 더불어 타락으로 다가온 절망도 함께 십자가에 매달렸다. 이 죽음을 그리스도께서 깨뜨리시고, 절망을 부수고 부활하셨다. 희망은 오직 십자가에서 죽고 부활하신 그리스도에게만 있다. 세계의 미래는 그리스도의 약속으로 다가오는 것이다. 기독교 희망은 하나님의 약속의 성취의 희망이다. 오시는 하나님을 의식하고 언약에 신실하신 하나님을 신뢰함으로 미래를 위한 변화에 동참하게 한다. 오시는 하나님과 하나님의 신실한 약속이 희망의 근거가 된다.

희망의 철학자인 블로흐와 희망의 신학자로 불리는 몰트만이 말하는 희망의 바탕과 주장을 살핌을 통해 기독교 희망이 무엇인지를 구별하고 비교해왔다. 블로흐와 몰트만의 희망의 차이는 앞선 단락에서 이미 다룬 대로 공통점이 있음에도 섞일 수 없는 차이를 가진다는 점을 지적했다. 두 사람이 말하는 희망은 기독교와 성경을 희망의 전거로 본다는 사실과 관념에 멈추지 않고 현실참여와 구체적인 삶의 변화를 수반한다는 점, 아직 이루어지지 않은 미래를 기대한다는 점에서 공통점을 지님에도 불구하고 근본적인 지평의 차이를 가진다. 가능성과 확실성의 차이, 인간중심과 하나님 중심의 차이, 인간가능성의 존재여부와 십자가와 부활의 유무가 두 희망의 근본적인 지평차이이다. 그러므로 칼 바르트가 몰트만의 희망신학을 비판하며 "블로흐의 희망철학에 세례를 베풀었다."는 주장은 정당한 평가로 보기 힘들다.

블로흐와 몰트만의 희망지평의 근본적인 차이는 희망의 근거에 있다. 블로흐는 "희망이 있는 곳에 종교가 있다."고 말했다. 현실의 어둠을 극복하고 미래의 희망을 열어내는 일은 오직 인간에게 달려 있다. 불화와 고통의 세계를 극복하고 동일성의 고향을 향한 인간의 희망의식에 근거해 있다. 이와 달리 몰트만은 미래에서 오시는 하나님께서 인간에게 약속하신 인간의 미래와 세계의 미래약속에 희망의 근거를 둔다. 인간보다 앞서 계시며, 신실하신 하나님의 언약이 희망의 근거가 된다. 이렇듯 블로흐와 몰트만의 희망의 근거에서 보듯 건널 수 없는 지평의 차이를 가지고 있다.

세상의 희망과 구별되는 기독교 희망의 중심은 하나님이다. 하나님 중심이다. 교회의 희망은 하나님에게서 온다. 사람들의 마음에서 제작되고 부풀어 올랐다가 다시 가라앉기를 반복하는 인간중심의 사상이 아니다. 기독교 희망이 설명되는 곳은 성경에서이다. 기독교 희망은 성경중심이다. 달리말해 하나님의 약속에 매여 있다. 사람들의 상상력이나 결집되어 힘을 발휘하는 이데올로기가 아니라 오직 하나님의 계시의 약속에 의존해 있다는 점에서 성경중심이다.

더불어 기독교 희망은 그리스도 중심이다. 예수 그리스도의 십자가와 부활을 없는 희망이란 성경의 희망이 아니다. 십자가라는 죽음의 절망을 이긴 부활의 희망에서 교회와 성도의 종말과 미래는 선명하게 드러난다. 이런 점에서 기독교종말론은 철저히 기독론적이다. 그리스도 안에 희망이 있고, 그리스도의 부활에서 성도의 종말을 보기 때문이다. 그래서 기독론적이지 않은 종말론은 바른 희망을 제시할 수 없다.

삼위일체 하나님을 중심하고, 성경과 그리스도를 중심한 희망신학이 바른 기독교 희망신학의 정수라고 할 수 있겠다. 몰트만은 철학일반의 희망과 다른 기독교 희망에 대한 뚜렷한 구별과 종말론적 희망의 비전을 제시함으로써 공헌했다고 볼 수 있겠다. 블로흐와 몰트만의 희망지평의 평가를 통해 희망의 두 지평은 뚜렷하게 제시되었다고 본다. 이제 본인은 블로흐의 희망철학과 몰트만의 희망철학의 한계와 평가에 이어 개혁주의 시각에서 희망신학에 대한 제언을 간략하게 제시하고, 마지막으로 요약과 함께 결론으로 논문을 마무리하고자 한다.

개혁주의 희망신학 제언

블로흐나 몰트만이나 두 학자 모두, 희망을 핵심으로 삼았다. 어떤 쟁점에 대한 논의를 해도 '희망'으로 전개될 수 있는 일관성을 지녔다. 서론과 신론, 인간론과 기독론, 구원론과 교회론 그리고 종말론은 보다 효과적인 설명을 위한 구분이지 분리일 수는 없다. 사람의 팔과 다리, 허리와 발을 찔러도 동일한 피가 흐르듯 신학의 어떤 부분을 찔러도 그리스도의 피가 흐른다. 교의학은 잘못된 이단에 대한 응전과 보다 선명한 신앙의 가르침을 위해 구분될 뿐이다. 마찬가지로 희망은 기독교신학 어떤 부분을 살펴도 흐르는 동맥과도 같다. 몰트만은 종말론을 신학의 끝이 아니라 중심으로 삼을 수 있는 것도 같은 이유에서이다.

성경의 원리와 개혁파의 신앙고백의 원리를 견지하면서도 세상과 소통하고 하나님 나라를 드러내는 길은 없겠는가? 희망의 미래와 진리의 복음을 가진 교회가 교회 자체를 위해서 살지 않고, 주를 위하고 하나님 나라를 향한 선교적이며, 공공적인 사명을 감당하는 교회를 지향하는 방법은 없을까? 보수적 교회는 항상 개인윤리에 집중해왔고, 진리를 보존하는 것으로만 만족해 왔다. 반면 진보적 교회는 사회적 공헌과 공공윤리에만 집중하는 경도된 모습을 가져왔다.

성경과 신앙고백에 토대한 진리를 견지하면서도 몸 된 교회가 자신을 위해 살지 않고 머리되신 그리스도를 위해, 이웃을 위해 살아가는 하나님 나라를 사는 여정에 어떤 방식으로 동참할 수 있을까? 주님께서 이 땅에 섬기는 자로 계셨듯, 하나님 나라와 이웃, 즉 세상을 향해 섬기는 자로 살아야 한다면, 교회는 어떻게 세상 속에 이웃과 관계하며 설 수 있겠는가? 우리는 좌·우의 이데올로기가 식지 않았고, 남·북의 분단으로 언제 절멸의 상황이 도래할지 모르는 위협과 반목의 땅을 살고 있다. 삼포세대, 오포세대, 칠포세대라는 유행어가 생길만큼 무한경쟁과 정글 자본주의의 칼끝에서 젊음들이 절규하는 대한민국의 한복판에서 한국교회는 어떤 대안을 말하고, 어떤 희망을 설명하고 실천하며 살아야 하는 것인가? 블로흐와 몰트만의 공헌을 취하면서도 한국교회가 서 가기를 바라는 방향을 세 단계에 걸쳐서 제시해 본다.

첫째는 성경에 토대한 참된 희망의 신학을 회복하는 일이다. 즉, 바른 복음을 충실하게 견지하고 그리스도의 복음을 깊이 있게 지켜가는 일이다. 우리는 희망의 두 지평 위에 서 있다. 하나는 현실에서의 요청과 가능성의 지평이고, 다른 하나는 예수 그리스도 안에서 약속되어진 희망의 지평이다. 두 지평 모두 미래를 향한 개방성을 지닌다. 현실에 안주하게 하지 않는 역동성을 가지고 있다. 마르크스주의가 무산계급에 전복적 힘을 준 것은 희망 때문이다. 동일하게 그리스도인들이 현실 변혁적이고, 실천적으로 하나님 나라5를 세워가는 일에 동참해 하는

----

5 남기철, 『현대신학해제』(서울: 대한기독교서회, 2003), 469-75. 하나님 나라에 대한 현대 신학에서의 쟁점은 시간에 대한 문제, 역사실존과 초월의 문제에 대한 논의로 진행되어 왔다. 알버트 리츨(Albert Rischl)과 아돌프 폰 하르낙(Adolf von Harnack)을 중심으로 자유주의 신학에서 하나님 나라는 하나님의 뜻이 실현되는 이상적이고 윤리적인 인류사회를 의미했다. 예수께서도 이러한 하나님 나라의 설립을 위해 이 땅에 오셨다고 파악했다. 하나님 나라에

중요한 동력은 희망에 대한 인식에 있다. 자크 엘룰(Jacques Ellul)은 오늘날 신앙을 굳게 하는 일은 희망에 눈뜨게 하는 것으로 가능하다고 말한다.

·····································

대한 이러한 이해를 비판하고 나선 인물이 요하네스 바이스(Johannes Weiss)와 알버트 슈바이처(Albert Schweitzer)다. 예수 그리스도께서 선포한 하나님 나라는 윤리적 이상사회가 아니라 종말론적 성격을 지닌 나라로, 주께서 선포하신 하나님 나라는 이전 세상과 다른 새로운 하나님의 질서의 도래로 이해했다. 윤리적 이상사회에 대한 자유주의적 하나님 나라 이해에 맞서서 상당한 영향력을 발휘했다. 칼 바르트(Karl Barth)는 역사 너머로부터 오는 계시를 무시하고 윤리운동으로 변질시킨 자유주의적 하나님 나라 이해를 맹렬히 비판하면서 역사 넘어로부터 도래하는 나라라고 강조했다. 이는 프란츠 오버벡(Franz Overbeck)의 영향이 컸다. 자유주의적 하나님 나라 이해에 대한 도전이 컸음에도, 그 영향력은 워싱턴 글래든(Washington Gladden)이나 발터 라우쉔 부쉬(Walter Rauchsenbusch), 쉐일러 메튜스(Shailer Matthews)에 심대한 영향을 끼쳤다. 라우쉔 부쉬의 경우에는 극단적인 사회주의 운동으로 나아갔는데, 교회가 노동계급과 동맹을 맺고 힘을 합쳐서 악의 나라를 무찔러 하나님 나라를 건설해야 한다고 주장했다. 기독교의 본질적인 목적이 인류사회를 정의의 나라로 변화시키는 일이라고 주창했다. 이후로 등장한 『신약신학』의 번역으로 우리에게 잘 알려진 찰스 다드(Charles H. Dodd)는 종말의 끝은 역사의 끝에 오는 것이 아니고 이미 도래했다고 주장했다. 하나님 나라는 이미 우리 가운데 임재 해 있고, 복음이 선포될 때마다 다시 임하고 또 임한다는 '실현된 종말론'을 제시했다. 라인홀드 니부어(Reinhold Nibuhr)는 자유주의 신학이 죄의 보편성에 눈감은 너무 순진하고 낭만적인 주장이라 일축하면서, 하나님 나라는 인간의 노력으로 결코 이루어지지 않는다고 주장했다. 하나님 나라는 언제나 오고 있지만 도착하지 않았고 오직 하나님의 능력으로 종말에 이루어질 것이라고 주장했다. 파울 틸리히(Paul Tilich)는 실존주의 신학자답게 실존이 새롭게 창조되는 순간(kairos)에 그리스도 안에 나타나는 새 존재가 실존에 침입하여 모순의 상태를 극복하고 분열, 즉 인간과 하나님, 인간과 자연, 인간과 인간, 집단과 집단 사이에 화해가 온전히 이룩되는 나라가 하나님 나라라고 파악했다. 판넨베르크(Wolfhart Pannenberg)는 바이스와 슈바이처를 이어 하나님 나라를 종말론적으로 해석한다. 몰트만과 함께 종말론과 삼위일체론을 신학의 중심으로 삼았다. 현재와 과거는 미래의 결과라고 보고, 현재와 과거는 미래를 기준으로 평가되어야 한다고 주장하면서, 현재를 관점으로 보는 모든 시선을 종말론적인 하나님 나라 안에서 최종적 위치를 수정해야 한다고 말한다. 지상에 건설되는 하나님 나라에 대해서 회의적이며, 모든 역사의 최종적인 의미는 하나님 나라 안에서의 위치에 의해 결정된다고 보았다. 몰트만은 판넨베르크와 공통점을 많이 가지고 있다. 그는 『삼위일체와 하나님 나라』에서 삼위일체론적 하나님 나라에 대해서 세밀하게 다루고 있다.

내가 오직 말하고자 하는 바는 인간과 그리스도인에게 있어 오늘날 중심 문제가 "신앙을 갖거나 혹은 신앙을 갖지 않는 것"이 더는 아니라, "소망하거나 혹은 소망하지 않는 것"이라는 점이다. 사람들이 신앙심을 갖지 않는 대상에 대해 소망할 수 없음이 분명하다고 나에게 말한다면, 나는 그 문제가 우선순위에 관한 일이라고 대답할 것이다. 다른 식으로 말하자면 몇 세기 동안 사람들은 신앙에 따라 소망을 결정했는데 그때는 옳았다. 주 예수를 믿는 것은 그의 재림과 부활을 소망하는 것을 내포하고 있었다. 그런데 지금 뒤집어 놓아야 하는 것은 그러한 관계이다. 신앙을 부인하거나 신앙을 중요하지 않다고 말하는 것은 있을 수 없는 일이지만, 신앙은 결정적인 요인이 더는 아니다. 신앙을 일으키고 유발하며 가져오고 신앙을 결정짓는, 즉 신앙에다 내용을 부여하게끔 오늘날 되어 있는 것은 소망이다. 이제 오늘날 그리스도인의 삶 속에서 우리는 우리가 소망하는 것을 마땅히 믿게 되어 있다. 우리는 사람들이 소망에 눈뜨게 해야 한다. 사람들이 신앙의 뿌리내림을 발견할 수 있는 것은 오직 거기에서이다.6

　블로흐의 희망철학에서 애끓는 희망에 대한 갈망을 본다. 눈물과 시름, 절망으로 둘러싸인 현실을 벗어나고자 하는 몸부림을 신화와 철학사상에서, 그리고 성경에서도 길어내고 탐색해 나간다. 그에게서 희망을 향한 저민 가슴과 처절한 갈망을 보게 된다. 광범위한 백과사전적 사유의 탐색을 통해 희망의 사상들을 발굴해 내고 보석을 발견한 것처럼 흥분했을 그의 마음이 읽혀진다. 몰트만이 받았던 충격처럼, 우리는 비교할 수 없는 희망을 가졌음에도 미래의 희망을 가슴깊이 알아가고 누려가고 있는가? 성경적 희망에 대해 깊이 탐색하지 않는 일은 게으름이 아니겠는가. 성도들의 희망은 변함없는 하나님의 약속에 토대하고

6 자크 엘룰, 『잊혀진 소망』, 148-49.

있다.7 가능성이 아니라 지금도 살아계신 하나님의 약속으로 말미암아 성도의 희망은 확고하다. 성도의 약속된 미래, 부요한 희망을 좌시하고 살아가는 일은 불신앙만큼이나 잘못된 일이 되지 않겠는가?

복음은 그리스도에 대한 소식이다. 복음은 희망에 대한 소식이며, 곧 그리스도와 그의 사역에 대한 이야기다. 희망과 종말론은 언제나 기독론에 근거해야 한다. 그리스도의 부활이 없는 종말과 미래는 허상이다. 그런데 그리스도의 부활은 언제나 십자가를 전제한다. 죽지 않고서는 다시 부활이 성립되지 않기 때문이다. 참된 복음은 죄와 비참, 완전한 죽음의 상태를 전제한다. 십자가가 없는 복음은 가짜 복음이다. 십자가 없는 희망을 말하는 것은 기독교 희망이 아니다. 죄와 죽음, 십자가가 없는 낙관적 미래와 가능성을 말하는 복음은 거짓복음이다.

거짓 희망이란 거짓복음과 궤를 같이 한다. 인간의 희망은 합리성을 가졌고, 미래에 대한 더 나은 접근과 변화를 이루어낸다. 가능성의 희망은 눈에 들어오는 방식의 변화와 성취를 이루어낸다. 인간에 대한 낙관적 시선을 통해 더 많은 발전을 기대하게 하고, 더 나은 세상을 꿈꾸게 한다. 더 나은 인간, 신과 같은 도덕적 성품을 가진 인간, 보다 평화로운 세상에 대한 접근을 도모한다. 하지만 스스로에 대한 가능성의 희망을 가지고 있는 한 조금도 참된 희망에로 접근할 수 없다. 타락한 인간은 변하지 않았으며, 이로 인한 저주는 인생의 힘과 수고로 회복되지 않을 것이다. 참된 희망은 그리스도 안에만 있다. 죽은 것을 일으키고 왜곡된 것을 바로 잡는 일은 주로 말미암아 완성될 것이다.

참된 희망은 세상에 있지 않다. 그리스도 안에 있으며 하나님의 약속 안에 있다. 이 약속의 희망은 세상에서는 이질적인 것이며 세상의 희망과 구분되어 섞이지 않는다. 어떤 사상이나 이념에 경도 되지도

---

7 헤르만 바빙크, 『개혁교의학 4』, 769.

않는다. 어떤 체계나 구성물에 섞여 용해 되어버리는 순간 참된 희망은 참된 변혁을 위한 희망을 구성할 수 없게 되고 만다. 참된 희망은 잘못과 불의에 질문을 던지며, 불완전성을 드러내는 속에서 부풀게 하지만 완전히 동화되지 않는 누룩과 같다.

> 유일한 항의는 소망의 항의이다. 즉, 그것은 현재의 조직화된 육중한 실재와 대립하면서 그 실재를 대체하려는, 이론적이고 구상되고 수립된 교의적(敎義的)이고 체계적인 실재의 항의는 아니다. 소망의 항의는 닫힌 시대, 폐쇄된 안전, 자가 운영 조직, 독자적 경제 체제, 전체주의적 정치 속에 창구와 터진 틈과 타율성과 불확실성과 질문을 삽입하는 것이다. 그것은 오늘날 지배적인 주의(主義)나 개념과 대립한 인간의 주의나 개념이 전혀 아니라는 점을 유의하자. 한 전통성이 다른 정통성과 싸울 때, 그것은 자유의 배제를 확인하는 것일 수밖에 없고, 모든 소망의 이질적인 특성을 나타낼 수밖에 없다. … 소망의 혁명적인 행위는 스스로 닫히기를 바라는 상황에 대한 창구일 수밖에 없고, 체계들에 대한 반박일 수밖에 없다. 그러나 그것은 다른 체계로 혹은 다른 조직으로 혹은 다른 지배계급으로 혹은 다른 정부 조직으로 그것들을 대체하기 위한 것은 아니다. … 그리스도인들은 다른 어떤 사람들에게도 속하지 않은 영역의 전달자라는 조건에서만, 자기들에게 예정된 구실을 할 수 있다. 반죽과 비교하면 누룩에는 외적인 힘이 있기 때문인데, 그것은 어떤 것을 통해서도 선험적으로 분별되지 않는 힘이면서 그런 누룩이 반죽에 섞여 있을 때에만 나타나는 힘이다.8

---

8 자크 엘룰, 『잊혀진 소망』, 345-47. 엘룰은 희망을 가진 성도들이 가져야 할 '희망의 태도' 3가지를 제안하고 있다. 첫째는, 기다림이다. 길 잃은 시대에 구조신호를 중단 없이 보내듯 악착같이 매일 매일을 '마라나타'를 외치는 기다림이다. 세상의 구조정책이나 이데올로기에 포섭되지 않고 확고부동의 태도로 기다림으로 세상에 공헌하는 자세다. 둘째는, 기도다. 기

세상의 요구에 부응하는 교회는 희망을 상실한 교회다. 세상을 추종하는 교회는 세상을 모방한다. 교회가 희망을 상실할 때, 사회의 인정과 눈에 드러나는 제도와 권력에 집착하게 된다. 교회의 외적 성공은 결국 참된 희망에서 물러나는 일이며, 절망의 정신으로 기울어져 세상과 같이 방황하는 어둠으로 떨어지고 말 것이다. 약속의 희망, 하나님 나라의 희망을 소유하고 경험하지 않고서는 세상을 도울 수 없다. 부활의 희망을 체험하고 소유하지 않는 교회는 빛 잃은 어둠이며, 맛 잃은 소금에 다름 아니다. 그리스도 안에 있는 참된 희망을 체험적으로 아는 일9은 교회의 근본적인 조건인 셈이다.

성도 개인 혹은 교회가 믿음으로 산다는 것은 하나님의 약속을 희망하는 일과 같다. 희망하지 않는 교회는 믿지 않는 교회다. 강단이 기복설교와 세속화된 보상, 맘몬주의에 젖어 있다는 것은 참된 복음, 즉 약속의 희망에 대한 부재를 보여주는 일이다. 기독교복음의 핵심은 '희망'이다. 교회는 신앙한다. 하지만 그 신앙의 내용이 분명하지 않을 때 교회는 탈선하고 방황하며 부패한다. 교회가 신앙하는 것은 희망의 대

도는 희망하는 자의 표지다. 기도하지 않는 것은 희망하지 않는 것으로 본다. 기도는 하나님의 개입에 대한 확신이며, 희망하는 자의 확실한 증거다. 마지막은, 현실주의다. 끊임없이 발생하는 사건과 현실에 몰입하고 경도되는 피상성과 추상성의 중간이 위치한 영역이 엘룰이 표현하는 희망하는 자들이 머무는 현실이다. 곽미숙, 『현대세계의 위기와 하나님의 나라』, 250. 곽미숙도 하나님의 나라가 임하기를 기도하는 일의 중요성에 대해서 언급하고 있다. "기도는 우리 인간이 도무지 아무것도 변화시킬 수 없다는 체념과 절망, 자포자기에 빠지지 않게 하며, 모든 불의한 수단과 방법을 동원하여 하늘을 이 땅 위에 세우고자 하는 유혹으로부터 우리를 지켜준다. 하나님을 역사의 주재자로 믿는 그리스도인들은 기도를 통해, 하나님의 도우심으로 새로운 세계를 이루어 갈 수 있다고 믿으며, 또한 마지막 결과를 하나님께 전적으로 맡기기 때문에 끝까지 희망을 간직할 수 있다."

9 자크 엘룰, 『잊혀진 소망』, 242-43. 엘룰은 그리스도 안에서 희망을 체험하는 것이 희망을 세상에 증언할 수 있는 조건으로 말하고 있다. "그리스도인들이 소망을 체험하지 않으면 아무것도 없다. 그리스도인들은 타인들을 조금도 도울 수 없고, 마찬가지로 예수 그리스도를 증언할 수도 없다. 체험되고 살아 있는 소망은 증언의 조건이다."

상이자 내용이다. 기독교 안에 있는 독점적이고 근본적인 희망이 강단에 머물러야 한다. 희망하지 않는 교회, 희망하며 기다리지 않는 성도는 부유한 이들이며, 자기만족에 사는 이들일 것이다. 참된 희망이 없는 곳에는 바른 복음도 없다.

복음은 그리스도의 십자가와 부활을 그 어느 것 하나도 빼 놓을 수 없다. 종말론이 복음이 되는 이유도 십자가와 부활의 복음 때문이다. 참된 희망의 복음을 바르게 담지하고 가르치고 전달하는 일이다. 죽음을 이긴 부활의 복음을 가진 그리스도인으로 살아가는 일상은 세상에서 일상적일 수 없다. 십자가와 부활의 복음을 가진 성도의 삶은 희박한 가능성을 붙들고 살아가는 절망의 현실에서 전혀 다른 일상으로 드러나기 마련이다. 가장 우선적인 것은 바른 희망의 복음을 회복하는 일이다. 달리말해, 교회의 강단을 말씀으로 개혁하는 일이다. 방법론을 논하기 전에, 교회구조와 사회의 구조변화로 들어가기 전에 우선적으로 처절한 죽음의 십자가와 함께 부활의 복음을 가지는 일이다.

성경적 희망신학이 부재하게 될 때 필시 희망의 파편화 내지 개인화를 수반하게 된다. 종말론적 희망의 상실은 교회의 보편적 희망의 상실로 귀결된다. 하나님의 사유화, 희망의 개인화로 상대적이고 다른 개인의 욕망을 정당화하는 데로 이끄는 기복신앙을 열매로 맺게 될 것이며, 희망은 축소될 것이다.10 보편신조에서 고백하는 교회의 통일성, 거룩성, 보편성과 사도성은 성경에서 말하는 희망의 일치와 보편성을 근거지워 준다. 교회는 자기 나름의 희망을 꿈꾸지 않고 약속된 희망을 고대하고 기다린다. 교회는 나름의 파편화된 특수하고 개별적 희망이 아니라 사도

---

10 미로슬라브 볼프, 『광장에 선 기독교』, 김명윤 역(서울: IVP, 2014), 95-113. 볼프는 희망을 다루는 장에서 아우구스티누스와 스토아철학 그리고 니체를 비교하면서, 현대에 개별적이고 사적인 욕망과 희망의 번성과 보편적 희망의 상실의 이유를 '니체'의 철학의 영향에서 찾고 있다.

성에 근거한 일치되고 구별되고, 보편적인 희망을 소유하고 있다.

교회가 가진 희망의 신학은 곧 교회의 비전이며, 개별교회가 지닌 특수한 목적과 자기철학으로 기울어진 희망이 아니라 하나님께서 부르신 말씀에 순종하는 교회가 되게 한다. 각 지역에 속한 개별교회가 가진 추구하는 희망과 목표는 언제나 공적이고, 보편적인 희망이라는 커다란 울타리 안에서 진행되어야 마땅하다. 지역교회가 처한 상황의 특수성과 개별성으로 인한 다양성이 존재하지만, 언제나 하나의 보편적인 하나님 나라의 공공성 안에 머물러야 한다. 이것을 상실할 때 교회는 세상의 희망과 구별되는 거룩성을 상실하게 될 것이다. 교회가 담지한 성경적 희망신학을 바르게 인식할 때, 개별적이고 파편화된 희망을 따라 살지 않고, 보다 공적인 하나님 나라를 위한 교회의 역할을 향해 관심을 기울일 수 있게 될 것이다.

둘째, 종말론적 희망의 윤리[11]를 회복하는 일이다. 모든 시대 가운데 희망은 언급되어 왔다. 특별히 어둡고 절망의 그림자가 드리운 시기에는 문학과 예술은 물론이고 종교와 사회운동을 통해서도 희망은 표출되어 왔다. 우리 시대에 희망에 대한 성경적인 이해가 필요한 이유는 교회 밖으로는 양극화로 인한 진한 절망의 그림자가 계속되는 까닭이

----

11 몰트만의 그의 저서 『희망의 윤리』를 통해서 종말론적 기독교 희망은 필연적으로 오시는 하나님의 미래를 교회가 선취하는 데로 나갈 수밖에 없다고 말한다. 그는 희망의 윤리를 소개하면서 희망의 신학과 이에 따른 실천의 변증법적 관계를 통해 지속적으로 진행시켜 가야 한다고 이야기한다. 몰트만에게 있어 기독교윤리는 신학과 나눌 수 없는 기독교교리의 일부인 셈이다. 코르넬리우스 반틸, 『변증학』, 신국원 역(서울: 개혁주의신학사, 2012), 147-49. 반틸은 기독교 윤리학을 다루는 장에서 기독교 윤리는 기타 일반의 윤리학과 구분되는 점을 적시하면서, '희망의 윤리'임을 역설한다. "희망의 윤리란 우주가 하나님이 정하신 그날에 완전히 회복될 수 있으며 또한 실제로 그렇게 될 것이라는 확신 가운데서 매일을 살아가는 것이다. 그것은 새 하늘과 새 땅을 대망하는 삶이다. … 이러한 윤리적 이상은 하나의 절대적인 이상이며 실현은 내세에서 이루어진다는 것이다. 다시 말하자면 성경의 윤리는 소망의 윤리이다."

고, 교회 내적으로는 이원론적이고 왜곡된 종말론이 아직도 활동하기 때문이다. 희망에 대한 이해는 단순히 관념적인 시선으로 멈추지 않는다. 희망은 현실을 바꾸는 힘이고, 삶을 바꾸고 새롭게 미래를 열어내는 강력한 힘이다. 아직까지 개방되고 열린 희망, 가능성이라는 희망의 동력으로도 세상은 많은 변화와 발전을 겪어왔다.

우리는 완성된 천국에 살아가고 있지 않다. 변화무쌍하고 수시로 바뀌며 깔끔하게 정돈되지 않는 혼란이 머무는 땅에 살아간다. 죄악이 번성하고 악행들이 끊임없이 발발하는 땅에 살아가고 있다. 하나님께서는 교회와 함께 세속의 권력을 이 땅에 허락하셨다. 성도들은 하나님의 통치 속에 살아가고 말씀을 통해 주님의 돌봄을 받고 살아간다. 더불어 우리는 이 땅 밖에 있지 않고 세속권력과 법률과 제도 아래에서 살아간다. 세속권력이 전적으로 하나님의 말씀에 복종할 때에야 완성된 하나님의 나라로써 아무런 갈등이 없을 것이지만, 우리의 현실은 그렇지 않다.

몰트만은 미래가 하나님 안에서 만유의 회복으로 나타날 것으로 기대했다. 이와 달리 블로흐는 현실이 될 유토피아를 내다보지만 완전한 세상이 도래하거나 아니면 절멸이나 파멸의 상태가 될 것이라고 내다본다. 마르크스주의의 뜨거운 동력으로 구조개혁과 변화에 대한 강력한 희망의 추동력을 지니지만, 세계역사에서 학습했듯 끊임없는 실패를 반복해왔다. 회의주의에 빠지지 않고 미래의 변화를 갈망하는 블로흐의 희망은 훌륭한 대안이지만, 근본적인 확신으로 이어지는 희망일 수는 없었다. 더 나은 미래를 희망하지만 언제나 가능성에 머물게 된다.

성경은 그리스도의 다시 오심으로 도래할 나라는 현시대가 완전히 파멸되고 새롭게 창조되는 것이 아니라고 말한다.[12] 현 시대와는 뚜렷

----

12 이 세상과 우주의 파멸과 전혀 새로운 세상의 형성에 대한 견해는 감람산 강화(마 24장,

한 구분이 되는 완전한 나라요, 새로운 나라가 될 것이지만 현 시대와 상관없는 나라가 아니요, 재창조라는 갱신으로 설명하고 있다. 천지가 없어지고(마 5:18), 옷과 같이 낡아지며(히 1:11) 풀어지며(벧후 3:11), 불에 녹고(벧후 3:10) 변할 것(히 1:12)이라고 말하지만, 이는 파멸과 소멸을 의미하는 것이 아니라 물로 세상을 정화할 때처럼 갱신하는 새 하늘과 새 땅을 의미한다. 이 세상의 형적들은 지나가고(고전 7:31), 죄로 인해 오염되고 왜곡되고 신음하는 온 땅과 하늘은 성도의 구속과 마찬가지로 회복되고 갱신될 것이다. 종말론적 삶은 현실도피적인 삶을 살아가는 것이 아니다. 성경적인 종말론은 갱신과 회복을 구하며, 하나님의 통치와 주의 나라의 도래를 위해 간구할 뿐 아니라 동참한다.

몸과 영혼으로 구성된 사람의 회복처럼, 하늘과 땅으로 구성된 세상도 그리스도의 도래로 말미암아 온전하게 회복되고 갱신될 것이다. 성도들과 세상의 회복은 이미 그리스도의 부활에서 완성될 미래를 맛보고 경험한다. 도래할 미래에 성도들은 아브라함과 더불어 식탁에 앉아 먹고 마실 것이다(마 8:11; 눅 22:30). 주의 만찬 예식에서 희망의 미래를 내다보며 주께서 주시는 빵과 포도주를 마신다.[13] 새 포도나무의 열매

....

막 13장, 눅 21장)와 "천지는 없어질 것이나(마 24:35)"와 같은 주님의 표현에서, 특별히 베드로후서 3장의 하늘이 풀어지고 물질이 열에 녹게 될 무시무시한 화재로 불타는 일에 대한 내용, 요한계시록 6:12-14절에 표현되는 지진과 두루마리처럼 말려 사라지는 하늘, 산과 섬들이 옮겨지는 대 격변, 요한계시록 20:11절의 하나님의 두려운 임재로 인한 하늘과 땅, 즉 우주의 증발에 대한 기록, 21:1절에서 처음 하늘과 처음 땅이 사라진 일에 대한 내용들을 중심으로 주장, 강화되어 왔다. 근본적인 변화가 있을 것이라는 점에서는 분명한 사실이다. 이런 점에서 부분적으로는 진실이다. 하지만 본문에 대한 보다 통전적인 성경해석에서 파멸보다는 갱신의 입장으로 보는 것이 맞다. 성경은 이 세상을 완전히 파멸시켜 없애야 할 땅으로 말하지 않는다. 문자적이고 극단적인 파멸에 대한 견해를 교정하고 있는 개혁파적 설명을 상세히 보려면, 리쳐드 미들턴, 『새 하늘과 새 땅』, 이용중 역(서울: 새물결플러스, 2015), 267-315를 참조하라.

13 위르겐 몰트만, 『성령의 능력 안에 있는 교회』, 박봉랑 외 4인 역(서울: 한국신학연구소,

에서 난 포도주를 마실 것이다(마 26:29). 지금은 드러나지 않았으나 그 때에는 완전히 가시적으로 드러난 하나님의 나라를 목도하고, 썩어짐의 종노릇 하던 데서 해방된 영광의 나라를 상속할 것이다.

부활과 성령의 내주 이후로 성도들은 하나님의 나라를 살고 있다. 하지만 완성된 나라를 살고 있지 않다. 새 하늘과 새 땅의 회복을 기다리며 살아가고 있다. 완전한 나라의 실현을 고대하고 살아간다(롬 8:23). 이미 임한 나라를 살지만, 동시에 영광스러운 완성을 고대하는 이중적 상태를 사는 것이 희망으로 구원을 얻는(롬 8:24) 성도들의 특징이다. 완성된 나라가 도래하고 나서야 비로소 누리는 것이 아니다. 희망가운데 약속된 미래를 소유하고 누린다. 단지 멀리서 내다보며 관망의 자세로 살아가지 않는다. 재세례파의 이원론적인 태도를 취하지도 않는다.14

....

2007), 352-75. 과거의 회상과 미래의 기대가 포함되어 있는 '오실자의 현재'를 드러내는 주의 식탁에서의 종말론적 희망과 삼위일체 하나님 안에서의 사귐을 잘 설명하고 있다.
14 루터 당시에 분파주의자로 불려졌던, 재세례파 사람들은 세상의 권력을 거절함으로 반정부주의 사람들로 여겨졌다. 뮌처의 농민혁명과 전쟁이후로는 타협의 여지없는 박해의 대상이 되어버렸다. 자신들의 신앙양심을 따라 공동소유를 주장했고, 서약이나 맹세, 정부와 법원을 부정했다. 정당방위조차 거절하며, 희생을 감내하는 평화주의의 길을 걸어갔다. 핍박 가운데 가장 많은 순교자를 냈던 사람들이다. 1525년에 평화주의자들은 훗터라이트는 기독교적 사랑에 근거한 공동사회를 건설하고자 했다. 네덜란드의 멘노 시몬스(Menno Simons)를 추종하는 사람들이 메노나이트(Mennonites)인데 어떠한 경우에는 전쟁에 반대하는 평화주의입장을 가졌고 사형 제도를 반대했다. 재세례파 사람들은 교회를 완전한 교회로 보았고, 구원받은 택자들의 모임으로 파악했다. 물론, 최근에 등장한 신재세례파(Neo-anabaptist)들은 사회참여에 적극성을 띠고 있는 부분도 있어 고무적이다. 당시의 재세례파는 고대의 도나투스적인 이해와 비슷한 입장을 취했다. 국가가 교회를 보호하는 일은 엄청난 죄악으로 보았고, 선택받은 성도들은 세속국가가 망하도록 내버려 두어야 하고, 그곳은 탈출해 나와야 할 곳으로 생각했다. 재세례파의 세계관과 구별하여 개혁파의 세계관은 네덜란드신앙고백서 36항에서 다루고 있듯이 이원론적 국가관을 거절한다. 성도들은 하나님의 백성으로 살아가는 사람들이다. 하지만 엄존하는 이 땅을 산다. 하나님의 말씀에 따라 서 가는 교회가 있는가 하면, 자연법과 양심의 원리를 따라 세워져가는 국가라는 기구가 서 있다. 권력을 가진 기관으로 각 나라를 살아가는 성도들은 다른 법률과 각기 다른 제도 속에서 생활을 하게 된다.

하나님을 바라보고 희망함으로 이미 시작된 하나님과의 교제와 약속의 부요함을 누리는 성도는 보다 적극적으로 하나님의 나라를 부지런히 살아가고자 한다. 성도들이 갖는 믿음의 내용이 희망이며, 모든 사랑의 열매들은 희망을 통해서 생성되어진다. 그리스도 안에서 약속된 미래를 바라보는 눈이며, 미래를 선취하는 손이다. 엄혹한 현실을 밝히는 빛이자 악으로 기울어진 구조를 재생하는 힘은 희망에서 발생한다.[15] 세상 사람들도 처절한 좌절과 절망의 현실 속에서 가능성의

....

아우구스티누스와 루터, 칼뱅으로 이어지는 두 나라에 대한 개념이 지속되어 오다가 아브라함 카이퍼와 클라스 스킬더에 의해서 일반은총과 문화변혁이라는 개념으로 하나님 나라 건설이라는 보다 적극적인 지평을 열었다. 카이퍼는 신학자이자 수상으로 남아프리카공화국에 기독교 문화적 이상을 실현하기 위한 정책들을 실현하고자 노력했다. 이에 비해서 스킬더는 철저히 교회와 신앙고백 안에서의 문화변혁을 시도해야 한다고 주장했다. 김재윤은 카이퍼가 세상변혁에만 관심을 가졌다고 오해되고 있는 것을 교정하고 있는데, "영역주권"은 교회를 국가나 다른 영역으로부터 보호하기 위한 관심에서부터 나온 원리라고 해명하고 있다. 카이퍼와 스킬더의 변혁적이고 적극적인 세속국가에 대한 개입에 대한 주장 이후에, 최근에는 다시금 다우마(J. Douma)와 펠러마(W. H. Velema)와 같은 이들을 통해서 적극적인 참여보다는 나그네로 살아가는 행인으로서의 성도의 삶, 즉 칼뱅의 주장들을 복원하고자 하는 시도들이 있다. 보다 자세한 논의는 김재윤, 『개혁주의문화관』(서울: SFC, 2015)을 참조하라. 위르겐 몰트만, 『희망의 윤리』, 68-82. 몰트만은 재세례파를 불러 '분리주의적 종말론자'들이라고 이야기한다. 부패한 현 세상과 분리된 완전한 나라의 도래의 등장을 기다리며 살아가는 사람들로, 그리스도를 닮아 가고자 하는 데는 열심이지만, 현실을 평화롭게 만들고자 하는 데는 관심을 기울이지 않았다고 평가한다. 16세기의 재세례파와 가장 유사한 학자로 스탠리 하우어워스(S. Hauerwas)를 꼽는데, 16세기는 국가로부터 박해받는 시기였지만, 현재는 상대적 관용을 통해 무기력함만을 드러내는 형국이며, 평화로운 것을 원하지만 평화를 만드는 일에는 소홀함에 대해서 비판하면서 6가지 항목의 대안을 제시하고 있다.

15 위르겐 몰트만, 『절망의 끝에 숨어 있는 새로운 시작』, 7-8. 몰트만은 좌절되고 엄혹한 현실에서도 언제나 새롭게 다시 시작할 용기를 가진 기독교의 기본 토대는 부활신앙에 기반해 있다고 파악한다. "우리 인생의 계획들이 수포로 돌아가며, 좋은 시작들이 미결로 끝나버리며, 특히 삶을 불가능하게 만드는 죄악을 경험한다. 그러나 이러한 삶의 부정적인 경험들이 일어나는 곳에 새로운 시작이 존재한다. 아이가 넘어지는 것은 그다지 나쁜 일이 아니다. 아이는 이를 통해 일어나는 것을 배우게 되기 때문이다. 기독교 신앙은 문자적인 의미에서 부활의 신앙이다. 이 신앙은 우리에게 계속 흘러가는 역사 안에서 재차 뭔가를 새롭게 시작

희망을 놓지 않고 있다. 참된 희망은 이원론적 피안으로 도망하지 않게 한다. 구조의 개혁과 함께 보다 나은 사회를 위한 희망을 포기할 수 없다. 왜냐하면 세상은 결코 인간들에게 속해 있지 않기 때문이다.

우주는 절대적으로 하나님의 통치 아래 놓여 있다. 인생은 세상에 잠시 거주하는 나그네이며, 나라들과 정권들은 일시적인 심부름꾼에 불과하다. 세계와 역사는 오직 하나님의 손 안에 있다. 전쟁과 테러, 사악한 정권들과 불의와 눈물로 피범벅이 된 처참한 현실을 목도하고 살아가지만 세계는 그 어떤 다른 세력과 권세의 지배 아래 있지 않다. 절망의 깊은 심연에 사로잡혀 있던 세상은 변혁과 회복의 희망을 이미 보았다. 예수 그리스도의 부활에서 이미 완전한 희망의 선취를 경험한 교회는 하나님 나라의 전위대로 이 땅을 살아간다. 세상의 질서와 풍조를 따라 살지 않고, 세상과 시대를 분별하면서 가야 한다(롬 12:2).

교회는 언제나 세상의 이데올로기에 경도되지 않아야 한다.[16] 세상

....

하는 부활의 능력과 창조적인 자유를 부여한다."

16 김균진, 『종말론』, 376-78. 김균진은 우리가 경험하고 목격하고 있는 커다란 두 가지 이데올로기, 자본주의와 사회주의의 한계에 대해서 잘 정돈하고 있다. "운명론적 체념의 삶의 태도에 반하여 그리스도인들은 그리스도의 부활 안에서 일어난 하나님의 결정적 승리를 믿으면서, 오늘 그들이 하나님 나라의 오심을 위하여 할 수 있는 바를 실천한다. 그러나 그리스도인들은 유토피아적 꿈과 이 꿈을 실현하고자 하는 특정한 이데올로기에 빠지지 않는다. 그들은 특정한 이데올로기적 프로그램을 하나님 나라의 오심과 동일시하지 않는다. 사실상 물질주의(Materialismus)를 그의 바탕으로 가진 자본주의 이데올로기도 하나님의 나라를 실현할 수 없을 것이며, 과학기술의 무한한 발전과 역사의 발전을 믿는 진보신앙도, 유토피아적 사회주의도 하나님의 나라를 실현할 수 없을 것이다. … 자본주의는 물질주의이다. 그것은 결국 인간을 소유의 노예로 만들며, 소유에 따라 인간의 가치를 평가하게 만드는 물질주의를 초래하며, 이 물질주의를 사실상 자신 안에 내포하고 있다. 이러한 자본주의 이데올로기가 하나님의 나라를 실현할 수 없다는 사실은 오늘날 자본주의 사회 속에서 증명되고 있다. 인간의 행복은 단지 경제적 풍요를 통해서만 이루어질 수 없다. 사회주의는 하나님의 나라에 대한 기독교 희망의 세속적 형태로 나타남이라 말할 수 있다. 그러나 사회주의도 자본주의와 마찬가지로 물질주의를 그의 원리로 삼고 있다. 인간의 궁극행복은 모든 물질

의 어떤 새로운 구조나 혁명적인 행위들도 참된 희망을 제공하지 못하기 때문이다. 역사 속에 존재해 왔던 유토피아적 희망의 실현은 구조화된 형태로 나타났을 때 얼마안가 디스토피아적 희망상실의 모습을 반복적으로 드러내고 말았다. 교회가 희망의 지평을 바르게 분별하지 못할 때, 인간도성의 정치적 환상에 사로잡힐 수 있는 위험이 도사리고 있다. 교회가 특정한 활동이나 세상의 인정을 구하며, 잘못된 희망을 추구하고 제시할 때, 방향 잃은 소경이 되고 말 것이다. 시대를 분별하고 세대를 파악하며, 하나님 나라의 미래를 제시하는 변혁의 걸음들을 지속해 나가야 한다. 근본적으로 기독교윤리는 희망의 윤리이며, 세상의 여타 상대적 윤리학과 구별되는 절대적 윤리학이다.17 절대적인 윤리의 표준이 되는 하나님의 말씀에 근거해 있기 때문이다.

종말론적 희망의 선취를 누리고, 하나님 나라의 전위대로 살아가는 일은, '기다림'이라는 수동성을 분명 가진다. 하나님의 섭리(보존과 다스림)를 인정하고 기대하는 일이기 때문이다. 동시에 '기다림'은 정태적이고 수동성만 가지지 않고 매우 적극적인 행위이다. 하나님 나라를 구하는 삶이며, 하나님의 정의와 하나님의 평화를 전하고 행하는 교회로 살아가는 일을 수반하기 때문이다.

....

의 공유에 있으며, 여기에 역사의 목표가 있다고 보기 때문이다. 그러나 사회주의의 물질주의는 모든 인류의 평등과 자유에 대한 메시아적 의식에 입각해 있다는 점에서 자본주의의 물질주의와 차이가 있다."

17 코르넬리우스 반틸, 『변증학』, 147-49. 반틸은 기독교 윤리학과 비기독교 윤리학이 근본적인 차이를 가지는 이유를 말하면서, 하나님의 뜻이 기독교 윤리학의 표준이 되기 때문이라는 점을 잘 이야기한다. "개혁주의 신앙이 주장하는바 기독교적인 입장은 하나님 자신에 대한 여러 가르침과 창조, 타락, 그리스도를 통한 구속에 대한 여러 가지 성경적 가르침, 즉 이러한 모든 것들에 대한 교리에 그 중심을 두고 있다. 그리스도인은 계시되어 나타난 하나님의 뜻을 그들의 표준으로 삼는다. 이 표준은 절대적인 표준이다. 그러나 반면에 비그리스도인들은 인간의 경험 속에서 그들의 표준을 발견한다."

셋째, 하나님 나라를 전하며, 희망의 복음으로 세상과 소통하는 교회다. 하나님의 나라는 그리스도의 복음이 선포됨으로 통해서, 보다 구체적으로는 성령의 부으심과 내주를 통해서 이 땅에 현존하고 있다. 우리가 희망하는 종말론적인 나라는 미래를 예측하는 미래학이 아니라 마지막 때를 살아가는 실제다. 주님께서 부활하시고 다시 오심의 약속을 가지고 살아가는 성도들은 마지막 때를 사는 사람들이다(요일 2:18). 성령의 내주로 인하여 마지막 때를 살며, 하나님 나라를 살아가기 시작한다. 이 마지막은 경직된 끝이 아니라 시작이며 첫 열매가 되신 그리스도 안에서 부지런히 하나님의 나라를 희망하며 살아가는 일이다.

성령의 내주는 종말의 완성의 보증으로, 확고한 희망 속에 살아갈 수 있게 한다(요일 3:2; 빌 3:21; 골 3:3-4). 유해무는 약속의 성취를 내다보며 살아가는 희망은 성령의 사역으로 이루어진다고 말한다.

약속의 하나님을 아브라함이 신뢰한 것이 믿음의 본질이라면, 신앙의 핵심은 그 약속을 성취하실 하나님에 대한 소망이다. 이것이 미래에 대한 태도를 결정한다. 그러므로 이 마지막 날의 삶이나 이후의 삶도 성령론의 빛 아래서 볼 수 있다. 지혜와 계시의 영(엡 1:17)이 우리를 확신시킨다. 구약 예언이나 신약의 성취나 그리고 종말론적 소망 역시 성취된 그 지점에서 비로소 확신하는 것이 아니라, 우리는 믿음 안에서 소망한다(히 11:1). 성령 안에서 마지막이신 그리스도의 현재는 우리에게는 늘 미래이다. 현재의 주님이신 그리스도는 미래의 주님이시요, 우리의 미래다. 믿음, 소망, 사랑은 성령의 사역이다. 굳이 성령론을 고린도전서 13:13을 따라 삼분하자면 구원론은 믿음에, 종말론은 소망에, 교회론은 사랑에 해당된다.[18]

---

18 유해무, 『개혁교의학』, 586.

성도들은 개인의 구속만이 아니라 약속된 하나님의 나라를 희망한다.[19] 희망은 우리를 정태적이고 수동적인 삶에서 벗어나 보다 적극적인 희망의 열매를 낳게 한다. 개인의 미래뿐 아니라 세계의 미래에 대한 전망은 개인의 태도문제만이 아니라 세계 안에서의 삶의 태도를 결정한다. 희망에 대한 열매는 우리가 경험하는 세상에서 구체적으로 드러나게 마련이다.[20] 성령 안에 살아가는 성도들은 그리스도 안에서 이미 확증된 미래를 맛보며 살아간다. 유태화는 그리스도의 십자가와 부활 사건을 통해서 오는 세대가 이 세대에 뚫고 들어왔다고 표현한다. 그리스도의 십자가는 이 세대에 대한 죽음이며, 부활은 오는 세대를 향한 살아남을 강조하면서 세례와 성찬을 통해 교회는 다가오는 세대를 이 시대 한복판에 살아감을 끊임없이 선포함으로 올 세대의 정신을 가지고 살아가도록 고무하는 전진기지가 되어야 한다고 말한다.

설교와 함께 성만찬이 매주 시행되어야 한다. 성만찬이 갖는 종말론적인 차원이 공동체의 의식으로 매주 새롭게 각인되어야 한다. 은혜의 수단으로서 성찬과 설교는 바로 이런 차원에서 다시 진술될 필요가 있다. 이런

....

19 자크 엘룰, 『잊혀진 소망』, 265. "'하나님 나라는 하나님 나라를 차지하는 맹렬한 자들의 것이다'라는 예수의 유명한 표현의 의미가 그것이다. 그렇다. 맹렬함은(사랑은 맹렬함이라고 흔히 말해진다) 소망의 맹렬함이다. 하나님 나라에 들어가려면 완강하게 하나님 나라를 원해야 하고, 힘이 다할 때까지 문에서 두드려야 한다."
20 위르겐 몰트만, 『희망의 윤리』, 곽혜원 역(서울: 대한기독교서회, 2012). 몰트만은 머리말에서 기독교신학의 핵심인 희망과 종말의 신학은 실천을 불러올 수밖에 없다고 말한다. 그는 자신의 방법론을 설명하면서 기독교신학과 실천의 변증법적 관계에서 서로를 올바르게 교정해 가는 과정이라고 말한다. 기독교윤리는 신학과 분리된 학과가 아니며, 기독교교리의 일부로 파악한다. 총 5부로 구성된 이 책은 1부에서 종말론과 윤리를 통해 종말론이 윤리적 실천에 끼치는 영향력에 대해서 논한다. 2, 3부에서는 생명윤리와 땅과 생태윤리를, 4부에서는 평화를 위한 윤리를 개진하고 5부에서는 불화 속에 놓인 세상과 대조하여 그리스도의 부활을 통해서 임재하여 있는 하나님의 평화와 기쁨의 미학을 논하고 있다.

종말론적인 행위가 회중들 사이에서 충분하게 공유될 때, 이 세대에서 살아갈 월요일부터 토요일까지의 삶 한복판에 올 세대의 정신을 구현할 수 있기 때문이다. 올 세대의 정신을 가지고, 그리스도 예수 안에서 새롭게 형성된 선한 양심을 이 세대에 속한 사람들과 공유할 수 있는 기회를 가질 수 있기 때문이다. 세상으로부터 교회 안으로 물러나는 삶에서 머무는 것에서만 교회와 교회적 삶의 자리를 찾는 것이 아니라, 선한 양심을 회복하여 세상 사람들과 사귐을 이룰 수 있는 더 넓은 접촉면을 확보하고, 그리스도에게로 중매하기 위한 자리로서 교회와 그 삶의 자리를 확보해야 하는 것이기 때문이다. 그러한 일을 위한 전진기지로서 교회는 올 세대의 정신이 가장 명확한 방식으로 표현되는 곳이어야 한다. 이 세대에 대한 죽음과 올 세대를 향한 삶의 차원들을 정확하게 드러냄으로써 자신을 돌아보아 살피고, 추구해야 할 삶의 구체적인 차원들을 돌아보는 결단이 일어나는, 그런 사건이 있는 곳이 되어야 한다. 왜냐하면 교회는 종말론적인 공동체이기 때문이다. 다른 말로 이 세대 한 가운데서 올 세대의 정신을 구현하는 사명을 가진 공동체이기 때문이다. 무엇보다도 종말론적인 공동체로서 그 종말의 "이미"와 "아직-아니"의 긴장을 이 세대와의 관계에서 세세하게 조율하면서 회중을 인도해야 할 영적인 감수성을 가진 존재가 목회자라는 점 또한 간과되어서는 안 된다. 이 세대의 정신을 깊이 파악하고 분석하여 드러내되, 올 세대의 정신이 어떻게 이 세대의 정신을 추슬러 새로운 생명을 움트게 할 수 있는지 부단히 찾고 가능한 방향을 제시하려는 영적이며 실제적인 사투가 목회자에게는 무엇보다 긴급한 문제가 되지 않을 수 없다. 그래야 교회도 살고, 한걸음 더 나아가서 세상 속에서 회중의 삶이 제자리를 찾을 수 있지 않을까 싶기 때문이다.[21]

---

21 https://www.facebook.com/taewha.yoo/posts/1089508961128527 유태화는 세례와 성찬의 의미를 종말론적 선취의 의미를 지닌다는 점을 잘 설명한다. "그리스도인들이

교회는 교회 자신을 위해 살지 않고 하나님의 왕국, 즉 주를 위해서 존재한다. 교회는 미래를 자신에게서 찾지 않고 약속의 하나님, 죽으시고 다시 사신 예수 그리스도에게서 찾는다. 부활하시고 승천하시며, 보좌 우편에서 온 우주를 통치하시는 그의 몸으로 살아가고 있다. 어둠과 죽음, 악으로 둘러싸인 현실의 어둠 속에서도 꺼지지 않는 밝은 희망의 빛을 가지고 있다. 심지어 냉엄하고 무섭도록 도도하게 흘러가는 절망의 바다 속에서도 교회가 품고 있는 희망은 변함이 없다. 초대교회 성도들이 직면한 로마제국은 사람의 힘으로 맞서기 힘든 절대 권세에 가까웠다. 제국의 심장에서 하나님의 왕국을 고백했다. 우리 시대, 거역하기 힘든 또 다른 제국의 복판에 살아가는 교회 역시 그리스도를 고백하고, 참된 희망을 선포해야 한다.

세상은 가능성의 희망을 붙들고 씨름하며 신음하듯 호흡하고 있다.

세례를 받는다는 것은, 니케아 콘스탄티노플 신조의 문맥에서 관찰되듯이, 이 세대에 대하여 죽고, 올 세대를 향하여 살아야 한다는 사실을 그리스도 예수와의 연합에서 받아들인다는 공적고백을 의미하는 것이다. 세례는 이 세대에 대한 죽음을, 그리고 올 세대에 대한 삶을 그리스도 예수와의 연합에서 시작하였다는 사실을 드러내는 공적 고백이라는 것이다. 이것은 정확히 사도바울의 로마서에 잘 드러나 있다. 성만찬도 마찬가지다. 성만찬은 이 세대의 주인이 주는 음식이 아닌 오는 세대의 주인이 주는 음식을 먹고, 그 힘으로 자신의 삶을 세워가겠다는 충성과 헌신의 다짐인 것이다. 이사야 25:6절에 언급되어 있는 종말론적인 잔치가 이미 여기에서 시작되고 있다는 사실을, 그리고 마지막에서야 다시 포도주를 마실 것이라는 사실을 언급하심에서 종말론적인 성취를 예수께서 정확하게 드러내셨다. 이런 점에서 성만찬은 최후의 만찬의 연속선상에서만 취해서는 곤란하다. 이 세대에 대한 종말론적인 심판이 그리스도 예수의 죽음에서 결정적으로 시작되었고, 그것을 기념하는 행위로서 성만찬이 행해지는 차원과 함께, 그의 부활에서 올 세대의 삶이 결정적으로 시작되었고, 마침내 어린양의 혼인잔치에서 완결될 것임을 앞당겨 축하하는 종말론적인 잔치로서 성만찬이 행해지는 것이다." 이종인, "개혁교회 내(內)의 성찬교리에 대한 두 계보의 전통: 성찬이 줄어든 신학적 이유들을 중심으로", 백석대학교기독교전문대학원 석사학위청구논문(서울: 2008), 81-82. 이종인은 성찬이 단순한 기념행위가 아니라 그리스도께서 약속하신 미래에 대한 소망을 누리는 행위라고 이야기한다.

온갖 희망의 장밋빛 광고문들이 널렸지만, 하나님 안에서의 희망을 사는 성도들의 시선에서는 헛된 희망에 불과해 보인다. 하나님의 약속의 뿌리를 두고, 하나님 나라를 살아가는 성도와 교회가 세상과 교통하며 참된 희망을 나누어야 하는 일은 사명이다. 이는 그리스도를 전하는 일과 다르지 않기 때문이다. 희망의 복음은 개인의 영혼의 구원만이 아니라 몸과 삶 전체를 구원하는 일이며, 구체적으로는 공동체와 사회를 바꾸는 능력을 담지하고 있다.

몰트만은 삼위간의 사귐으로 출발하는 소통과 교제는 하나님과 인간, 인간과 인간들의 관계를 넘어 세계와 생태, 우주론적인 사귐과 회복으로까지 나아간다. 몰트만은 기독교적 만유재신론(Christian panen-theism) 입장에서 강조하는 오시는 하나님과 함께 미래를 창조하고, 구속의 회복을 열어내는 하나님의 선교(missio Dei)에 동참하는 교회의 역할을 강조한다. 몰트만의 개방적이고 열린 대화와 사귐의 방식의 긍정적인 장점이 있다. 개혁파 신학의 입장은 하나님과 인간, 인간과 인간, 인간과 세계와 만물에 있어 하나님의 창조질서 속에 있는 인간의 위치와 사명을 성경에서 길어내고 있다. 하나님의 형상으로 존재하는 하나님 앞에서의 위치와 "청지기"로서 "문화명령"을 받은 세계와의 관계를 선명하게 제시하고 있다. 이는 소극적인 측면이라기보다 매우 적극적인 태도를 뜻한다.

한국교회는 좌·우의 이데올로기가 시퍼렇게 살아있는 사회의 한복판에 존재한다. 위로는 극단적 디스토피아의 체제를 구성한 공산국가 북한이 존재하고, 대한민국은 그야말로 정글자본주의에 의해 신음하는 양극단의 체제가 분단의 상태로 엄존하고 있다. 희망의 신학은 단지 교회 안에 갇히고, 게토화된 신학이 아니라 교회를 넘어 이웃과 교감하고 교통한다. 실제로 대화와 소통의 신학방법론은 독일 통일에 기여한 바가 크다. 한국교회는 엄존하는 경쟁사회와 양극화사회, 분리와 다툼,

대립과 전쟁의 위험이 상존하는 시대 속에 있다. 천박한 자본주의와 닮아 있는 교회는 자기 배불리기와 교회를 위한 교회를 구성함으로 말씀과 선교하는 교회의 길에서 탈선할 수밖에 없다. 무너진 현재의 지점을 파악하고 바로 세우며, 화목과 평화를 위해 섬기는 공동체로서 가야 할 것이다.

교회가 지닌 종말론적 행위로써의 성만찬은 함께 먹고 마시는 교우들과의 용서와 화목을 그리스도를 통해 누린다. 하나님 나라를 먹고 마시는 행위다. 이는 또한 갈라지고 찢겨진 분열의 상처를 싸매고, 닫고 폐쇄하고 절편하는 절망의 비루한 병장기를 내려놓고 이해하고 용서하며, 대화하는 열린 희망의 태도를 요구한다. 희망의 근거인 예수 그리스도의 부활은 십자가 없이는 존재할 수 없다. 희생과 자기부인이 없는 희망이란 존재하지 않기 때문이다.

어둠과 죽음, 질퍽한 고통 머무는 현실을 직시하고 주어진 십자가를 짊어질 넉넉한 이유가 성도들이 가진 희망에는 존재한다. 마르크스주의자였던 블로흐는 기독교를 뜨겁게 수용하고자 했다. 이를 통해 희망의 전범과 희망의 미래를 열어내기를 갈망했다. 몰트만의 신학에서도 역시 공산주의는 용납되고 수용되고 있다.[22] 이러한 대화를 통해 일치

....

22 홍근수, "맑스주의자 블로흐와 몰트만의 관계" 「맑스주의와 기독교사상-기독교와 한국사회」 vol.-No.1(1991), 113-15. 홍근수는 위의 소논문에서 마르크스와 블로흐, 몰트만의 관계와 사상을 잘 정돈하고 있다. 특별히 신학에 있어서 블로흐의 중요성에 대해서 재고하도록 하고 있다. 자크 엘룰, 『무정부와 기독교』, 박건택 역(서울: 솔로몬, 2008), 129-32. 역자 후기에서 박건택은 자크 엘룰의 사상의 두 기둥을 설명한다. 하나는 『자본론』이고, 다음이 『성경』이다. 엘룰의 사회 실존에 대한 깊은 이해와 혁명과 투쟁의 정신은 마르크스에게서 길어내고, 언제나 강자보다 문화적이고 사회적인 면에서 약자 편에 서는 것 역시도 마르크스의 영향이다. 마르크스가 줄 수 없는 삶, 죽음, 사랑의 실존적 문제는 마르크시즘의 한계이며, 이를 성경을 통해 회심하고 나서 발견할 수 있었다. 하지만 회심한 뒤에도 엘룰은 『자본론』을 버리지 못했다. 기독교와 세상의 깊이 패인 간격을 변증법적으로 고민하며 문제를 제기하는 그의 사상적 진전은 몰트만과 닮았다.

와 연대, 용서와 화해의 길은 열려질 수 있을 것이다. 남과 북이 화목하고 일치를 꿈꾸는 일은 열린 태도와 자기 부인을 통한 섬김과 화목, 평화에 대한 희망을 통해 방법을 모색해 나갈 수 있을 것이다.

우리는 도피적이고 이원론적 분절 속에 살지 않아야 한다. 그리스도의 통치를 믿는 참된 희망을 가진 성도요, 교회로 살아야 한다. 바른 희망을 타협하지 않아야 한다. 성경적인 신앙고백을 굳게 붙들고, 교회의 정체성을 분명히 해야 한다. 교회의 세속화는 곧 타락이며, 참된 희망의 상실이기 때문이다. 섞일 수 없는 구별된 거룩성을 지닌 정체성을 견지해야 한다. 더불어 세상 속에 존재하는 교회로 이웃과 관계하며 살아야 한다. 어둠이 깃든 사회, 정의에서 이탈하는 국가와 절망하는 인류, 신음하는 생태와 지구에 대한 관계적 고민 속에 살아가야 한다. 희망은 복음의 내용이다. 이것이 우리 시대에 바른 복음, 성경적 개혁신학에 기초한 구체적인 희망에 대한 보다 활발한 논의가 전개되어야 할 이유다.

결론

ERNST BLOCH

에른스트 블로흐

Chapter 8

희망의 두 지평

Chapter 8

결론

이상에서 에른스트 블로흐의 희망철학에서 말하는 '희망'과 위르겐 몰트만의 희망신학에서 말하는 '희망'을 살피고 비교해 보았다. 희망에 대한 숱한 담론들이 많지만, 기독교 희망과 비교할 수 있는 최적의 파트너인 블로흐를 택하여 인간·철학적 희망과 기독교 희망의 두 지평을 구분해 보고자 시도했다. 서론과 결론을 포함하여 총 8장으로 구성하여 블로흐와 몰트만의 희망의 토대와 서로간의 조우 그리고 희망 내용의 쟁점들을 살펴 공통점과 차이점의 도출을 시도했다. 희망의 두 지평 간 공통점을 통해서는 대화와 참여의 영역을 확보하고, 차이점을 통해서는 기독교 희망의 탁월성을 드러내고자 했다. 더불어 한국의 개혁신학진영의 연구에서 거의 소외되어진 몰트만 희망신학을 개혁파적 시선에서 바라볼 수 있도록 시도했다.

블로흐와 몰트만의 희망의 토대를 비교하기 위해서 세 가지 주제를 구분하여 진행했다. 첫째는 신론과 성경해석이다. 블로흐의 신론은 페르시아 이원론과 전복적이고 저항과 반역으로써의 성경을, 몰트만은 삼위일체 하나님과 언약 신학적 성경해석으로 비교할 수 있다. 성경해석의 차이를 통해 블로흐는 전복과 저항의 전범으로, 몰트만은 약속의 성취와 완성자로서의 기독론을 구성한다. 둘째는 종말론으로, 블로흐는 아리스토텔레스의 물질철학을 통해 가능성과 미래 개방적 희망을 발굴하고, 몰트만은 오시는 하나님을 통해 희망의 확증성을 증언한다. 셋째는 하나님 나라로 블로흐는 하나님 없는 하나님 나라, 즉 구체적인 마르크스적인 유토피아를 희망한다. 몰트만은 의와 평화를 가져오는 구체적 희망의 내용으로 하나님 나라를 제시한다.

블로흐와 몰트만 사이에는 41년이라는 적지 않은 세월의 간격이 존재한다. 몰트만은 포로생활 가운데서 회심했고 용서의 복음을 통한 화해 속에 희망을 체험했다. 이후 괴팅엔 교수들, 즉 한스 요아힘 이반트에게서 루터신학의 전통을, 오토 베버에게서 화란의 개혁신학을 접했고, 윤리학은 에른스트 볼프에게서 영향을 받았다. 바르트 신학에 심취되어 있었지만 아놀드 반 룰러를 통해 바르트의 영향에서 벗어날 단초를 얻었고, 1960년 블로흐의 『희망의 원리』는 결정적 전환을 주었고, 희망의 신학자로 걸음 하는 계기가 되었다. 블로흐를 만나기 전 교회의 신학으로 고립되었던 몰트만의 신학은, 만남 이후 블로흐의 무신론적 희망을 비평적으로 수용하여 공적인 신학과 대화의 여정으로 신학방법론을 형성했고 바르트를 넘어서는 대화의 신학을 전개해 나갔다.

블로흐와 몰트만의 희망비교의 쟁점은 앞서 전개한 세 가지 주제를 따라 살폈다. 첫째는 신론과 예수에 대한 이해이다. 블로흐가 이해하는 선신과 악신의 투쟁, 악한 권위에 저항하는 전범으로써의 인간예수에 대한 이해와 달리 몰트만은 삼위일체 하나님과 희망의 선취되신 메시아, 즉 예수 그리스도를 희망의 토대로 제시한다. 둘째는 미래와 종말 이해에서 블로흐는 미래를 향한 단선적 미래시간(futurum)과 양자택일의 종말과 비교하여 몰트만은 미래에서 오는 변혁적 시간(adventus)과 부활을 통해서 그리스도 안에서 선취된 확실한 희망의 종말을 말한다. 셋째로 블로흐는 교회를 체제유지를 위한 도구로 비판하고, 하나님 없는 하나님 나라를 희망하는 것과 달리 몰트만은 하나님 나라를 위한 전초기지로써의 교회와 의와 생명으로 충만한 화해와 평화의 하나님 나라를 이야기한다.

논의된 쟁점비교를 통해 블로흐와 몰트만의 희망의 공통점과 차이점을 도출했다. 공통점은 눈에 뛰게 드러나는 것으로 여섯 가지를 이야기할 수 있다. 첫째, 기독교의 핵심을 희망으로 파악한 점이다. 둘째, 희망을 현실을 구체적으로 바꾸는 동력으로 파악했다. 셋째, 유대−메시아니즘에 대한 공통적 관심과 넷째, 아직−아님과 이미−아직의 유사성이다. 다섯째는 변증법적 유사성으로 블로흐의 부정의 변증법과 몰트만의 십자가−부활의 독특한 변증법을 들 수 있다. 여섯째는 종말론적이고 미래지향적인 사고에서도 공통점을 확인할 수 있다. 두 희망지평의 근본적 차이로는 세 가지를 이야기할 수 있다. 첫째, 블로흐가 가능성의 희망이라면 몰트만의 희망은 선취된 확증된 희망이라는 차이다. 둘째, 블로흐의 희망이 하나님 없는 하나님 나라를 추구한 무신론적 희망이라면, 몰트만은 철저하게 오시는 하나님으로 말미암은 유신론적 희망이라는 차이다. 셋째, 희망에 대한 인간 가능성에 대한 차이다. 달리말해 십자가의 유무라고 말할 수 있다. 블로흐의 희망에는 어둠은 있어도 절멸과 죽음의 십자가가 없다. 그래서 가능성의 희망이 된다. 반면 몰트만은 죽음과 절멸의 십자가가 있고, 이를 넘어선 그리스도로 인해 선취되고 확증된 희망이 있다.

블로흐의 희망지평의 한계로는 인간의 기본욕구를 '굶주림'으로 잡은 일과 변증법적 무한지속의 주장 속에 어떻게 해야 절멸이 아닌 동일성의 고향에 이르는 구체적인 방법론이 없다는 사실에서 한계를 보인다. 미래를 향한 변증법적인 무한지속만 있을 따름이다. 최후의 결과에 대해서도 분명한 확신을 가지고 있지 못하다는 점에서 희미한 희망일 뿐이다. 더불어 동일성의 고향에 이르는 완성의 상태에서도 문제가 남는다. 전부 이룬 세상에서는 더 이상 '희망하는 인간'이 존재할 수 없다는 한계가 있다.

몰트만의 희망지평의 한계로는 첫째, 보편구원론이다. 삼위하나님의 내재적 일치와 함께 인류와 만물과의 회복과 화해로 나아가면서 자연스레 보편구원론으로 이어졌다. 만유의 회복을 바라보는 몰트만의 시선에서 지옥과 형벌은 하나님의 사랑과 모순되게 보였다. 왜냐하면 십자가의 영향력을 택자로 제한되지 않고 인류 전체의 구원의 근거로 파악했기 때문이다. 개혁주의에서 강조하는 '제한속죄'의 범위를 넘어 보편구원론으로 나갔다. 몰트만의 구원론은 오리게네스 전통을 이어받는 것으로 개혁주의 입장에서 수납하기 힘들다.

둘째, 몰트만은 철학적 희망과 특별히 블로흐의 모호한 희망을 비판하면서 언약에 기초한 확고한 희망을 제시했다. 언약에 신실하신 하나님과 미래에서 오시는 하나님에 대한 희망이 구체적으로 삶을 바꾸는 동력이라고 말한다. 하지만 미래의 약속이 현재에 어떻게 영향을 미치는가에 대한 구체적인 설명이 없다. 인간성의 회복과 인류의 화해, 피조세계와의 평화가 어떻게 이 땅에서 실현되어 가고 있는지 구체적인 설명에 한계를 가진다.

셋째, 범재신론의 문제다. 몰트만의 범재신론은 과정신학의 범재신론과 명확하게 구분할 필요가 있다. 세계의 창조, 주권적 섭리와 하나님의 초월성을 부인하는 과정신학과 달리 몰트만의 범재신론은 하나님과 피조물간의 존재론적 차이를 명확하게 구분하고 있다. 세계가 하나님을 창조했다고 말하는 수동적 범재신론과 달리 전능자의 주권을 가지신 자발적 범재신론으로 구별된다. 동·서방의 조화와 삼위일체론에서의 공헌에도 불구하고, 그의 사회적 삼위일체론은 삼위간의 상호침투에 대한 강조와 삼위일체론의 적용에 있어서 지나친 확대를 통해 삼위의 '일체'(一體), 즉 '동일본질'을 약화시킨다는 오해를 불러일으킬 수 있다.

마지막으로, 몰트만의 대화와 열린 신학방법론이 가지는 위험성이다. 일치를 위한 노력은 평화의 좋은 도구가 되지만 동시에 성경의 진리에서 이탈하여 교회의 거룩성과 사도성 상실로 이어질 위험을 가진다. 몰트만의 성경 중심적 신학전개와 교회를 향한 변하지 않는 관심에도 불구하고 전 방위적 신학들과 타 종교와의 대화를 통해 성경적 진리에서의 이탈할 위험을 가지고 있다. 타종교와 세상과의 소통과 화해의 공헌과 함께 혼합의 위험성을 동시에 가지는 한계가 있다.

몰트만의 희망신학은 진보진영에서 선점한 결과로 인해 개혁진영에서는 활발하게 다루어지지 못하고 있는 실정이다. 몰트만의 광범위한 신학전개에 있어 비판적인 시선이 요구된다. 이미 본 논문에서 제기한 몰트만의 만유재신론의 한계와 만유구원론, 더불어 성경의 인용에서 떨어지는 정밀성에도 불구하고, 몰트만이 다루는 광범위한 신학은 오늘날 현대에서 물어오는 질문에 매우 유용한 통찰력들을 제공해준다. 그가 전개한 희망신학은 성경적인 뿌리와 함께 삼위일체론과 언약신학, 종말론의 실천적 적용에 있어 교회와 공동체, 시민사회와 나라, 인류와 생태, 환경문제에까지 구체적이다.

16세기 개혁신학은 교회 안에 갇힌 신학이 아니었다. 교회를 말씀에 따라 회복할 뿐 아니라 삶과 구조의 변화에도 깊은 관심을 기울였다. 삶의 윤리와 일상을 하나님과 말씀 앞에 무릎 꿇게 하는 일에 총력을 기울였다. 개혁신학에 기초한 희망신학의 전개는 분단과 분열, 윤리부재, 교회의 정체성과 역할상실의 우리 시대에 긴요한 요구라고 할 수 있다. 21세기를 살아내는 현재에서 성경에서 말하는 희망신학을 재고하는 일은 긴요하다 할 수 있다. 개혁주의 희망신학에 대한 세 가지

제언을 하는 것으로 논문을 마무리하고자 한다.

첫째는, 개혁주의 관점에서 희망신학의 정립하는 일이다. 희망의 내용이 곧 복음이다. 바른 복음이 성경적인 소망을 생성시킨다. 개인적 파편화, 물신숭배와 기복적 희망에 사로잡히지 않도록 강단을 바르게 개혁해야 한다. 바른 복음은 성경적 희망이해와 궤를 같이한다. 성경에 기초한 복음의 희망은 우리가 직면하는 어둠을 현실을 밝히는 힘이다. 세상의 희망과 비교불가의 하나님께 속한 영광의 소망을 뚜렷하게 드러냄으로 일시적이고, 천박한 희망에 노예가 되지 않도록 강단을 바로 세워야 한다. 복음은 성도들의 견고한 희망이다. 기복주의, 물량주의, 물신숭배와 천박한 도덕주의가 강단을 점유하지 못하도록 개혁하는 일이다. 비교할 수 없는 부요한 소망을 가진 복음을 바르게 전달하고 가르치는 일이 개혁주의 희망신학을 바로 세우는 토대다.

사람들이 생성시킨 희망은 참된 위로가 되지 못한다. 죽음과 절멸의 위협 앞에서 무너지는 희미한 안개일 뿐이다. 모든 희망들은 염산과도 같은 시간 속에 용해되고 산화되어 왔다. 인간이 제작한 희망이란, 죽음 앞에 조각나고 휘발성이 강해 엄존하는 현실 앞에 끊임없이 생성되었다 증발되기를 반복해 왔다. 하지만 하나님이 주신 약속과 희망은 영혼의 닻과 같다(히 6:19). 흔들리지 않고 견고한 기초이며, 사람이 비로소 쉴 수 있는 안식이다. 절망의 화전을 무력화 시킬 수 있는 견고한 투구이다(살전 5:8). 성도들은 참으로 희망의 복음 안에서 살아야 한다(롬 8:24). 구원받은 주의 소유로 "간절한 기대와 희망을 따라 아무 일에든지 부끄러워하지 않고"(빌 1:20) 성도로 살아가게 하는 근본동력이다. 강단의 회복이 희망신앙의 기초여야 한다.

둘째는, 성경적 윤리를 회복하는 일이다. 성경적 윤리란 곧, 희망의 윤리이며, 종말론적 윤리, 사랑의 윤리다. 세상의 윤리는 무엇이 선(善)인지 조차 확고하게 설명하지 못하고 있다. 플라톤과 스투어트 밀(John Stuart Mill)의 목적에 따른 선이나, 칸트의 법칙론적 선에 대한 주장 모두 이론으로 조차 정의와 선에 대해서 적합하게 설명해내지 못한다. 단지 삶의 지혜로써 사람들에게 얼마나 더 유용한가에 따라 선과 악을 판단할 뿐이다. 몸 된 교회에 주신 하나님의 계명인 십계명은 사랑의 윤리로 절대윤리다. 모호함으로 분간할 수 없는 세상의 윤리에 전도되지 않아야 한다.

교회는 세상의 이데올로기에 경도되어서는 안 된다. 남·북으로, 좌·우로 분절되어 대립하는 우리 사회의 분리의 태도는 상대적인 사상에 의해 휘둘리는 까닭이다. 주의 통치 아래 머무는 주의 몸 된 교회는 상대적 사상의 시녀노릇을 해서는 안 된다. 절대적 윤리의 근거인 하나님 말씀에 천착한 희망의 윤리로 공공적 역할에로 나가야 한다. 성경의 윤리는 절대윤리이다. 상대적이고 쉴 새 없이 입장에 따라 변하는 윤리와 구별된다. 인간적·철학적 윤리는 자신의 탁월함, 도덕성과 순결성을 드러내는 데 목적이 있다. 하지만 성경의 윤리는 근본적으로 하나님을 사랑하고 이웃을 사랑하는 데 있다. 자신이 의롭다는 데 방점이 있지 않고, 이웃을 묶고 사랑하고, 하나님을 향하는 데 있다.

성경적 토대와 준거를 잃어버린 사회윤리와 모든 참여는 또 다른 분열과 분절을 생성시킨다. 세상의 윤리는 참된 대안이 될 수 없다. 일시적이고 임의적인 방편으로 역할 할 뿐이다. 자신의 소신과 옳음이 타자의 소신과 부딪치며 끊임없이 반목하게 만드는 까닭이다. 하지만 성도들이 가진 윤리적 기준은 절대적이며, 이웃을 향한 사랑으로 묶을 능력과 힘을 가졌다. 희망의 윤리는 신실하신 언약의 하나님께 기초해 있다. 하나님의 의로움과 사랑은 독생자를 십자가에 내어주심으로 드러났다. 불완전으로 씨름하는 이 땅에서 교회는 성경에 기초한 종말론적 희망의 윤리를 견고하게 붙들어야 한다.

　마지막으로 개혁주의 희망신학과 성경적 윤리를 가지고 세상과 소통해야 한다. 교회는 세상이 가지지 못한 희망의 복음을 가지고 있다. 하나님을 사랑하고 섬기는 것처럼, 이웃을 사랑하며 섬기는 공동체로 드러나야 한다. 교회가 자신을 위해 살 때, 우상숭배에 빠지게 된다. 교회는 자신을 위해 살지 않아야 한다. 교회는 더 큰 하나님 나라를 위해 존재하며 세상의 복판에서 화목의 복음, 정의와 평화의 미래를 전하는 희망의 보루로 서나가야 한다. 우리가 믿는 하나님은 하늘과 땅의 창조주시다. 온 우주의 통치자이시며, 만물의 주권자시다. 인간을 넘어 온 피조물이 영광의 자유에 이르는 날을 소망하며 기다린다(롬 8:21).
　교회는 게토화된 집단으로 남지 않아야 한다. 교회가 받은 희망은 인간과 만물, 온 우주의 갱신과 회복을 포함한다. 참된 희망의 미래를 소유하고, 약속 안에서 확신하는 교회는 희미한 희망에 목을 매는 이들에게 희망의 전달자요, 거친 땅에서 목마름에 신음하는 이들에게 생수이신 소망의 그리스도를 말해야 한다. 분리와 반목, 좌절과 정말, 공포와 죽음 앞에서 신음하는 이들에게 화목과 생명, 희망을 전하며 소통하는 이웃으로 서 나가야 할 것이다.

참고문헌

1. 원서

Adam Smith, *Wealth of Nations*, edited by C. J. Bullock, New York: P.F. Collier & Son Corporation, 1937.

Dietrich Ritschl, *Memory and Hope: An Inquiry Concerning the Presence of Christ*. New York: Macmillan Co., 1967.

Ernst Bloch, *The Principle of Hope*, translated by Neville Plaice. Cambridge: The MIT Press, 1986.

Gabriel Marcel, *Homo Viator: Introduction to a Metaphysic of Hope*, trans. Emma Crauford.. New York: Harper & Row, 1962.

G. C. Berkouwer, G. C. Berkouwer, *The Return of Christ*, Translated by James Van Oosterom, Edited by Marlin J. Van Elderen, Kampen: Wm. B. Eerdamans Publishing Co., 1972.

Gordon A. Craig, *GERMANY 1866-1945*, New York: Oxford Univeisity Press, 1978.

István Eörsi, *GEORG LUKACS RECORD OF A LIFE*, translated by Rodney Livingstone, London: Verso, 1983.

John Calvin, *Institutes of the christian Religion*, Philadelphia: Westminster Press, 1967.

John Macquarrie, *Principle of Christian Theology*, 2d ed. New York:

Charles Scribner's Sons, 1977.

Jürgen Moltmann, *Theologoy of Hope*, trans. James W. Leitsch. New York: Harper and Row, 1967.

_____, *God in Creation*, trans. Margaret Kohl. Minneapolis: Fortress Press, 1993.

_____, *The Church in the Power of the Spirit: A Contribution to Messianic Ecclesiology*. London: SCM Press, 1975.

Paul Tillich · Peter J. Gomes, The Courage to Be. New Heaven, Conn: Yale University Press, 2000.

P. C. Van Wijk, *YOU...GOD'S CHILD and YOU...HIS GUEST*. Canada, London: I.L.P.B., 1999.

Peter A. Lillback, *The Binding of God; Calvin's Role in the Development of Covenant Theology*. Grand Rapids: Baker Academic, 2001.

Richard Bauckham, *The Theology of J. Moltmann*. Wiltshire: T&T Clark, 1996.

Richard Bauckham, *God will be all in all*. Edinburgh: T&T Clark, 1999.

Robert Stern, *Hegel, Kant and the Structure of the Object*. London and New York: Routledge, 1990.

Thomas More, *Utopia*: The Yale Edition of the Complete Works of st. Thomas More, vol. 4. ed. by E. Surtg, New Haven, 1965.

West, Thomas H., *Ultimate Hope Without God*, New York: Peter Lang Publishing, Inc., 1991.

2. 번역본

니콜라스 워터스토퍼, 『나는 사랑하는 아들을 잃었습니다』. 박혜경 역. 서울: 좋은씨앗, 2014.

니콜라이 하르트만, 『독일관념론철학』. 이강조 역. 파주: 서광사, 2008.

데이비드 그리핀, 『과정신학』. 유기종 역. 서울: 황소와 소나무, 2002.

로날드 S. 윌레스, 『칼빈의 사회개혁사상』. 박성민 역. 서울: 기독교문서선
교회, 1995.

라일 비어마 외 5명, 『하이델베르크교리문답 입문』. 신지철 역. 서울: 부흥
과 개혁사, 2012.

마르틴 하이데거, 『존재와 시간』. 이기상 역. 서울: 까치, 2009.

미로슬라브 볼프, 『삼위일체와 교회』. 황은영 역. 서울: 새물결플러스, 2012.

_____, 『광장에 선 기독교』. 김명윤 역. 서울: IVP, 2014.

_____, 『배제와 포용』. 박세혁 역. 서울: IVP, 2012.

_____, 『베풂과 용서』. 김순현 역. 서울: 복 있는 사람, 2014.

빅토르 프랑클, 『죽음의 수용소에서』. 이시형 역. 서울: 청아출판사, 2006.

러셀 자코비, 『유토피아의 종말』. 강주헌 역. 서울: 모색, 2000.

로버트 뱅크스, 『바울의 그리스도인 공동체 사상』. 장동수 역. 서울: 여수룬,
1999.

루드비히 포이어바흐, 『기독교의 본질』. 김쾌상 역. 서울: 까치, 1992.

루드비히 포이에르바흐, 『기독교의 본질』. 박순경 역. 서울: 종로서적, 1989.

루이스 멈퍼드, 『유토피아 이야기』. 박홍규 역. 서울: 텍스트, 2010.

리챠드 쉐플러, 『역사철학』. 김 진 역. 서울: 철학과현실사, 1997.

리처드 미들턴, 『새 하늘과 새 땅』. 이용중 역. 서울: 새물결플러스, 2015.

리처드 버캠, 『몰트만의 신학』. 김도훈·김정형 역. 서울: 크리스천헤럴드,
2008.

아담 스미스, 『국부론』. 김수행 역. 서울: 비봉출판사, 2007.

아시아 벌린, 『칼 마르크스: 그의 생애와 시대』. 안규남 역. 서울: 미다스북
스, 2001.

아폴로도로스, 『원전으로 읽는 그리스신화』. 천병희 역. 고양: 도서출판 숲,
2004.

앙드레 말로, 『희망』. 이가형 역. 서울: 범우사, 1991.

오비디우스, 『변신이야기1』. 이윤기 역. 서울: 민음사, 2016.

오스카 쿨만, 『국가와 하나님의 나라』. 민종기 역. 서울: 여수룬, 1999.

올더스 헉슬리, 『멋진 신세계』. 이덕형 역. 서울: 문예출판사, 1998.

위르겐 몰트만, "희망의 하나님, 미래를 위한 삶"「기독교사상」vol. 48.
　　　　No. 7, (2004):

　　　　　　　　　, 『몰트만 자서전』. 이신건·이석규·박영식 역. 서울: 대한기
　　　　독교서회, 2011.

　　　　　　　　　, 『삼위일체와 하나님의 나라』. 김균진 역. 서울: 대한기독교
　　　　서회, 2014.

　　　　　　　　　, 『신학의 방법과 형식』. 김균진 역. 서울: 대한기독교서회,
　　　　2007.

　　　　　　　　　, 『오시는 하나님』. 김균진 역. 서울: 대한기독교서회, 2008.

　　　　　　　　　, 『성령의 능력 안에 있는 교회』. 박봉랑 외 4인 역. 서울:
　　　　한국신학연구소, 2007.

　　　　　　　　　, 『세계 속에 있는 하나님』. 곽미숙 역. 서울: 동연, 2009.

　　　　　　　　　, 『십자가에 달리신 하나님』. 김균진 역. 천안: 한국신학연구
　　　　소, 1999.

　　　　　　　　　, 『예수 그리스도의 길』. 김균진·김명용 역. 서울: 기독교서회,
　　　　2007.

　　　　　　　　　, 『정치신학 정치윤리』. 조성로 역. 서울: 대한기독교서회, 1992.

　　　　　　　　　, 『희망의 윤리』. 곽혜원 역. 서울: 대한기독교서회, 2012.

에드가 볼프룸, 『무기가 된 역사』. 이병련·김승렬 역. 서울: 역사비평사,
　　　　2007.

에른스트 블로흐, 『자연법과 인간의 존엄성』. 박설호 역. 파주: 열린책들,
　　　　2011.

　　　　　　　　　, 『저항과 반역의 기독교』. 박설호 역. 파주: 열린책들, 2009.

　　　　　　　　　, 『희망의 원리 1~5권』. 박설호 역. 파주: 열린책들, 2004.

예브게니 자마찐, 『우리들』. 석영중 역. 파주: 열린책들, 2006.

이메뉴얼 월러스틴, 『세계체제분석』. 이광근 역. 서울: 당대, 2007.

_____,『유토피스틱스 또는 21세기의 역사』. 백영경 역. 파주:
　　당대, 1999.

임마누엘 칸트,『실천이성비판』. 백종현 역. 파주: 이카넷, 2015.

_____,『칸트의 역사철학』. 이한구 편역. 파주: 서광사, 2009.

자카리아스 우르시누스,『하이델베르크요리문답해설』. 원광연 역. 고양: 크
　　리스챤다이제스트, 2006.

자크 엘룰,『잊혀진 소망』. 이상민 역. 대전: 대장간, 2009.

_____,『무정부와 기독교』. 박건택 역. 서울: 솔로몬, 2008.

장 보드리야르,『테러리즘의 정신』. 배영달 역. 서울: 동문선현대신서,
　　2013.

장 지글러,『왜 세계의 절반은 굶주리는가?』. 유영미 역. 서울: 갈라파고스,
　　2010.

장 지글러,『굶주리는 세계, 어떻게 구할 것인가?』. 양영란 역. 서울: 갈라
　　파고스, 2013.

장 폴 사르트르,『실존주의는 휴머니즘이다』. 방 곤 역. 서울: 문예출판사,
　　1999.

장하준,『그들이 말하지 않는 23가지』. 김희정·안세민 역. 서울: 부키,
　　2010.

조지 오웰,『동물농장』. 도정일 역. 서울: 민음사, 1998.

_____,『1984년』. 김병익 역. 서울: 문예출판사, 2006.

_____,『1984』. 정회성 역. 서울: 민음사, 2003.

존 맥쿼리,『하이데거와 기독교』. 강학순 역. 서울: 한들출판사, 2006.

존 쿠퍼,『철학자들의 신과 성서의 하나님』. 김재영 역. 서울: 새물결플러
　　스, 2014.

주제 사라마구,『눈먼 자들의 도시』. 정영목 역. 서울: 해냄, 2002.

_____,『카인』. 정영목 역. 서울: 해냄, 2015.

제임스 패커·캐롤린 나이스트롬,『소망』. 김기호 역. 서울: IVP, 2007.

지그문트 프로이트,『종교의 기원』. 이윤기 역. 파주: 열린책들, 2007.

칼 마르크스·프리드리히 엥겔스, 『마르크스 엥겔스 저작선』. 김재기 편역. 서울: 거름, 1988.

카를 마르크스, 『자본론 1 - 상』. 김수행 역. 서울: 비봉출판사, 2015.

_____ · 엥겔스, 『공산당선언』. 남상일 역. 서울: 백산서당, 1989.

_____ , 『경제학 - 철학수고』. 강유원 역. 서울: 이론과실천, 2006.

카를 케레니, 『그리스신화』. 장영란·강훈 역. 서울: 궁리, 2002.

칼 바르트, 『교의학 개요』. 신경수 역. 서울: 크리스챤다이제스트, 1997.

코르넬리우스 반틸, 『변증학』. 신국원 역. 서울: 개혁주의신학사, 2012.

크리스티안 그레트라인, 『예배학개론』. 김상구 역. 서울: CLC, 2006.

클라우스 에버트, 『토마스 뮌처』. 오희천 역. 서울: 한국신학연구소, 1994.

퀴스토르프, 『칼빈의 종말론』. 이희숙 역. 서울: 성광문화사, 1986.

토마소 캄파넬라, 『태양의 나라』. 임명방 역. 서울: 이가서, 2012.

토마스 게이건, 『미국에서 태어난 게 잘못이야』. 한상연 역. 서울: 부키, 2011.

피에르 그리말, 『그리스로마 신화사전』. 백영숙·이성엽·이창실 역. 서울: 열린책들, 2003.

피터 오스본, 『How to Read: 마르크스』. 고병권·조원광 역. 서울: 웅진지식하우스, 2010.

프랜시스 베이컨, 『새로운 아틀란티스』. 김종갑 역. 서울: 에코리브르, 2002.

프랜시스 후쿠야마, 『역사의 종말』. 이상훈 역. 서울: 한마음사, 2003.

플라톤, 『국가』. 천병희 역. 파주: 도서출판 숲, 2015.

하인쯔 뵘, 『절망의 세대』. 김정기 역. 서울: 성광문화사, 1982.

헤르만 바빙크, 『개혁교의학 Ⅳ』. 박태현 역. 서울: 부흥과개혁사, 2011.

3. 단행본

강영안, 『신을 모르는 시대의 하나님』. 서울: IVP, 2013.

고재수, 『교의학의 이론과 실제』. 천안: 고려신학대학원출판부, 2001.

곽미숙, 『현대세계의 위기와 하나님의 나라』. 서울: 한들출판사, 2008.

김균진, 『20세기 신학사상 II』. 서울: 연세대학교 출판문화원, 2012.

_____, 『종말론』. 서울: 민음사, 1998.

_____, 『헤겔과 바르트』. 서울: 대한기독교출판사, 1983.

_____, 『헤겔철학과 현대신학』. 서울: 대한기독교출판사, 1990.

김윤규, 『희망의 선구자 요한 크리스토프 블룸하르트』. 오산: 한신대학교출
     판부, 2009.

김경식, 『게오르그 루카치』. 서울: 한울, 2000.

김경식·오길영, 『게오르그 루카치 맑스로 가는 길』. 서울: 솔, 1993.

김영재, 『기독교교리사』. 수원: 합신대학원출판부, 2009.

김영한, 『르네상스의 유토피아 사상』. 서울: 탐구당, 1981.

김일주, 『루카치 사상연구』. 서울: 고려원, 2015.

김재윤, 『개혁주의문화관』. 서울: SFC, 2015.

김 진, 『에른스트 블로흐와 희망의 원리』. 울산: UUP, 2006.

_____, 『칸트와 불교』. 서울: 철학과 현실사, 2004.

_____, 『철학과 요청』. 울산: 울산대학교출판부, 1992.

_____, 『퓌지스와 존재사유』. 서울: 문예출판사, 2003.

_____, 『하느님의 길』. 서울: 철학과현실사, 2005.

김 진·한자경, 『칸트』. 파주: 21세기북스, 2015.

남기철, 『현대신학해제』. 서울: 대한기독교서회, 2003.

박설호, 『꿈과 저항을 위하여』. 서울: 울력, 2011.

박설호, 『마르크스, 뮌처, 혹은 악마의 궁둥이』. 서울: 울력, 2012.

박양식, 『종교개혁 시대의 천년왕국운동』. 파주: 한국학술정보, 2011.

박영균, 『칼 마르크스』. 파주: 살림, 2005.

박호강, 『유토피아 사상과 사회변동』. 경산: 대구대학교출판부, 1998.

복거일, 『정의로운 체제로서의 자본주의』. 서울: 삼성경제연구소, 2005.

소광희, 『하이데거 존재와 시간 강의』. 서울: 문예출판사, 2004.

손철성, 『유토피아, 희망의 원리』. 서울: 철학과 현실사, 2003.

신옥수, 『몰트만신학 새롭게 읽기』. 서울: 새물결플러스, 2015.

안진태, 『독일 제3제국의 비극』. 서울: 까치, 2010.

오인석, 『바이마르공화국』. 서울: 삼지사, 2002.

우석훈 · 박권일, 『88만원 세대』. 서울: 레디앙, 2007.

우석훈, 『이제 무엇으로 희망을 말할 것인가』. 서울: 시대의 창, 2008.

이수훈, 『세계체제의 인간학』. 서울: 사회비평신서, 1996.

이인식, 『유토피아이야기』. 파주: 갤리온, 2007.

이종하, 『아도르노, 고통의 해석학』. 파주: 살림, 2007.

이청준, 『당신들의 천국』. 서울: 문학과지성사, 1996.

이해준, 『자본의 시대에서 인간의 시대로』. 서울: 한울, 1999.

임종구, 『칼빈과 제네바 목사회』. 서울: 부흥과 개혁사, 2015.

유태화, 『하나님 나라에 비추어본 교회론 특강』. 서울: 미출판강의록.

_____, 『삼위일체론적 성령론』. 서울: 대서, 2006.

유해무, 『개혁교의학』. 고양: 크리스챤다이제스트, 2000.

_____, 『우리는 무엇을 믿는가』. 서울: 도서출판영문, 1999.

전병길 · 고 영, 『새로운 자본주의에 도전하라!!』. 서울: 꿈꾸는 터, 2009.

정용섭, 『말씀신학과 역사신학』. 서울: 한국신학연구소. 1995.

정해본, 『독일 근대사회경제사』. 서울: 지식산업사, 1990.

주강현, 『유토피아의 탄생』. 파주: 돌베게, 2012.

차영배, 『성령론』. 서울: 엠마오, 1997.

최덕성, 『한국교회 친일파 전통』. 서울: 본문과현장사이, 2000.

허의도, 『따뜻한 자본주의』. 서울: 프리스마, 2012.

4. 학술지에 실린 논문들

김균진, "성찬에 교회의 참 모습이," 「새 가정」vol. 400. No, — (1990):

_____, "희망의 하나님 — 희망의 종교," 「조직신학회 논총」 제12집 (2005):

김명용, "몰트만의 종말론," 「조직신학회 논총」 제12집 (2005):

_____, "몰트만(J. Moltmann)의 종말론," 「장신논단」vol. 22. No, — ;
(2004):

_____, "몰트만(J. Moltmann) 신학의 공헌과 논쟁점," 「장신논단」vol. 20.
No, — (2003):

김석환, "몰트만의 삼위일체론적 분석," 「칼빈논단」 (2000):

김옥주, "몰트만의 종말론," 「한국조직신학회 기획시리즈 4」 (2012):

김정형, "종말의 시제로서 도래(Adventus): 위르겐 몰트만의 종말론적 미
래 개념 연구," 「조직신학논총」vol. 34. No, — (2012):

김 진, "욥의 모반과 신정론의 문제: 에른스트 블로흐의 『욥기』해석," 「철
학연구」 제99집 별쇄본, 철학연구회, (2012):

_____, "에른스트 블로흐와 유대교 철학," 「철학논총」 제66집 제4권 별쇄,
새한 철학회, (2011):

_____, "칸트와 종교대화의 문제," 「인문학연구」 제44호 별책본, 조선대학
교 인문학연구원, (2012):

_____, "블로흐의 희망철학과 유토피아론," 『사회철학대계2 — 사회주의와
자유주의』. 서울: 민음사, 1993.

박찬호, "몰트만의 만유재신론적 비젼에 대한 비판적 고찰," 「개혁신학」 제
14호, 장로회신학대학교 세계선교연구원, (2003):

배경식, "『희망의 신학』과 우주적 종말," 「조직신학논총」vol. 38. No, —
(2014):

신옥수, "한국에서 몰트만의 수용과 이해," 「조직신학논총」 제35집 (2013):

_____, "몰트만 신학방법론의 구조와 특성," 「장신논단」vol. 43. No, —
(2011):

안성찬, "'아직 존재하지 않는 것'의 존재론 — 에른스트 블로흐와 유토피아의 희망,"「문학과 과학」vol. -. No. 68, (2011):

안인섭, "칼빈의 국가론,"「칼빈탄생 500주년기념 칼빈신학개요 I 」(2009):

유석성, "몰트만의 정치·사회적 그리스도론,"「조직신학회 논총」제12집 (2005):

유태화, "만족설이 남긴 과제: 구속의 삼위일체적 이해를 모색하며,"「조직신학연구」제13호 (2010):

이상직, "몰트만의 교회론: 하나님의 영광과 세계의 해방을 위한 교회론,"「조직신학회 논총」제12집 (2005):

이승구, "사회적 삼위일체론의 위험성과 가능성,"「신학정론」제28권 2호, 합동신학대학원대학교, (2010):

이정배, "몰트만의 '희망의 신학'의 빛에서 본 창조론, 그 의미와 한계,"「기독교사상」vol. 48. No. 7, (2004):

이은선, "칼빈의 정치사상,"「칼빈탄생 500주년기념 칼빈신학개요 II 」(2009):

이종인, "개혁교회 내(內)의 성찬교리에 대한 두 계보의 전통: 성찬이 줄어든 신학적 이유들을 중심으로,"「백석대학교기독교전문대학교 석사학위청구논문」(서울: 2008):

위르겐 몰트만, "민중의 투쟁 속에 있는 희망,"「기독교사상」vol. 19. No. 4, (1975):

_____, "민중의 투쟁에 있어서의 희망,"「새 가정」vol. 236. No. -; (1975):

_____, "부활의 소망,"「기독교사상」vol. 17. No. 4, (1973):

_____, "희망의 신학, 그 이후 40년,"「기독교사상」vol. 48. No. 7, (2004):

_____, "희망의 축복: 희망의 신학과 생명의 충만한 복음,"「영산신학저널」vol. 2. No. 1, (2005):

_____, "희망의 하나님, 미래를 위한 삶,"「기독교사상」vol. 48. No. 7, (2004):

현요한, "몰트만의 성령론,"「조직신학회 논총」제12집 (2005):
홍근수, "맑스주의자 블로흐와 몰트만의 관계,"「맑스주의와 기독교사상－
　　기독교와 한국사회」vol.－. No. 1(1991):

5. 인터넷

https://www.facebook.com/taewha.yoo/posts/1089508961128527 / 조
　　회일시: 2016. 7. 26. 10:28pm.
http://wordspirit.tistory.com/689 / 조회일시: 2016. 6. 30. 11: 10pm.

Abstract

Two Horizons of Hope

This study aims at the comparison of hope between hope philosophy by Ernst Bloch and hope theology by Jürgen Moltmann. There are countless discourses on hope but by selecting Bloch who is an optimal partner for comparing with Christian hope, it aims at discerning two horizons of human-philosophical hope and Christian hope. It consists of 7 chapters in total including introduction and conclusion, reviews the foundations of each hope of Bloch and Moltmann and their encounter, and based on the issues in the contents of hope, tries to deduce similarities and differences between them. It tries to secure areas of conversation and participation through the similarities between two horizons, while it tries to show the excellence of Christian hope through their differences.

In order to compare foundations of hopes of both Bloch and Moltmann, three themes were identified. First, they are the theory of God and the interpretation of the Bible. Bloch's theory of God is based on Persian dualism and he views the Bible as subversive resistance and insurrection, while Moltmann'sone is based on Trinity God and he views the Bible in the perspective of the covenant theology. Through the differences of their interpretation of the Bible, Bloch composes Christian theory as an agent of subversion and resistance, while Moltmann does it as the fulfillment and the completer of promise. Second, eschatology; Bloch digs possibilities and future-open hope through Aristotle's philosophy of material, while Moltmann witnesses the confirmation of hope through God who comes. Third, the kingdom of God; Bloch hopes the kingdom of God without God; specifically Marxist utopia, while Moltmann presents the kingdom of God as one of specific hope with accompanying justice and peace.

There are 41 years' gap between Bloch and Moltmann. Moltmann converted (to Christianity) during his days of a war prisoner and experienced the hope inthe reconciliation through the Gospel of forgiveness. Since then, he was influenced by some professors from University of Göttingen. He met the tradition of Lutheran theology from Hans Joachim Iwand, the Dutch Protestant theology from Otto Weber, and ethics from Ernst Wolf. He was very attracted by Barth's theology but later he got the key to escape from the influences of Barth through Arnold van Ruler. And then, in 1960, the Principle of Hope by Bloch gave the most decisive impact on him. It caused Moltmann to start his way as a theologian of hope. Moltmann's theology remained isolated as the church's theology until he met Bloch. But after his encounter with Bloch, he received Bloch's atheistic hope in a critical way and formed theological methodology of theology as the means of conversation with the public theology. Finally he proceeded the theology of conversation beyond Barth.

The issues in the comparison of hopes of Bloch and Moltmann are reviewed respectively following above themes. First, it is the theory of God and the understanding on Jesus. Bloch understood God in the conflicts between good God and evil God and viewed human Jesus as the resistant against evil authority, while Moltmann suggested the Trinity

God and Messiah who is already giver of Hope; that is, Jesus Christ as the foundation of hope. Second, understanding on future and eschatology. Bloch compared linear futurum toward future and selecting one alternative, while Moltmann insists the clear end of hope given and confirmed by Christ through adventus from future and Resurrection. Third, Bloch criticizes church as the means to maintain the system and hopes the kingdom of God without God. But Moltmann tells about church as the advanced base for the Kingdom of God and also about the Kingdom of God of reconciliation and peace, filled with justice and life.

Through the comparison in above issues, the similarities and the differences between hopes of Bloch and Moltmann were deduced. As for the similarities, first, they figured out that the core of Christianity is hope. Second, they understood hope as a dynamic to change reality. Third, they have common interests in Judea-Messianism. Fourth, they have the similarity of "not yet" and "still." Fifth, they have dialectical similarity. Bloch insisted the dialectic of negation, while Moltmann suggested the unique dialectic of cross and resurrection. Sixth, they have the similarity in eschatological and future-oriented thinking. As for the fundamental differences between two horizons of hope, three points can be told. First, Bloch insisted hope of possibility, while Moltmann showed the acquired and confirmed hope. Second, Bloch's hope is an atheistic hope pursing the kingdom of God without God, while Moltmann's hope is theistic one based on God who comes absolutely. Third, there is a difference in human possibility on hope; in another word, the difference of the presence of cross and the absence of cross. In Bloch's hope, there is darkness but no cross of annihilation and death. Therefore it becomes the hope of possibility. However, according to Moltmann, there is the cross of death and annihilation and then hope given and confirmed by Christ who conquered it.

As for the limitations of Bloch's hope horizon, he set 'starvation' as basic human desire and he had no specific methodology to reach not to the annihilation but to the homeland of oneness in his infinite dialectical argument. In addition, it shows the limitations that even after the completion of everything, still problem remains. It is that in the complete world, 'hoping human' cannot exist any longer. Regarding the limitations of Moltmann's hope, there is limitations in reaching to the theory of universal salvation with the reconciliation to humanity and creatures and to Trinity God's internal consistency. And there is no specific explanation about how future promises affect the present. In addition, Moltmann's method of conversational and open theology can be a good instrument for efforts of consistency and peace but at the same time it has a limitation that it can lead to the loss of divineness and apostleship dislocated from the truth of the Bible.

In South Korea, Moltmann's theology of hope is not dealt with vigorously in the Reformation sect because it was preoccupied by the Progressive sect. The proceeding of the theology of hope based on the Reformation theology is an urgent demand for these days of Church's division and separation, lack of ethics, and the loss of identity and role. Therefore, three suggestions for the theology of hope from Reformation theology are included. First, the establishment of the theology of hope based on the Bible. Right Gospel is the content of hope. Right Gospel creates the Biblical hope. It is to reform the church in a right way that leads to avoid individual fragmentation, fetishism, and material blessing-oriented hope. Second, the restoration of the ethics of eschatological hope. The church should not incline to worldly ideologies. It should play a public role with the ethics of hope based on God's Words which is the ground of absolute ethics. Third, to build up the church of communication and participation. When the church lives for itself, it falls into idol worship. The church exist for the greater Kingdom of God and should stand as the fort of hope delivering the Gospel of harmony and the future of justice and peace in the center of the world.

찾아보기

저자 약력

이종인

저자는 칼빈대학과 총신대학교 신학대학원에서 신학일반을 공부하였고, 백석대학교 전문대학원에서 조직신학(Th. M., Ph. D.)을 울산대학교에서 심리와 종교철학(Ph. D. Cand.)을 공부했다. 울산언약교회 목사와 울산인문학협동조합ー망원경의 공동대표로 봉사하고 있으며, 울산대학교에서 종교철학을 강의하고 있다.

희망의 두 지평: 에른스트 블로흐와 위르겐 몰트만의 희망사상

초판발행	2017년 11월 30일
지은이	이종인
펴낸이	안종만
편 집	김효선
기획/마케팅	나영균
표지디자인	김연서
제 작	우인도 · 고철민
펴낸곳	(주) **박영사**
	서울특별시 종로구 새문안로3길 36, 1601
	등록 1959. 3. 11. 제300-1959-1호(倫)
전 화	02)733-6771
f a x	02)736-4818
e-mail	pys@pybook.co.kr
homepage	www.pybook.co.kr
ISBN	979-11-303-0480-9 93100

copyright©이종인, 2017, Printed in Korea